古店村志

肥城市新城街道古店村志编纂委员会 编

方志出版社
Publishing House of Local Records

图书在版编目（CIP）数据

古店村志 / 肥城市新城街道古店村志编纂委员会编.
—北京：方志出版社，2017.12
ISBN 978-7-5144-2866-7

Ⅰ. ①古… Ⅱ. ①古… Ⅲ. ①村史-肥城
Ⅳ. ①K295.25

中国版本图书馆CIP数据核字（2017）第322599号

古店村志

编　　者：肥城市新城街道古店村志编纂委员会
责任编辑：范静
出 版 人：冀祥德
出 版 者：方志出版社
地址　北京市朝阳区潘家园东里9号（国家方志馆4层）
邮编　100021
网址　http://www.fzph.org
发　　行：方志出版社发行中心
电话（010）67110500
经　　销：各地新华书店
印　　刷：济南黄氏印务有限公司
开　　本：787×1092　1/16
印　　张：23
字　　数：416千字
版　　次：2017年12月第1版　2017年12月第1次印刷
印　　数：0001～2000册
ISBN 978-7-5144-2866-7　定价：216.00元

齐鲁名镇名村志丛书编纂委员会

《古店村志》编纂委员会

《古店村志》编审人员

总序

地方志为一方之全史，横陈百科、包罗万象。绵延不断的地方志编修是中华民族特有的文化基因，作为服务当代、垂鉴后世的重要文化事业，在赓续传统、传承文明、资政育人等方面具有重要作用。近年来，在省委、省政府的正确领导和中指组的精心指导下，山东省史志事业围绕一个目标、提高两个站位、突破三个重点、落实“六全”任务，促进山东史志事业实现创新发展、持续发展、领先发展。在省市县三级志书编修走在全国前列的基础上，山东的修志工作不断拓展领域，逐步向乡镇（街道）、村（社区）等基层延伸。

齐鲁大地素有“孔孟之乡、礼仪之邦”的美誉，是中华民族古老文明的重要发祥地之一。在山东，不仅孕育了以孔子、孟子为代表对中华文明甚至是世界文明都产生深远影响的儒家文化，还形成了东夷文化、齐文化、鲁文化、莒文化以及泰山文化、黄河文化、海洋文化、运河文化等地域性特色文化。源远流长、异彩纷呈的不同文化融汇发展，熔铸形成了博大精深、独具特色的齐鲁文化。文化是支撑经济社会发展的软实力。近四十年来，改革开放的时代思想不断吸纳优秀传统文化，在山东的城镇、乡村谱写出时代华章。山东的新型城镇化建设不断取得新成绩，朝着城乡一体化发展新格局阔步迈进。深化乡镇行政管理体制改革,逐步培育新生中小城市和特色小镇；以美丽乡村标准化建设为抓手,新农村建设提档升级，出现一批宜居宜业宜游的新农村；深化城乡精神文明创建,乡村文明行动深入推进,移风易俗广泛开展，乡村特色文化呈现出勃勃生机。

齐鲁大地自古就有重视修志的传统。经济文化的繁荣昌盛，既使乡镇村志编修成为广大人民群众的精神需求，又为之奠定了坚实的物质基础。在当前全力推进新型城镇化建设的新形势下，如何做好乡镇村志编修与经济文化建设结合的文章，成为史志工作面临的一大课题。目前，乡镇村志编修在全省蓬勃开展，渐成燎原之势，累计出版1000多部。正确引导和规范管理乡镇村志编修工作，全省各级史志机构责无旁贷。山东的新型城镇化和新农村建设走在全国前列，史志工作走在全国前列，名镇名村志编修也理应走在全国前列。正是在这种背景下，省史志办制定印发了《齐鲁名镇名村志文化工程实施方案》，以传承和弘扬齐鲁优秀传统文化，更好地服务新型城镇化和新农村建设。齐鲁名镇名村是全省1826个乡镇（街道）、7万多个村庄（社区）的典型代表，编修齐鲁名镇名村志系列丛书，对传承乡村文脉、重塑文化特色，展示乡村发展脉络、探索乡村发展经验，丰富史志工作内容、完善史志成果体系具有重要意义。这是提升新型城镇化和新农村建设历史文化内涵的重要举措，也是促进史志事业转型升级的创新性工程。

新时代开启新征程，新气象孕育新希望，新作为遵循新思想。习近平总书记在十九大报告中强调指出：“深入挖掘中华优秀传统文化蕴含的思想观念、人文精神、道德规范，结合时代要求继承创新，让中华文化展现出永久魅力和时代风采。”十九大报告提出的“实施乡村振兴战略”，要求“加强农村基层工作，健全自治、法治、德治相结合的乡村治理体系。”齐鲁名镇名村志丛书的编纂工作，坚持深入贯彻党的十九大精神，以习近平新时代中国特色社会主义思想为指引，牢固树立“四个自信”，切实增强“四个意识”，坚持辩证唯物主义和历史唯物主义的立场、观点和方法，全面、客观、系统地记述全省新型城镇化进程和社会主义新农村建设取得的伟大成就。讲好新时代的乡村故事，传承中华优秀传统文化，弘扬社会主义核心价值观，培育群众的爱乡爱国情怀，传播干事创业的正能量，为实施乡村振兴战略作出独具特色的历史贡献，是这一系列丛书的价值所在。

“修志问道，以启未来”。编修齐鲁名镇名村志系列丛书，资政存史、泽被后世，善莫大焉、功莫大焉。

是为序。

山东省人民政府办公厅党组成员
山东省地方史志办公室主任

2017年12月

序一

地方志是传统文化的重要载体。作为传统农业大国，中国的每个村庄都见证着社会变化的时代特征、农村发展的历史轨迹。特别是在当前国家大力推进新型城镇化建设的时代背景下，编修村志，全方位记录乡村状况以及村庄变化，已成为一种保存乡村文明的重要方式。编修村志，可以全面客观地记载农村地理、历史、经济、文化、教育、物产、人物等方面的状况，记录乡土风俗人情，反映农村演化过程，鉴证最基层的变迁，保存第一手资料，这是其他书籍不可替代的功能。

乡愁最深，乡思最长。村志虽小，但意义重大。编好一部村志，可以使出门在外的人看得见家乡山水，可以使子孙后代记得住故乡名人，传递了乡情，传承了根脉。山东省肥城市新城街道古店村是“2015年山东最美旅游风情小镇”的特色村庄，2016年成功入选山东省“省级文明村”，《古店村志》于2017年10月通过全省首批“齐鲁名镇名村志”评审。编一部村志呈现当代，记一段历史传与后人，充分体现了古店村人对家乡历史的珍视，对家乡水土的热爱，为泰安市乡村志编纂起到了带动和示范作用，这也是开展“齐鲁名镇名村志”编修工作的本义所在。

是为序。

泰安市地方史志办公室主任 王元学

2017年12月

序二

俗话讲，国有史，方有志，家有谱，盛世修志，族兴续谱，这是中华民族几千年来的优良传统，也是一个时代的政治、经济、文化发展的产物。中国共产党第十八次全国代表大会召开以来，在以习近平总书记为核心的党中央坚强领导下，一手抓经济，使经济步入持续性发展新常态;一手抓整党治国，筑牢共产党执政之基，使我们的国家出现了长治久安的局面，国家真正进入盛世时代。古店村也在各级政府的正确领导下，发展到前所未有的较好水平，编纂《古店村志》是全村人民心中的一件大事，《古店村志》成功出版更是可喜可贺!

古店行政村由古店、北军寨两个自然村构成，建村历史悠久。据《鹿氏族谱》记载，明万历元年(1573年)，鹿氏先祖就迁此立村居住。后又有李氏、黄氏、毛氏、韩氏、孙氏等祖氏迁此居住。北军寨归古店行政村后，随着辛氏、张氏、温氏等祖氏并入，古店村形成多姓氏的大村庄。先辈们在这片土地上辛勤耕耘，日出而作，日落而息，为谋求安居和发展，历经沧桑，饱受艰辛，经历了无数坎坷，在历史长河中，创造了农耕文明的一方辉煌。

古店村自古就是一块宝地，其间曾为村、乡，且为乡驻地。它南边是“山（实为丘陵）”，北边是河，是人们理想的居住之地。历史发展到今天，在一寸土地一寸金的时代，它有着得天独厚的发展条件。古店村人勤劳朴实，民风敦厚，具有“不干则已，一干就要干到底”的精神。2010年，肥城市西扩，古店村村民委员会、中共古店村支部委员会抓住机遇，迎接新的挑战，决定整村搬迁，建设居民楼新社区。经过三到五年打拼，建成了山东省一流的古店居民楼社区，成为城中之村。可谓占尽天时、地利、人和，这一成果为古店村的进一步发展奠定了丰厚的物质基础和创造了良好的人文环境。

追溯过去，在反帝反封建的岁月里，英勇顽强的古店村人不畏强暴，勇于斗争；革命战争年代，在中国共产党的领导下，前仆后继，英勇杀敌，为中国人民的解放和中华人民共和国诞生付出了牺牲，做出了贡献。新中国成立后，人民翻身成了新社会的主人，古店这片沉寂了多年的土地焕发了勃勃生机。在社会主义革命和建设时期，古店村人在历届党支部的领导下，勇立潮头，开拓进取，堪称楷模。特别是中国共产党第十一届中央委员会第三次全体会议以来，古店村人坚持改革开放，齐心协力谋发展，经济实力年年逐步提升。中国共产党第十八次全国代表大会召开以来，古店村村民委员会、中共古店村支部委员会能干事，干成事，充分运用自己的区位优势，顺应乡村旅游、生态旅游的时代潮流，建起了南山“迷你农乐园”和北河“水岸花田”风景区，与国家AAA旅游区—春秋古城连在一起。为肥城市的旅游业添上了厚重的一笔。

《古店村志》是古店村村民委员会、中共古店村支部委员会、古店村民自愿编写的一部村级志书。

它是全村人的一份宝贵的精神财富，也是远离故土的人们认识家乡、了解家乡，不忘乡音、乡情的一份特殊的礼物，还是后辈缅怀先人，寻根觅祖的可靠依据。它更是激励现在和未来的古店村人为把家乡建设得更加美好的力量源泉。

希望全体村民、全体党员、干部进一步解放思想，勇于探索，不断改革，再创辉煌，为把古店村建设得更加美好而努力奋斗。

是之为序。

古店社区党支部书记、村主任

2017年12月

凡例

一、本志以马克思列宁主义、毛泽东思想、邓小平理论、"三个代表"重要思想、科学发展观、习近平新时代中国特色社会主义思想为指导，坚持辩证唯物主义和历史唯物主义的立场、观点和方法，客观、系统地记述古店村的历史与现状，传承乡土历史文化，激发爱国爱乡情怀，为加快地方经济文化建设提供历史智慧和借鉴。

二、记述上限为1573年，下限至2017年底。个别重大事项尽量追溯至事物发端，或可延至搁笔。

三、叙事区域范围为现有行政区域，适当增加横向对比、联系等内容。

四、采用纲目体，横排门类，纵述史实，述而不论。详今略古记述。

五、综合运用述、记、志、传、图、表、录等各种体裁，以志为主。

六、本志采用规范语体文和记述体。使用的文字、标点、数字、计量单位等，均按照国家颁布的统一规范书写，个别计量单位兼顾习惯用法。

七、各项数据一般采用国家统计部门数据。缺乏统计数据的，采用主管部门或主办单位正式提供的数据。

八、只收录具有存史价值和名村特色的图片，版面图文并茂。

九、中华民国以前的纪年，先书历史纪年，其后括注公元纪年。自中华民国成立后的纪年，均使用公元纪年。志书中"XX年代"，凡未加世纪者，均指20世纪的年代。志中所称中华人民共和国成（建）立前（后）"一九四九年前（后）"，1949年前（后），以1949年10月1日为界；"改革开放前（后）"，以中国共产党第十一届中央委员会第三次全体会议召开的1978年12月为界。

十、记述各个历史时期的党派、机构、职务、地名等，均以当时的名称为准。对频繁使用的名称，首次用全称，其后用简称。

十一、人物传主按卒年排序，只选录对本村发展有重大影响的历史人物。

十二、需要独自说明的事项，均在编后记中记述。

古店村在山东省区位示意图

古店社区服务中心　（路玉国　2017年摄）

古店社区鸟瞰图

（伊娜娜　2017年10月摄）

山间小憩

（窦玉国 2017年8月摄）

社区大道

（路玉国　2017年8月摄）

社区阁亭　　　　　　　　　　　　（路玉国　2017年8月摄）

水岸花田　　　　（路玉国　2017年7月摄）

迷你农乐园　　　　（路玉国　2017年10月摄）

农乐园花圃　　（李庆利　2017年9月摄）

花园式社区　　（路玉国　2017年8月摄）

果实累累　　　　（李庆利　2017年6月摄）

水岸花田独孔桥　　（路玉国　2017年摄）

百年古槐　　　　（李庆利　2017年摄）

老龟石　　　　　　　　　　（李庆利　2017年摄）

卧牛石　　　　　　　　　　（李庆利　2017年摄）

目录

齐鲁名村志
QI LU MING CUN ZHI

古店村志

（1573—2017）

GU DIAN CUN ZHI

概述

GAISHU

古店行政村由古店、北军寨两个自然村构成，位于肥城市西郊，北与王瓜店镇蒋庄村相接，东与白云村相连，南与西尚里接壤，西与王瓜店镇南军寨为邻。全村总户数623户，总人口2267人，下设6个村民小组。截至到2017年10月，全村实有耕地1300亩，山滩面积500亩，人均占有耕地0.56亩，全村居民除1人外均属汉族。

古店村历史悠久，明万历年间（1573—1620年）鹿氏自王瓜店镇北仪仙迁此建村。因坐落在一座古旅店遗址旁，取名为古店村。（北军寨，据李氏族谱记载亦是明万历年间，自老城镇毛家小庄迁此建村）。历经400余年，其间为村、为乡。距新城街道办事处7公里，2010年城市西扩后，为城中之村。

古店村地处平原、丘陵地段，两村之间为康王河，河北岸为平原，河南岸为丘陵（村民习惯于称山），形成南高北低的地形。

古店村人民勤劳勇敢，具有光荣的革命传统。自鸦片战争至中华人民共和国成立的百余年间，古店村人为民族的生存和解放，前仆后继，艰苦奋斗，进行了英勇不懈的斗争，做出了贡献。

抗日战争时期，古店村人在中国共产党的领导下，积极参军参战，除奸反特。1938年为阻止日军南下，古店村人扒铁路、炸桥梁，积极配合主力军在敌后开展斗争，为打垮日本帝国主义尽到了自己的努力。

解放战争时期，在古店村党组织的领导下，古店村人奋勇向前，先后有20余名青年参军参战，很多人参加了民兵组织，配合主力同还乡团展开殊死的斗争，有3位同志牺牲在战场或还乡团的屠刀下。1950年，美帝国主义侵略朝鲜，战火烧到家门口，为了保家卫国，青年鹿淑华参军赴朝，同年12月，牺牲在朝鲜战场上。他们的名字及英雄事迹将永远载入史册，留芳百世。

古店村经济资源丰富，但在中华人民共和国成立前，是封建制度制约下的小农经济，村民主要从事农业，只有很少的人兼营商业。村里的土地集中在少数人的手里，村民有很少的地或靠租种谋生，遇到灾荒之年，村民的日子苦不堪言。

中华人民共和国成立后，古店人民在中国共产党和人民政府的领导下，走上了社会主义的阳关大道。村里先后成立了互助组、初级社、高级社，农业生产迅速提高，经济状况发生很大变化，村民的生活水平有很大提高。1958年，人民公社成立后，由于受极“左”思潮影响，加上1959—1961年全国国民经济困难，苏联逼债，致使国民经济遇到暂时困难，人民生活水平有所下降。从1962年开始，大队支部和大队管委会认真贯彻中共中央提出的“调整、巩固、充实、提高”的八字方针和

《农村人民公社工作条例》，加强农业的基础地位，使农业生产逐步得到恢复和发展。

“文化大革命”期间，古店村的农业生产曾受到影响。古店村人为了早日摆脱贫困，摘掉“一穷二白”的帽子，自觉抵制和排除干扰，掀起了以整平土地、打井治水的生产高潮，粮食连年夺得丰收。曾以“多交粮，交好粮”闻名于全县。

1978年，党的第十一届中央委员会第三次全体会议召开后，古店村积极推行联产承包责任制。1978—1983年，村里将土地全部承包到户，充分调动了村民种地的积极性，粮食产量提高幅度很大。与此同时，村委积极调整农业布局，加大了蔬菜种植和果木的栽培，大力发展二三产业，优化村办企业，发展民营企业，村民的收入逐步提高。1984年，村民委员会和中共古店村支部委员会决定实施第一次旧村改造，打破生产队土地界限，统一规划出大街小巷，统一住房面积，统一高度。1984—1990年，全村有400余户住上了新房，安装了电话。大街也实行了硬化，安装了路灯，全村统一吃上了自来水。受到了县委县政府的高度评价，前来参观的人络绎不绝。

进入21世纪以来，肥城市新城城区逐渐发展扩大，成立了高新区，古店村土地被征用逐年增多，古店村面积逐渐缩小，村“两委”决定利用城中村优势，采取筑巢引凤工程，大力发展招商引资，先后建起5处轻钢车间，并建起了多美特童车厂、泰鑫橡胶厂、山工工程机械厂。2016年，全年经济总收入达1亿元。服务业、运输业、建筑业、养殖业等多种经营同步发展。全村从事服务业、建筑业、外出打工人员达600人左右，人均纯收入1.3万元。2016年，集体纯收入343万元。

随着集体经济的发展壮大和村民收入的增加，2010年，古店村借肥城市城区西扩之机，抢抓机遇，实施全村整体搬迁，建设居民新社区。经过三至四年的打拼，建起21栋小高层居民楼。至2015年底，村民全部搬进居民楼，过上了城里人的好日子，村民的生活水平有了质的跨越。上下楼有电梯，做饭使用天燃气，冬天统一供暖，肉、蛋、奶成了多数家庭的消费品，冰箱、彩电、洗衣机基本普及。网络电视、电脑和轿车也进了不少农户家。村里还提高了对村民的福利待遇，村里建起高层老年房，户均一套。还建有图书室、书画室、棋牌室、舞蹈室等，做到老有所居，老有所依，老有所乐。

2017年10月1日，在经过充分的准备之后，迷你农乐园开园，前来观光旅游的人络绎不绝，古店村有了自己的旅游项目。

古店村的明天会更加美好！

齐鲁名村志
QI LU MING CUN ZHI

古店村志
（1573—2017）
GU DIAN CUN ZHI

大事记

DASHIJI

明万历元年（1573）

据《鹿氏族谱》记载：明万历年间（1573—1620），鹿氏先祖自王瓜店镇北仪仙迁此建村，因坐落在一座古旅店遗址旁，故取村名“古店”。后来，随着其他姓氏的迁入，古店村逐渐扩大。

据《李氏族谱》记载：明万历年间（1573—1620年），李氏兄弟自本县老城镇毛家小庄迁此建村，取村名镇扎（其含义无据可考）。清咸丰年间（1851—1861年）为防御兵乱，村民联防，曾筑寨台设军寨，因该村居北，故取名“北军寨”。

清康熙七年（1668）

农历6月17日，戌时地震。《肥城县志》记载：“荡如漂舟，声如殷雷，城郭屋宇，崩颓无数。”

清道光十年（1830）闰4月22日

地震，本村有明显震感。

清光绪十七年（1891）

肥城县划为4乡33社，本村属榆城乡的仪仙社（含北军寨）。

发生地震4次，雹灾2次。

1912年

肥城县辖9区，35镇，29乡，本村属第5区富裕乡，乡驻所是西付村（含北军寨）。是年，国民政府教育部下达命令，改学堂为学校。学校堂长改为校长，教习（老师）改为教员。

1932年

村内流行霍乱病。加之春旱夏涝，庄稼欠收，民不聊生。

1938年

4月 古店村路印兰、辛邦仪、李志祥、孙元德夫妇加入中国共产党，是古店村最早的共产党员。李志祥任支部书记。

5月 日军侵占肥城，肥城人民遭日军侵害。山东西部人民抗敌自卫团抗日救国宣传队到古店村宣传《抗日救国十大纲领》，号召全民抗日。

6月 古店村成立了村农会、妇救会、青抗先民兵自卫队。

11月 为阻止日军南侵，古店村出动十几名壮劳力赴万德扒铁路，其中有鹿淑金、孙远友、鹿淑本、路继振等人。抬回两根钢轨埋在北沙河里。

1939年

4月 辛邦仪任北军寨党支部书记。

1941年

10月 路印萱任古店村党支部书记。

1945年

春 上级到村宣传土地回赎工作。

秋 日本宣布无条件投降，消息传来，村民争相传告，大喜。

是年 韩敬忠任支部书记。

1946年

3月 “土地改革”运动兴起。

6月 全村干部群众在村党支部领导下，积极投入支援解放战争。

8月 县政府在全县掀起全国解放战争中第一次大规模的参军参战支援前线运动，提出“参军参战，保卫胜利果实”的口号。全村青年积极响应，先后有李志让、孙远成、李志月、鹿冠民、黄培义、毛德成、毛德明、鹿悦乾、李恒振、黄培新、鹿海昭、鹿淑山、鹿曰芝、鹿悦兴、孙玉连、张相如、鹿淑昌等应征入伍，参军参战。

1947年

国民党新五军东进，途经本村，俗称10万大军过境。

1948年

4月 土改复查。

9月 解放济南的战役打响，本村村民组织担架队，运军粮，妇女赶做军鞋。

担架队由李恒春、孙远有、鹿淑本、鹿淑刚、冯宪柱、王洪海、辛明正、温兆水等人组成的6副担架队参加支援战斗。

在王月英（孙远德之妻）、张桂金（张丙国之姑）组织下，全村妇女赶做军鞋200余双。

1949年

10月2日 村召开中华人民共和国成立庆祝大会，扭秧歌、放鞭炮，十分隆重。

是年 路印兰随军南下，参加江南及大西南的解放战争。

1950 年

4 月 13 日 《中华人民共和国婚姻法》颁布。这是新中国首部国家大法，在古店村引起强烈反响。

6 月 30 日 《中华人民共和国土地改革法》颁布。

7 月 八级大风刮起，庄稼倒伏，造成减产。

10 月 土改结束，定成分，并开始确权发证。美国发动侵朝战争，战火烧到我们家门口。村里动员村民捐款捐物，青年踊跃报名参军，支援抗美援朝战争。

是年 李恒振任支部书记。

1951 年

7 月 暴雨成灾，山洪爆发。村民鹿淑生一看房屋将倒，拉着孩子跑出屋门。刚步出房门，屋即倒塌。村干部鹿淑丰趟着大水到庙里撞钟，以提示村民防灾，时称“发黄水”。

1952 年

6 月 村里认真贯彻山东省《关于禁止妇女缠足的通令》，广大妇女积极响应，纷纷放足，结束了妇女缠足的历史。

秋 部分村民参加供销社股份，每股 2 元。

是年 全国性开展“三反、五反”运动。

是年 为支援抗美援朝战争，本村青年鹿淑忠、王宪彬、鹿淑贞、姜圣友、鹿淑振、鹿淑荣、孙衍生、鹿淑苞、李志德、李恒明、李庆东、张立泰、孙玉连参军参战。

1954 年

春 贯彻县委“关于目前创办农业生产合作社的指示”。全村在互助组的基础上，发展成为 5 个初级社。红旗社社长毛德成，会计路阴芳；金星社社长黄培庚，会计李恒友；联乡社社长李恒家，会计李志宗；联合社社长李志月，会计鹿悦银；北军寨金星社社长辛正业，会计，辛正保。

9月 国务院印发《关于实行棉布计划收购与供应的通知》。从此，棉布开始按计划凭票定量供给，每人每年1.1~5.5米。

9月 《中华人民共和国宪法》颁布，党支部组织党员和群众认真学习。

1955年

11月 黄培庚任支部书记。

是年 《中华人民共和国兵役法》颁布实施。本村第一次开始征集义务兵。李恒水、鹿传平、胡忠印等参军。

是年 贯彻落实国务院《关于发行新的人民币和收回现行人民币》的命令（按一元新人民币等于一万元旧人民币的比例兑付额）。本村社员全部把旧币换成新币，新币开始流通使用。

1956年

12月 白云桥村并入古店行政村。

是年 全村有5个初级社合并为2个高级社。古店高级社社长李志孔，会计先后由路印芳、李恒友、李志宗担任，保管为鹿淑乾。

北军寨高级社社长辛正业，会计李福图，保管为李洪俊。

1957年

全国整风反右和增产节约运动先后展开。

村内首次通有线广播。

村里在南山建石灰厂。

在村东打大口井一眼，购进两部锅驼机，是当时最先进的提水工具。

1958年

9月 人民公社成立。古店村遂改称古店生产大队。至此，南军寨、北军寨合并到古店一个行政村。

9月 开展"大跃进"运动。工业上，全民大炼钢铁，农业上提出"人有多大胆，地有多大产"的极"左"口号，深翻土地一米，土层的打破和不合理密植，造成部分庄稼减产。

10月 在极"左"思潮的影响下，掀起了大办公共食堂的高潮。"吃饭不要钱"，全大队共有6个公共食堂，至1960年停办。

11月 泰湖铁路动工，全村50 余名壮劳力参加此工程建设，泰湖铁路1961年通车。

是年 上级号召打狗运动（用狗肉煮熟做肥料），全村大小犬皆灭。

1959年

6月 村里派李庆山、王宪远等10几名劳力参加石坞水库建设。

11月 古店村成为全县交公粮大户，为国家贡献大，古店村党支部书记黄培庚、大队长辛正业参加县里召开的"群英大会"，获得县委县政府奖励的大马一匹、六马力汽油抽水机一台。

是年 为响应国家支边号召，古店村鹿淑旺、刘桂兰、鹿淑文、鹿淑玉、鹿传芳、张立水、胡忠铭、胡忠臣、张立彬、韩福堂、董淑珍等人赴黑龙江省虎林县，支援边疆建设。

1960年

12月 贯彻中共中央11月3日发布的《关于农村人民公社当前政策问题的紧急指示信》（简称十二条），开展整风整社运动，批判"浮夸风"和"共产风"，转变了农村党员干部的工作作风。

是年 灾情严重。3月，小麦遭霜冻，造成小麦减产；夏，旱情严重，夏粮欠收；7月，遭暴风雨袭击，秋季作物遭受损失减产。

1961年

1月 为贯彻《十二条》精神，根据“三级所有队为基础”的原则，将核算单位下放到生产大队。并允许社员可以自主经营少部分的自留地和饲料地，用于种植饲料作物和蔬菜，其收益完全归个人支配。本村每人自留地0.1亩，饲料地0.25亩。这一政策，对发展家庭饲养，发展农村经济，活跃市场，改善村民生活起到了很大作用。

2月 贯彻中共中央八届九中全会关于“调整、巩固、充实、提高”的国民经济八字方针，为了便于生产和经营，将核算进一步下放到14个生产队（包括白云桥）。

11月 郓城、汶上、齐河等地受灾严重。村里接受并妥善安置灾民15户。

是年 南军寨退出古店行政村。

1963年

3月 毛主席发出“向雷锋同志学习”的伟大号召。全村人积极响应，助人为乐，做好事，成为社会风尚。当时不仅古店村，肥城县的其他村甚至全县乃至全国出现了路不拾遗、夜不闭户的良好景象。

本村按照上级指示，第一次实行计划生育政策。

是年 根据中共中央部署，本村开展了以“清账目、清财务，清仓库、清工分”的小四清运动。

1964年

9月 按照中央部署，本村开展了“清政治、清经济、清组织、清思想”为主要内容的社会主义教育运动。

冬 全村掀起学习毛主席著作的高潮，不少人能背诵“老三篇”（《为人民服务》《纪念白求恩》《愚公移山》）。

是年 村里开始通电，李恒水、李瑞策为村里电工，使用煤油灯的时代成为历史。

为解决年年修桥、年年冲坏的问题，大队组织几百名青壮劳力修建两村之间的康王河大桥。书记黄培庚任指挥员，退休工人鹿悦成任技术员。大桥设计12个桥洞，水小从桥洞走，水大漫桥而过。历经半年的时间，建成了高3米，宽8米，长120米的大石桥（50余年来，大桥完好无损），极大地方便了行人来往和交通运输。

1966年

3月 河北邢台地震（6.7级），本村也有震感。学生不敢在教室上课，村民晚上在屋外睡眠，持续10多天。

5月 毛德成任支部书记。

6月 中共中央下发《五·一六》通知，“文化大革命”开始。学校、社会先后成立红卫兵组织。

8月 中共中央《关于无产阶级文化大革命的决定》（即16条）下达后，文化大革命涉及各行各业，出现了不同观点的派别，武斗现象时有发生。当时的红卫兵夺了村里的权，党组织陷入瘫痪状态。

11月 根据中共中央国务院、中央军委、中央文革小组发出的《关于大中小学校复课闹革命的通知》，本村外出串联的师生回校复课，逐渐恢复了教学秩序。

11月 村里人人配带毛主席像章，大街小巷设置毛主席语录牌。

是年 始建村东三级扬水站。

1968年

大队成立由革命干部、民兵连长和贫下中农为代表组成的“三结合”大队革命委员会，鹿悦金任大队革命委员会主任。

是年冬 国家推行殡葬改革，废除棺木埋葬，实行火化。

1969年

5月 县社工作组进驻我村，组长朱明德。

秋 全国性“打击现行反革命、反贪污、反投机倒把、反流氓犯罪”的一打三反运动开始。

1970年

10月 公社派整党小组进驻古店村。之后，建起大队党的核心领导小组，毛德成任核心领导小组组长。

根据上级部署，进一步发动抓好计划生育工作，大队配备专职人员负责此项工作。

是年 古店村村西建扬水站。至1970年，先后在北坡打大口井16眼，水浇地全覆盖。

1971年

7月 大中专招生，废除原来的考试制度，实行推荐制。

12月 由本村王培文、李志宗带队，出动民工50余人，参加“1030”引黄灌渠工程建设。

1975年

2月 全县召开万人大会，掀起农业学大寨高潮。

是年 购12马力拖拉机2辆，后又购进25马力拖拉机1辆。

本村开始设信用站，会计时光生，出纳韩福利。

1976年

1月8日 国务院总理周恩来逝世。村民自发举行悼念活动。

7月6日 全国人大常务委员会委员长朱德逝世。村民深表哀悼。

7月28日 河北省唐山市发生7.8级地震，造成24万余人遇难。

9月9日 伟大领袖毛主席逝世。18日，村里召开悼念大会，在大队院设灵堂。

全村男女老少佩戴黑纱、白花，冒雨参加吊唁。社员哭声不止，感天动地。

秋后 公社组织几千人到古店村，在村南整大寨田1000余亩。之后，古店村也组织劳力赴外村整建大寨田。

是年 大队建立了“三结合”领导班子。毛德成任书记，王兴俊、鹿传俊、冯庆荣任副书记。

1977年

春 小麦遭受严重冻害，减产30%左右。

3月 新城开始定点修建，位于古店村东4公里处。

是年 国家恢复高考制度。

村里又在南坡打深井4眼，建砖厂、饲养场、豆腐皮坊。

1978年

6月30日傍晚 飓风过境。西北风9到10级，雷雨大作，电线杆刮断，造成停电，部分庄稼受害。

12月 中国共产党第十一届中央委员会第三次全体会议召开。至此，“以阶级斗争为纲”转向“以经济建设为中心”，实行改革开放政策。

1979年

是年 本村摘掉了“四类分子”人员的帽子。

大队党支部学习贯彻中国共产党第十一届中央委员会第三次全体会议精神，研究制定出以联产到组为主要形式的生产责任制。

白云桥退出古店行政村。

1981年

是年 村党支部、管委会根据上级指示精神，进一步落实土地承包责任制。生产队将集体财产，如耕牛、农具作价处理给农户。村办副业项目也实行了大包干。

1982年

3月 根据中共中央〔1982〕一号文件精神，进一步完善联产承包责任制，村与农户签订合同，全面推行家庭大包干。

5月 村开办沙场，有时一天卖沙100余车。

6月12日 雷雨大作，风力10~12级，庄稼受灾减产。

1983年

3月 实行分田到户。

5月 购汽车一辆，承包给李恒奎（副业股长）

下半年 村里投资20万元，建新校舍一处，可容纳12个教学班，建有教师宿舍。购置了新课桌、凳，从此，学生告别了黑屋子、土台子。

7月 电工队在北军寨北架设新线路时，由于违章操作，致使扯线与高压线相碰，造成1死4伤的重大触电事故。电工队长李瑞策当场死亡，给家庭和村里造成极大的伤害和损失。

12月 肥城县政府下达通知：取消布票的使用，可任意购买各种布料。

1984年

2月 农村进行政治体制改革，公社改为区，管区改成乡，生产大队改为村民委员会。毛德成任书记，鹿传俊为村主任，生产队改为村民小组。本村属西付村乡管辖。

3月 村里根据群众的需求，第一次实行旧村改造，打破原有生产队的土地界限，统一划出地片，规划出大街小巷，统一宅基地面积（0.315亩），统一高度，到1985年全村有200余户盖起了新房。

1986年

3月 古店村在南山脚下，1984—1986年累计种植桃树、北军寨在村西种植苹果树共计600余亩。

1987年

5月 村里打了深井，建了水塔，引水至村里，设供水处。

9月 古店村划归新城镇，镇政府设在市场街。

是年，建养猪厂，被县畜牧局定为“良种猪繁育基地”。

1988年

3月 村民开始办理第一代居民身份证。

5月 村开办玩具厂。

是年 6、7月大旱，河水断流，村北大井无水，调北坡大井之水充之。

1989年

国家颁布《义务教育法》，全村适龄儿童全部入学。

1990年

10月 镇政府组织农田基本建设擒马岭大会战，本村出动劳力近百名，苦战3个多月，保质保量完成任务，被镇政府表彰为先进施工单位。

是年 中心大街拓宽至15米，自来水引入各家各户，先后共有400余户住上了新房。古店村被肥城市委市政府评为“农村住房改造先进单位”。

村委大院扩建，以补办公、库房不足。

1992年

9月 经国务院批准，肥城撤县建市。新城镇改为新城办事处，为市政府派出机构，古店村属新城办事处所辖。

是年 毛德成退休，鹿传玺任书记。

市委、市政府组织龙山河工程。本村的石匠全部出动。由于古店村施工既快又好，受到市委市政府的表彰。

1993年

实施农村第一次种植结构调整，在北坡种植以大菜椒、菜花为主，种植面积达到300余亩。

1994年

2月 举行换届选举，鹿传玺继续任支部书记。

12月 古店村民办教师全部转为公办教师。

1998年

8月末 突遭大风、大雨、冰雹袭击，果农受损失严重。

11月 对全村土地进行第二轮承包。村委与各农户签订了30年不变的承包合同。并向各农户发放了土地承包经营权证和《农村土地承包合同书》，更加促进和稳定了农民种粮的积极性。

1999年

南方1998年闹水灾，1999年1月上级号召捐款捐物。本村共捐款1.2万元，棉被40床，衣物400件。

是年 中共中央发出通知，在全国范围内取缔“法轮功”邪教组织。古店村无邪教“法轮功”传播者。

为发展集体经济，使村民的钱袋子鼓起来，村委决定利用靠近新城的优势，在庄北发展冬暖式大棚蔬菜。村委班子齐上阵，真抓实干，吃住在现场。截止到2000年，共建起蔬菜大棚215个，集体每年收入17万余元，承包大棚的村民钱袋子才真正鼓起来了。

市政府在古店蔬菜大棚区设“肥城市高效农业示范区”（后改为“肥城市农业高新技术示范区”）。

2000年

3月29日下午 中共中央政治局委员、全国人大常委会副委员长田纪云，中共中央政治局委员、山东省委书记吴官正，省人大常委会副主任王渭田在泰安市委书记莫振奎，中共肥城市委书记齐承芳陪同下，视察古店村蔬菜大棚。

5月 村里建起第一处钢球厂，成立钢球有限公司，法人是支部书记鹿传玺。

11月1日零时起 进行第五次人口普查。

2001年

2月3日下午 中共山东省委副书记王修智到肥城调查研究，在中共泰安市委书记鲍志强、中共肥城市委书记朱玉合等陪同下，视察古店村蔬菜大棚。

2002年

村民先后建起6处钢球厂。

2003年

3月 在全体党员中进行“保持共产党员先进性”教育活动。全体党员记笔记、谈体会、自我检查，制定整改措施，保持共产党员的先进性。

5月 肥城市设立高新技术开发区，古店村大片土地被征用。

古店村采取各种措施积极防范“非典”，没发现“非典”病例。

是年 国家开始实行免征农业税，从而结束了几千年来农民种地交售粮食的历史。

2004年

2月 村委采取措施，积极设防“禽流感”，古店村没发生疫情。

9月 古店村支部书记鹿传玺赴泰安途中遭遇车祸不幸遇难。上级批准时光生为该村支部书记。

2005年

3月 按原支部决议，村投资60万元在古店工业园区建起1500平方米轻钢车间1栋。2006年，又投资了180万元在古店工业园区扩建2栋框架车间，面积为2200平方米。

7月 新扩的街道又上了柏油。

9月 主街道全部安装了路灯，改变了晚上“漆黑一片”，村民夜间外出摸瞎糊的历史。

请来河南商丘豫剧团唱了7天戏，民营企业及个人捐款演出。

2007年

11月 村党支部召开全体党员会议，办事处、管区负责人出席并主持会议，推选新的党支部成员。通过充分酝酿、座谈，以投票方式选举出支部成员。毛传军为书记，毛传水、辛德华、张丙国、孙庆刚为支部委员。

是年 在北军寨北泰临路南，建轻钢车间1栋，面积900平方米，同时投资320万元，购原新城街道办事处工业园车间一栋，面积为4000平方米。

2008年

5月 四川省汶川发生大地震。村党支部组织全体党员、干部、村民捐款捐物，仅捐款就达到了2万余元，并组织缴纳"特殊党费"，党员少则几十元，多则几百元。

5月 对护林房进行了改造，对小学校舍全部翻新改造。

7月 上级批准辛德华、毛传水为支部副书记。

是年 新的领导班子审时度势，筹建居民楼小区。经上级批准，在市区西部规划建设居民区内，始建2栋6层沿街居民楼。

又在村东（原猪场）建起两栋轻钢车间，面积1600余平米。新建车间实行招投标建设。

2009年

村委决定收回南山采石场，去掉南山栽植的杨树，由村统一管理。栽植新品种核桃树，面积达240余亩。

有60户村民入住沿街居民楼。

2010年

7月 村委乘城市西扩之机，决定整村搬迁，建立古店居民楼新社区。大学生村官鹿向宁进驻古店村。

8月 建设居民楼，新社区建设拉开帷幕。同时，村委领导班子根据科学发展观的要求，决定把建楼取出的土回填南山老石窝，把不毛之地改造成良田。

2011年

村支部换届选举，通过选举产生新的一届支部委员会。支部书记毛传军，副书记辛德华、毛传水，委员张丙国、孙庆刚、辛永平、程菊梅。

为增加集体收入，通过招商引资在原猪场建起了2个大车间，面积达7000余平米。

2012年

3月 古店村被泰安市委、市政府评为“新农村建设工作先进村居”。

2013年

8月 第二批古店村民搬入居民楼。

8月 古店村成立了有一定资质的裕兴物业公司。

9月 古店村实施农村集体经济组织产权制度改革。

10月 召开村民大会，表决通过了《古店村农村集体经济组织产权制度改革实施方案》，成立了古店村股份经济合作社，选举产生了第一届董事会，董事长为村支部书记毛传军。

是年 村委集中精力，继续打造南山工程。

在西付村村北建起3400平方米车间一栋（包括三层办公楼），安装了400千伏安变压器1台。

2014年

3月 整治北河的工程拉开了序幕。经过一年多的治理，在一片臭水滩上整理出土地200余亩。至2016年初，栽植了樱桃树、山楂、柿子树，并开辟了菜园。新打了机井。新挖鱼塘一处，建起钓鱼台，全部实行对外承包。

7月 大学生村官张勇（村主任助理）进驻古店村。

2015年

3月 村党支部召开十一届党员代表大会，进行换届选举。新城镇街道党工委领导人主持会议，现任班子全票通过，连选连任。

5月 物业公司扩充了保洁员，每位保洁员包一栋楼房，专人打扫道路。

7月 大学生女村官吕孟辕（书记助理）进驻古店。（2017年7月10日吕孟辕正

式转为选调生）

是年 天气干旱（谷雨时节一场雨），直至7月末下有效雨，庄稼欠收，山上荆条未开花，叶子脱落。

8月 古店社区初具规模，15栋小高层全部建完（包括一栋17层综合楼）。至年底，村民全部搬入居民楼居住。

新楼房120余平方米，宽敞明亮。安装了电梯，水、电、暖、气一应俱全，数字电视线、宽带网线俱已安齐。

社区道路按幽径设计，干道、支道铺设柏油路面。楼房后设车棚，并安装充电箱。社区内全部进行了绿化，栽有各种树木、花草。建起了2处文体广场，广场上安装了各种健身器材，并安装了LED大屏幕一块。19号楼1—3层，分别设电脑室、图书室、老年活动室、一站式服务大厅、村委办公室等。上层设老年公寓，社区内设地下车库，停车位600多个，和白云村共建步行大街。

12月 古店村被山东省社会科学界联合会评为“山东省社会科学普及示范村”，被中共肥城市委、市政府评为“桃都美丽乡村示范村居”，被大众日报社、山东旅游行业协会誉为“2015年度山东最美旅游社区”。

2016年

2月 古店村被泰安市委、市政府评为生态文明乡村建设工作先进村。

3月 古店村被山东爱国卫生运动委员会评为省级卫生村。

4月2日 古店村民委员会、中共古店村支部委员会召开会议，会议决定编写古店村村志。并商定由鹿淑江、冯庆海、时光生三位同志承担村志编写工作任务。

5月 在老村以北，泰临路以南，建起电子商务物流园一处，占地20余亩。

9月8日 副省长赵润田到古店社区检查产权制度改革工作。

11月28日 时任中共肥城市委书记张成伟陪同国家民政部领导到古店村指导工作。

两栋27层老年房年底交工，29层老年房已开工建设。

11月 党中央在全党掀起“两学一做”活动。学党章、党规，学习习近平总书记的一系列讲话，做合格共产党员。古店村全体党员学文件，学习新党章，记笔记，谈体会，查找个人存在的问题。

是年 古店村被山东省精神文明建设委员会表彰为省级文明村。

2017年

6月 古店村党支部被泰安市委评为泰山先锋红旗党支部。

7月 古店村党支部被肥城市委评为“桃都先锋红旗党支部”。

7月10日 泰安市委史志办王天宇主任到古店社区指导村志编写工作。

10月1日 迷你农乐园生态旅游项目正式开园。

10月1—17日 迷你农乐园实现收入10万余元。

10月18日 上午，全体党员在会议室收听习近平总书记在中国共产党第十九次代表大会报告。下午，村委会在“迷你农乐园”召开现场总结会，邀请市、镇负责旅游的领导参加。

11月27日 古店村被泰安市委、市政府命名为花园式社区。

12月26日 古店社区（古店村、肥城市三中、白云山学校、实验幼儿园、慈明中学）在白云山学校举办“书乡古店·孝善社区·共建共享2018年元旦晚会”。

12月27日 山东省文化厅副厅长胡上山到古店社区检查指导文化服务中心工作。

红枫　　（鹿淑江　2016年4月摄）

古店村全体党员在“两学一做”活动中，重温入党誓词　　（李庆利　2017年7月摄）

齐鲁名村志
QI LU MING CUN ZHI

古店村志
（1573—2017）
GU DIAN CUN ZHI

村情综述

CUNQINGZONGSHU

区位

古店村位于肥城市西部城郊，坐落在康王河两岸，是由古店和北军寨两个自然村组成，康王河南岸为古店，北岸为北军寨，两村之间由跨河石桥相连。域内北部平原，南部半山区，东邻西付村、白云村，南与西尚里接壤，西邻南军寨，北与蒋庄村毗邻，329省道贯通东西，新城路、龙山路沿村而过。地理坐标为北纬35°53′至36°19′，东经116°28′至116°59′。村境域南北长6000米，东西宽2000米，依山傍水、交通便利。

村名渊源

据《鹿氏族谱》记载：明万历年间（1573—1620年），鹿氏自王瓜店镇北仪仙迁此建村，因坐落在一座古旅店的遗址旁，故取村名“古店”。后来，随着其他姓氏的迁入，古店村逐渐扩大。

据《李氏族谱》记载：明万历年间，李氏兄弟自本市老城镇毛家小庄迁此建村，取村名镇扎（其含义无据可考）。清咸丰年间（1851—1861年），为防御兵乱，村民联防，曾筑寨台设军寨，因该村居北，故取名为“北军寨”。据清光绪十七年（1891）《肥城县志·方域》载：“榆城乡、仪仙社、北军寨”，由此可见北军寨历史较久。

（李庆利　摄）

建置沿革

古店行政村辖古店、北军寨两个自然村，分别由鹿氏、李氏于明万历年间1573—1620在此建村。

清宣统二年（1910），县境区划为8乡，辖536个村，即崇德乡（驻马家庄），孝感乡（驻广里），福阳乡（驻石横），安集乡（驻湖屯），新民乡（驻王瓜店），镇东乡（驻石坞），翔凤乡（驻演马庄），过化乡，（驻陆房），古店村隶属新民乡所辖。

1912—1935年，县境区划为9区、64乡镇、辖672村。其中五区下设仪仙镇、新民镇、东里镇、大封镇、尚德镇、富裕乡、五贤乡。古店隶属第五区富裕乡管辖。

1941年，日伪县政府行政区划为9区、67乡镇、676个村。

1947年，国民党县政府行政区划辖9个区、35镇、30乡。

1948年，肥城县行政区划为7个区、19镇、24乡、7个小区、582个村。古店为第五区富裕乡所辖。

1955年，县辖13个区、130个乡，古店为王瓜店区富裕乡所辖。（同年10月第五区改为王瓜店区）

1956年11月，县境行政区划调整为13个区，69个乡。古店为第五区富裕乡所辖。

1958年4月，县境撤销13个区，建立了30个乡镇，同年9月，全县建立14处人民公社，王瓜店乡即改为王瓜店人民公社，古店属王瓜店公社所辖。

1962年，王瓜店公社设5个管理区，古店属西付村管区管辖。

1980年12月，王瓜店公社革命委员会改称为王瓜店公社管理委员会，古店为王瓜店公社西付村管区所辖。

1984年1月，西付村管区改为西付村乡政府，生产大队又改为村，古店归西付村乡所辖。

1987年9月，古店归肥城县新城镇所辖，镇政府设在刘庄（市场街路北）。

1992年9月，肥城县撤县建市，改称肥城市，新城镇改称为新城办事处，古店为新城办事处所辖，延至2017年不变。

地理环境

古店地处丘陵地带，呈南高北低地势，高差坡度为8％~10％。北军寨自然地形北高南低略有坡度，境内石材资源及河沙资源极其丰富。

土壤

红粘土

古店旧村址（新城路）以南至南山（实为丘陵，村民习惯称为“山”），为红粘土土壤。土质粘度大，种植土以下坚硬，不便于耕作。多雨年景积水易涝，少雨年景干裂易旱，种植土层浅，地力差，种植农作物产量低，土壤分类为三类土。20世纪八九十年代，曾将最劣级的荒丘秃岭划为红土场，开采外卖作为集体的一项副业收入。

沙土

分布在康王河两岸的两个片区。古店以东，北军寨以西均为沙土土质，种植层极浅，种植层以下多为豆粒粗沙。沙层最深处竟有十多米，漏肥漏水，土壤瘠薄，易受干旱，浇水保湿周期短，种植作物产量低，大旱之年减产或绝产的风险大，土壤定为二类土。粮食作物多以耐旱的地瓜、花生、豆类为主。

黄褐土

分布在北军寨村以北，土壤类别为一类土。该区域土地平整、土质肥沃、旱涝保收，适宜种植各种高产农作物。自20世纪90年代始，不断调整农业种植结构，该区域多以种植大棚西瓜和冬暖式大棚反季节蔬菜为主。现在，冬暖式大棚杏、草莓、花卉等较为多见。

河流

康王河是古店境内仅有的河流。源头起于泰安的道朗，原属季节性河流。夏季雨量较大时，水流比较湍急。春冬季节，天旱之年常有断流现象。过去没有桥梁，行人渡河，水小时赤脚而渡，水大时用大瓮或木筏漂渡。中华人民共和国成立初，搭设了木质结构桥梁，桥面宽度不足3米，洪水泛滥时，木桥被冲垮，河患时有发生，过路行人十分不便。1964年全村劳动力齐动员，群策群力，开山掘石，独轮车、大马车齐上阵，搬运石料两千余立方，拆除木桥，兴建石桥。经过一冬一春的苦干，一座长120米，桥面宽度8米，12个桥洞的漫水桥终于落成。水小时，水顺桥洞流淌，水大时可漫桥而泻。20世纪80年代初，伴随着河沙资源的开采，河床深度和宽度有了较大变化，从此结束了大水为患的历史，方便了人们的生产和生活。

气候

境内属温带大陆季风气候，四季分明。春季干燥多风，雨水较少；夏季气候炎热，气温较高，雨水多且集中，湿度较大；秋季雨水减少，湿度适宜，秋高气爽，气温宜人；冬季天气寒冷，雨雪较少，气候干燥。全年境内平均气温在13℃左右，月最高气温在7月份，平均气温在27℃左右，极高气温达39℃。月最低气温在1月份，平均气温为零下4℃左右，极寒天气气温在零下15℃左右。境内光照充足，年累计日照时数为2594小时，日照时数最多是7月份，最少是12月份。境内冬季气温有逐渐变暖的趋势。

境内降水，平均年降水量在650毫米左右，但年际变化较大，旱涝年交替出现，严重干旱年份常有发生，洪涝年份极少，旱涝年交替无规律。汛期一般在7月初至9月上旬，为期两个月。春旱夏涝初秋干旱，晚秋旱涝交替的现象最为常见。

境内霜期一般在9月底10月初至来年3月底，无霜期年平均在150~200天。春天由于气候变化频繁，气流冷暖交替，倒春寒和露霜现象时有发生，果树冻花最为常见，尤其杏花受冻害最多，桃花遭冻害略少。

境内降雪，一般在11月至来年3月底，降雪集中多在1至2月份。降雪最早的年份是2009年农历9月26日凌晨，降雪量大，深度约十厘米。

境内刮风基本上随季节的变化而转换，有一定规律。春夏两季大风稀少，3~4级、4~5级风居多。夏秋两季因大风导致小麦或玉米倒伏的年景时有发生，干旱之年麦收季节多遇干热风致小麦减产。秋冬季节多以北风为主，风稍大，深冬寒风刺骨为常见。

境内地温四季变化基本随气温的变化而变化，地温比气温略高2~3℃，冬季地面冻结深度一般在种植层，极寒天气冻结深度可达30厘米以上。

物候

物候地方谚语

枣树发芽麦子露芒、枣树开花麦子进家。麦到芒种谷到秋、豆到秋天用镰勾。麦出一日晚，再种就减产。四月芒种头芒种、五月芒种过芒种。天长到夏至十八天、天短到冬至当日回。长五月短十月。二八月乱穿衣。七月十五枣红腚、八月十五打个净。七月核桃、八月梨、九月柿子上满集。

数九歌：一九二九不出手，三九四九凌上走，五九六九沿河看柳，七九六十三，路上行人看衣衫，八九快出九，耕牛遍地走，九九八十一，家里做饭坡里吃。

古店境内的生物候随气候变化而变化，实属平原暖温带物候规律，物候表现时间差距不大，各种动植物都有各自鲜明的物候期。

古店村物候表

表1

时间	动物表现	植物表现	非生物表现
1月	—	室内迎春，杏梅等木本花卉开放。	1月、12月，即农历立春之前和冬至以后，镇内土壤冻结深度30厘米，水库、塘湾、河流冰厚10厘米左右，可驮人行。
2月	—	—	2月下旬至3月上旬，地面积雪逐渐融化，土壤、水面开始解冻。

续表

时间	动物表现	植物表现	非生物表现
3月	下旬，蚂蚁出穴，喜鹊筑巢。	上旬，韭菜、荠菜萌发，冬小麦返青；中旬，柳树发芽，丁香、毛白杨现蕾；下旬，丁香、毛白杨开花，杏树现蕾。	3月下旬，水面停止结冰。
4月	上旬，青蛙始鸣，蝙蝠飞舞，燕子归来；中旬，冬眠动物纷纷出蛰；下旬，大雁北飞过境，青蛙产卵，春蚕孵化。	上旬，杏树开花，香椿、山楂等树发芽，越冬野草返青；中旬，桃树开花，桑、槐等树发芽，茵陈进入收获期；下旬，苹果树开花，地瓜插苗。	—
5月	上旬，黄鹂、伯劳、杜鹃等候鸟飞回，蝎子交尾；中旬，鱼类、麻雀产卵，金龟子危害作物；下旬，野兔交配，春蚕成茧。	上旬，冬小麦抽穗，枣树发芽，梧桐、刺槐、牡丹、芍药等开花；中旬，冬小麦扬花，草莓成熟；下旬，桑葚成熟，油菜收获，玉米等夏播作物下种。	5月，土壤失水迅速，干热风危害作物。
6月	上旬，蚊、蝇开始繁殖；中旬，蝉类始鸣；下旬，燕子孵卵。	上旬，冬小麦、杏成熟；中旬，石榴树开花，西瓜、马铃薯成熟；下旬，李子成熟，荷花始开。	6月，常降冰雹。
7月	下旬，“知了”（蝉的一种，鸣声嘹亮）鸣叫，以示秋天将到。	扁豆、葫芦等开花坐果。	7月，河水进入汛期。 7月、8月，常有暴风、暴雨。
8月	自上旬始，老蝉疲而坠地，俗谓“不秋不落”。	—	

续表

时间	动物表现	植物表现	非生物表现
9月	上旬，黄鹂、伯劳、杜鹃等夏候鸟南迁，红尾鸫等冬候鸟飞来，蟋蟀始鸣，萤火虫飞舞；中旬，鸟类停止孵卵；下旬，燕子南迁	上旬，高粱、谷子成熟；中旬，大豆、夏玉米成熟；下旬，大枣、芝麻成熟；冬小麦开始拨种	9月常有大雨， 月底，境内进入霜期
10月	上旬，蝉类息鸣；下旬，大雁南飞过境，鸡、鸭、鹅换毛御寒	上旬，冬小麦集中拨种，山楂、柿子成熟，枣树叶变黄；中旬，地瓜、刺槐叶变黄；下旬，树叶飘落，野草变黄	10月，秋高气爽，天体星座及银河系清晰
11月	冬眠动物自上旬起渐入蛰	上旬，萝卜、芹菜、大葱等晚秋蔬菜成熟；中旬，树叶落光，草木凋零；下旬，大白菜成熟	11月下旬始有降雪 11月，夜间晴空多，星明、月亮日多
12月	—	越冬作物停止生长	降雪增多

自然资源

土地资源

1949年后，古店村土地面积3110亩，其中村庄占地面积460亩。1951年4月，按照肥城县政府查田定产指示要求，落实农田面积，划分土地等级，境内土地划分为3等9级：1级地为土壤肥沃，旱涝保收的地块，共1300亩，多分布在北军寨以北。2级地为水浇条件较好、产量仅次于1级地，分布在古店村东和北军寨村西。3级地为水浇条件虽可，但地力稍差，分布在古店村南和北军寨西南河。石灰窑以东以南，土地级别为4至9级不等，属丘陵贫瘠地。

1976—1978年，全县开展以粮为纲农业学大寨运动，以公社为单位，组织农田基本建设大会战，规划方田，治山治水，撤高填洼，整平土地，改造了土壤结构，改善了水浇条件，扩大了水浇面积，提高了土地等级，现在的水利设施多半是那时的成果。古店村南是七高八低、无法浇灌、交通不便的丘陵地。通过整治，变成了便于浇灌、便于运输、便于耕作的大块方田，粮食产量大幅度增长。

2000年以来，古店土地资源大幅减少。肥城工业迅猛发展，城区西扩、道路兴修，古店土地被国家征用2150亩。

2010年，古店村充分利用社区建设的建筑垃圾和剩余土方，将南山（实属丘陵，百姓俗称“南山”。下同）荒石场回填起来，造地复垦 200余亩，将康王河南岸废弃荒滩和臭水坑回填起来，造地200亩。

水资源

地表水资源 域内属半山区，唯有康王河一条河流，洪涝年沟满河平。20世纪80年代前，大旱之年，河水干枯，自1982年始，肥城城区膨胀发展，除天然降水外，城内居民生活废水及企业的废水排放量越来越大，康王河常年流水无干枯。

地下水资源 境内地下水资源较为丰富，浅水井6米左右可见水，全村浅水井33眼，其中大口井19眼，小口井14眼。岩心井11眼，全村深浅水井共计44眼，多数分布在康王河北岸和古店庄东，可保持全年井内有水。井下水面高度，虽然随旱涝年的变化而变化，但完全能够满足境内人畜用水和农田灌溉用水，各种农作物旱涝保收。

水质 境内岩心井地下水质良好，各项指标均能达到国家规定的人畜用水标准。

沙石资源

康王河道及两岸藏有较丰富的河沙资源，储存量约30万立方米。南部丘陵（村民俗称“南山”）有较丰富的山石资源，石料开采有上百年历史，多以建房筑基、烧制石灰、粉碎石子为主。进入21世纪，停止了山石的开采经营，作为矿产资源保护起来。

动物资源

兽类 牛、马、驴、骡、猪、狗、羊、猫、獾、兔子、野狸、黄鼬、老鼠、刺猬等。

禽类 鸡、鸭、鹅、山鸡、麻雀、斑鸠、黑马勺、猫头鹰、老鹰、喜鹊、乌

黄鼬

刺猬

鸦、燕子、百灵鸟、布谷鸟、啄木鸟、野鸭子、白鹭、大雁、鹌鹑、水鸡、八哥、鹦鹉等。

昆虫类 螳螂、蚯蚓、蜗牛、蚂蚁、蛴螬、蝗虫、蝼蛄、螟虫、粘虫、棉铃虫、豆虫、毛虫、蚕、八架子、土元、蛀木虫、青蚜虫、磕头虫、臭虫、萤火虫、蝈蝈、蚂蚱、伏凉、苍蝇、蚊子、跳蚤、虱子、蚂蜂、蜜蜂、蟋蟀等、

爬行节肢类 蜈蚣、虾、蚰蜒、蛇、青蛙、壁虎、乌龟、螃蟹、蝎子、蜘蛛、刀螂等。

水产类 鲤鱼、鲢鱼、鲫鱼、草鱼、甲鱼、泥鳅等。

喜鹊

兔子

啄木鸟

斑鸠

山鸡

野鸭子

植物资源

境内属半平原丘陵，植物种类繁多，既有种植植物又有野生植物。

粮食作物 小麦、玉米、谷子、高粱、绿豆、豇豆、红小豆、地瓜。

油料作物 大豆、花生、芝麻、向日葵、蓖麻籽、油菜籽等。

纤维植物 棉花、大麻（20世纪70年代初已绝产）等。

果蔬类 白菜、萝卜、卷心菜、疙瘩、韭菜、菠菜、芹菜、香菜、生菜、茼蒿、蘑菇、金针菇、杏鲍菇、蒜黄、蒜苗、菜椒、辣椒、茴香苗、油麦菜、苦菊、茄子、芸豆、扁豆、豆角、大蒜、大葱、生姜、西红柿、黄瓜、西瓜、苦瓜、南瓜、冬瓜、搅瓜、佛手瓜、香瓜、丝瓜、甜瓜、西葫芦、莴苣、白莲藕。桃、梨、苹果、杏、葡萄、石榴、核桃、山楂、花椒、柿子、银杏等。

林木 杨树、柳树、榆树、槐树、梧桐树、法桐树、青铜树、柿子树、松树、柏树、香椿树、臭椿树、枣树、山楂树、国槐树、桑树、软枣树等。

灌木 紫穗槐、白蜡条、荆棵、酸枣等。

枣树

酸枣

花卉 铁树、桂花、幸福树、发财树、滴水观音、海棠、菊花、月季、仙人掌、玫瑰、冬青、牡丹、芍药、兰草、大兰、米兰、君子兰、山影、水仙、夜来香、蟹爪莲、竹子、倒挂金钟、柳叶桃、杜鹃、看桃、看石榴、水莲、含羞草、紫罗兰、女贞、金银花、茉莉、无花果、紫叶梨、刺玫、腊梅、荷花、丁香、百日红、一串红、佛手、山红豆、红豆衫、蝎子草、紫薇、扶桑、鸡冠花、红日当头、迎春柳、白玉簪、韭菜莲、吊兰、绿萝等。

野草植物 米蒿、黄蒿、茅草、大粘秫、节骨草、莽牛墩、爪地秧、蒺藜、灰灰菜、萋萋菜、迎生菜、马齿苋、茜茜菜、苦菜子、蒲草、芦苇、亭亭棵、荠菜、沙丰菜等。

药材植物 车前子、枸杞、香附、菊花、翻白草、益母草、艾、生地、柴胡、串金龙、茵陈、薄荷、柏籽、槐米、酸枣仁、紫苏子、杏仁、山网、大青叶、藿香、马齿苋、蒲公英、莲子仁、冬瓜籽、南瓜籽、透骨草、茅草根、无花果、蛤蟆苏等。

车前草

黄色野菊花

紫、白色野菊花

柴胡

蒲公英

自然灾害

旱涝灾害是境内的主要自然灾害，沙尘暴、龙卷风、干热风、地震、雷电、冰雹、霜冻、冰冻、病虫等时常对境内造成危害。

根据《肥城县志》记载统计，自明朝正德二年（1570）至清光绪十四年（1888）的318年中，县内大旱有25年，洪涝灾害13年。平均10年即有一次毁灭性灾害。旱时庄稼干枯，赤地千里，饿殍遍野；洪涝时大水成灾，禾苗淹没，房屋倒塌，民众无食。

旱灾

旱灾是境内常发生的灾害，有十年九旱之说。春旱为多，冬旱最少，夏旱成灾也常见。历史上也曾多次出现严重的旱灾，颗粒无收，寸草无存，多人为生存而逃荒要饭。少儿和老年人因饥饿而丧生的年景曾有之。1942—1943年旱灾、蝗灾同时发生，赤地千里，境内民众为充饥将树叶捋净，树皮剥光，逃荒要饭的人员占全村人口的半数以上。为了生计，村里极贫户被迫卖儿卖女。中华人民共和国成立后，在各级政府的正确领导下，古店村人治山治水，打井修渠，逐步扩大机灌面积，改善水浇条件，提高了抗御自然灾害的能力。虽然旱灾屡屡发生，重灾之年只是造成农作物不同程度的减产，但从未出现过绝产和村民离乡背井现象。

水灾

水灾在境内也是一种难以预防的自然灾害，构成水灾的主要因素：一是降雨比较集中，雨量特别大，延续时间长，地内水分饱和。二是河床狭窄，障碍物多，流水不畅。凡遇洪涝年景，都会给境内造成不同程度的损失。暴雨多集中在7—9月份。据史料记载，最早的暴雨发生在1979年4月23日，最晚的暴雨发生在1977年10

月28日。

风灾

境内风灾多为大风、干热风、沙尘暴、龙卷风，风所造成的灾害几乎年年都有，但危害程度不同。风灾多发生在4—10月份，干热风发生在五六月份。常年的风向规律：冬季多为北风和西北风，春季多为南风和东南风，夏季多为东南风，夏秋之交多为东北风。1982年7月的一天，大风突起，最大风力12级，一场短时大风，致树木折倒，水泥电线杆折断，交通堵塞，高杆农作物倒伏，造成严重减产。

干热风俗称西南风，夏季地表严重干旱遇上西南风，即形成干热风，对农业生产危害极大，常发生在五六月份，时值小麦扬花灌浆期，气候干燥，气温高，风力大，持续时间长，（一般持续3—4天）。有些年份干热风还会反复发作，凡遭遇干热风危害都会对小麦造成减产，减产程度一般在20%~60%之间，对其他农作物及果树的影响并不大。

龙卷风在境内不常见，龙卷风也叫“龙吊挂”“龙吸水”，多发生在每年的七八月份的高湿高温季节。风的走向一般是自西北向东南极速推进，中心风力大都在10级以上，龙卷风过境影响面积虽小，但危害极大。

雹灾

雹灾一般发生在六七月份，6月份发生为最多，境内下冰雹也极为常见，冰雹造成严重危害的并不多。据气象资料记载，1950—1985年间发生雹灾19次，平均1.8年一次，其中造成严重灾害的仅有3次，受害的多为农作物和果树。

冻害

农作物遭遇冻害多发生在早春晚秋两季，天气突然变化，气温大幅度下降，形成霜冻。霜冻可致农作物受冻减产，可致早花果树落花落果，而造成减产或绝产。大风降温，大雪突袭，可致越冬蔬菜遭遇冻害。1987年秋冬之交，一场大雪来袭，境内大白菜尚未来得及收获，被大雪覆盖。

病虫害

自古以来，境内给农、林、牧、果、蔬各业造成危害的除旱灾、水灾、风灾、雹灾、冻灾五种自然灾害外，还有防不胜防的病虫害。建国后蝗虫得以控制，但由于忽视种植业内部的生态平衡，再加上粮食作物、蔬菜、瓜果新品种的不断引进，也导致了病虫害种类增多，面积扩大。常发性加重类型，偶发性上升转常发性类型，新发性蔓延类型，三类型病害和虫害达上百种，始终威胁着境内农、林、牧、果、蔬五大产业的发展。20世纪家畜家禽传染性疾病频繁发生，死亡率极高，如猪瘟、鸡瘟等病毒传播快，蔓延迅速，一旦防治不及时，就会造成重大损失。粮食作物、林果蔬菜遭遇病虫害也极为常见。从20世纪90年代以来，随着科学技术的不断推广应用和药物品类的快速研发，病虫害得到及时有效地预防和控制。2004年防治杨树白蛾。

特大灾害

1951年7月25日，暴雨成灾，此次降雨造成上百间民房和北军寨小学8间教室倒塌。山地坝堰被洪水冲毁，此后当地人将这场水灾叫作“发黄水”。

1971年夏，一场大雨，河水满槽。

1978年7月30日，一场暴雨四小时降水160毫米。河内漫桥过水，桥面水深一米左右，行人三天无法通行，涝洼地庄稼被淹，有的被淤泥吞没。

1987年8月26日下午，暴风雨成灾，玉米大面积倒伏。

1989年7月17日下午，暴风骤雨，阵风最大风力11级。

1993年8月4日，暴风雨来袭，土坯墙倒塌甚多，果树损失惨重。

姓氏·人口

人口数量

得天独厚的自然环境给境内人口、生息、繁衍带来极为优越的自然条件。1948年，档案资料显示古店村共有182户，810人，其中男性402人，女性408人，北军寨村共有96户，416人，其中男性202人，女性214人。建国后，随着人们生活水平的

族　谱

不断提高，全村人口逐渐得到发展，人口增长率在35%左右。1958年9月，两个自然村合并为一个行政村。全村共有364户，总人口1886人，其中男性880人，女性1006人，比1948年10年间增加户数86户，人口增加660人。1959—1961年，三年自然灾害，国民经济困难时期，村民生活水平下降，生育能力也随即下降，三年期间增加6户，人口增加26人。自1964年，国家动员实行计划生育，人口增长有一定的控制，但“文化大革命”时期，计划生育无人管理，人口有所增长。

从20世纪70年代开始实行计划生育，各级地方政府采取一系列措施，控制人口增长。连续10多年来，古店村被办事处评为计划生育先进工作单位、计划生育村民自治示范村。到2016年，全村人口达到2267人，共计623户，其中男性1094人，女性1173人。与2000年相比增加户数73户，增加216人。

1949—2016年全村人口统计表

表2　　　　单位：人

项目 数目 年份	总户数	总人口	性别比例			
			男		女	
			人数	占总人口（%）	人数	占总人口（%）
1949	288	1340	654	48.8	686	51.2
1950	296	1404	685	48.8	719	51.2
1951	306	1492	728	48.8	764	51.2
1952	315	1544	754	48.8	790	51.2
1953	326	1605	795	48.8	810	51.2
1954	335	1667	806	48.34	861	51.7
1955	341	1698	815	48	883	52
1956	350	1725	825	47.8	900	52.2
1957	351	1804	848	47	956	53
1958	364	1886	880	46.69	1006	53.4
1959	366	1902	886	46.6	1016	53.4
1960	370	1912	891	46.6	1021	53.4
1961	380	1930	901	46.7	1029	53.3
1965	400	1972	924	46.8	1048	53.2
1968	405	1984	930	46.8	1054	53.2
1970	420	1990	930	46.6	1060	53.4

续表

项目 数目 年份	总户数	总人口	性别比例			
			男		女	
			人数	占总人口（%）	人数	占总人口（%）
1973	433	2008	940	46.8	1068	53.2
1975	442	2020	946	46.8	1074	53.2
1977	450	2032	950	47	1082	53
1978	448	2030	952	47	1078	53
1983	510	2053	964	47	1089	53
1985	510	2065	974	47	1091	53
1987	515	2079	982	47.2	1097	52.8
1989	520	2090	985	47	1105	53
1991	526	2098	989	47.1	1109	52.9
1993	527	2105	993	47.2	1112	52.8
1995	528	2110	994	47	1116	53
1997	540	2123	997	47	1126	53
1999	550	2067	974	47	1093	53
2000	550	2051	970	47.3	1081	52.7

续表

项目 数目 年份	总户数	总人口	性别比例			
			男		女	
			人数	占总人口（%）	人数	占总人口（%）
2002	555	2046	978	48	1068	52
2004	560	2044	988	48	1056	52
2006	575	2051	983	48	1067	52
2008	571	2074	992	48	1082	52
2010	593	2120	1010	48	1110	52
2011	603	2136	1023	47.9	1113	52.1
2012	612	2169	1043	48.1	1126	51.9
2013	619	2181	1055	48	1126	52
2014	621	2220	1079	48.6	1141	51.4
2015	616	2229	1078	48	1151	52
2016	623	2267	1094	48.2	1173	51.8

性别构成

古店村自建村以来，祖祖辈辈以农为主，除妇女婚嫁他村外，男丁面朝黄土背朝天，终日田间劳作，一般未曾离开过生之养之的故土。根据人口普查资料显示，多数年份女性多于男性，到2016年女性比男性多79人，男女性别比100：108。

年龄构成

据1982年全国第三次人口普查统计，本村0至5周岁儿童为163人，占总人口的8%；学前儿童265人，占总人口的13%；60岁以上的老人279人，占13.6%。1982年劳动力为1348人，劳动力年龄为：男性18~55周岁，665人。女性18~45周岁，683人。百名劳力负担少年儿童系数为31.8。到2016年，全村共有人口2267人， 60岁以上的老人达到424人，其中60~69岁265人，70岁以上的老人106人，80岁以上的老人53人，90岁以上的老人10人。0~5周岁儿童108人，占总人口的4.8%；学龄儿童468人，占总人口的20.6%；全村劳动力1302人。随着生活条件的改变，人们的寿命也在增长。老年人的增加，充分体现了社会经济的发展水平与生活水平的提高与医疗保健的改善。

文化构成

据2000年第五次全国人口普查资料显示，全村共有550户，总人口2051人，具有小学以上文化程度1764人，占总人口的86%，其中小学文化程度的533人，占总人数的26%；初中文化程度的964人，占总人数的47%；高中文化程度的205人，占总人口的10%；大专以上文化程度的62人，占总人口的3%。20世纪80年代至21世纪，村民越来越认识到文化教育对于推动社会发展的重要性，人们十分重视教育工作，许多家庭普遍重视学前教育，开发儿童智力。许多人千方百计地让孩子上学读书，学习优秀的孩子先后考入大中专院校，人们的文化素质发生了很大变化。大批大中专毕业生走向各个工作岗位。到2017年，全村小学文化程度329人，占总人口的14.5%；初中以上文化程度的1156人，占51%；高中文化程度的272人，占12%；大中专毕业生180人，占7.9%。

1962—2017年古店村大中专毕业生统计表

表3　　单位：人

学历组别	中专	大专	本科	研究生	合计
一组	4	8	22	3	37
二组	2	12	10	3	27
三组	1	9	18	7	35
四组	3	8	15	1	27
五组	0	3	17	6	26
六组	0	7	17	4	28
累计	10	47	99	24	180

职业构成

1949年前，村民以种田为生，极少数人兼营家庭作坊，经商做点小生意以养家糊口。有的开草纸坊，有的开老粗布印花坊，有的做酒坊，有的开挂面坊，有的开馒头坊等小作坊，生意兴隆。合作化以后，开店铺做买卖的人员有所增加，特别是1978年中国共产党第十一届中央委员会第三次会议以来，百业俱兴。农民除种好责任田以外，从事各项行业，建筑业、餐饮业、养殖业、运输业、个体工商业、制造业、产品加工业、美容美发、辅导教育等。1983年，从业人员513人，占总人口的25%以上。近年来，随着土地的不断减少，由农业机械化程度的迅速提高，农村剩余劳动力越来越多，而农民从商、从工、外出劳务输出的人数急剧增加。至2016年，从事各业生产达1360人，其中50%从事建筑业，平均每天有150元左右的收入，使家庭的整体经济收入增长较快，家庭生活水平由此发生了较大的变化。

姓氏构成

1949年后，随着社会经济的发展，流动人口的增加。因工作、婚姻调动迁入的姓氏逐年增加，2016年古店村共有姓氏88个，其中古店主要姓氏有李、鹿、韩、黄、路、毛、王、孙、冯、牛、宋、姜，计12个姓氏。北军寨主要姓氏有李、张、王、辛、孙、温、胡、时、马、苏，计10个姓氏。全村以李姓、鹿姓为主要姓氏。

全村姓氏以人口多少排列顺序为：

李鹿张王　辛孙韩黄　温路胡陈
刘赵尹付　毛冉宋时　姜马邱顾
杨何周潘　郝许孟乔　董徐苏田
汪冯谢阴　邹于牛郭　石武车杜
肖彭史羊　程明罗邓　吴秦纪薛
魏冀崔宗　展楚曹畅　项刁耿庞
岳白钱卢　燕尚苑高　雷井闫翟
袁鲍余栗

2016年全村姓氏人口统计表

表4　　　　单位：人

姓氏	人口	姓氏	人口	姓氏	人口
李	516	孟	9	魏	2
鹿	403	乔	7	冀	2
张	143	董	7	崔	2
王	142	徐	6	宗	1
辛	120	苏	6	展	1
孙	91	田	6	楚	1
韩	72	汪	6	曹	1
黄	60	冯	6	畅	1

续表

姓氏	人口	姓氏	人口	姓氏	人口
温	46	谢	6	项	1
路	44	阴	5	刁	1
胡	43	邹	5	耿	1
陈	41	郭	5	庞	1
刘	36	于	4	岳	1
赵	34	牛	4	白	1
尹	30	石	3	钱	1
付	28	武	3	卢	1
毛	26	车	3	燕	1
冉	26	杜	3	尚	1
宋	26	肖	3	苑	1
时	24	彭	3	高	1
姜	19	史	2	雷	1
马	16	羊	2	井	1
邱	16	程	2	闫	1
顾	15	明	2	翟	1
杨	13	罗	2	袁	1
何	13	邓	2	鲍	1
周	12	吴	2	余	1
沣	12	秦	2	栗	1
郝	11	纪	2	合计	88姓
许	9	薛	2		

以笔画为序排列姓氏

2画1姓：刁

3画2姓：于、马

4画7姓：毛、井、王、车、牛、尹、邓

5画7姓：付、冉、史、卢、田、石、白、冯

6画8姓：孙、刘、乔、羊、闫、许、阴

7画14姓：李、辛、宋、时、苏、汪、杜、肖、吴、纪、张、何、余、陈、邱

8画12姓：宗、庞、尚、孟、赵、邹、周、明、武、罗、苑

9画6姓：胡、姜、杨、项、岳、郝

10画11姓：畅、耿、钱、袁、秦、顾、徐、郭、展、高、栗

11画3姓：黄、鹿、曹

12画7姓：韩、温、董、程、崔、彭、谢

13画4姓：路、楚、鲍、雷

14画1姓：翟

15画2姓：燕、潘

16画2姓：薛、冀

17画1姓：魏

人口繁衍

古店村姓氏根源

鹿氏家族明朝万历年间（1573—1620年），由王瓜店镇北仪仙迁居古店立村。

其行辈：泰悦淑传焕道文　钟英培德保华勋

　　　　国家爱敬容和厚　庆辰瑞云衍昌安

黄氏家族明朝万历年间（1573—1620年），由南京迁居古店村。

其行辈：邦文永希振　清淑培家章

　　　　延義诚祥禄　贤良德恭让

　　　　国泰盛栋才　继世续廉昌

　　　　宏伟传玉柱　兴业勋英强

云松恒立峰　万福礼道广

李氏家族一支从东尚里迁居古店。

其行辈：淑毓志恒庆　正家培秀长
同心怀孝顺　百代祚嗣祥
昊泽昆硕富　崇宪靖华邦

李氏家族一支，明朝万历年间（1573—1620年），从李家小庄迁居古店。

其行辈：祖宗功德远　福寿山海扬
善继世长　同心怀孝顺
百代祚嗣祥　昊泽昆硕富
崇宪靖华邦

王氏家族一支由东平县梯门迁居王瓜店镇南军寨，后又迁居古店。

其行辈：永兆景玄之　怀明兴式振
德存保元首　继传允东平
福寿康乐登　忠正良笃久
绪嘉英杰圣

王氏家族一支，20世纪60年代，从王西迁居薛家庄，后迁居古店村。

其行辈：继培宗呈瑞　传衍家泽长
明正树英杰　宜昌建宏康
群立盛新荣　天同恒伟光

王氏家族一支，从聂庄迁居古店村。

其行辈：现维振丙

路氏家族明朝万历年间（1573—1620年），从北仪仙迁居古店。

其行辈：一（纪）本（阳）克敦
则笃其庆　修德福之
基为善家　兴长培心
钟毓秀贤　英耀国光

毛氏家族从浙江省宁波府镇海县迁于肥城马连庄，后又迁古店村。

其行辈：立德传序承　继崇光家廷
振兆国庆允长

韩氏行辈：追永汝玉起　雲兴敬福来

承吉兆瑞荣　淑怀庆远朋

立广思良贵

姜氏家族行辈：乐学圣传甲广

冯氏家族由先祖冯玉盛自王瓜店镇聂庄村迁居古店。

其行辈：启玉现庆正　一脉承修祥

忠久恩秀广　孝思训明扬

五福禄生瑞　万代寿荣昌

孙氏家族清嘉庆二十三年（1818）由肥城五里后村迁居王瓜店镇王西村，后迁入古店村。

其行辈：开培传业远　衍序庆生繁

允以家常在　维宜宪始源

仁乃全申本　勤俭富贵根

善行忠义孝　福禄万年新

牛氏家族由先祖牛明德从咸丰十年（1860）年东阿县刘集镇牛屯村迁居肥城古店村。

其行辈：兴绪志继增　兆莫存长荣

肖先意立家　信心新德成

宋氏家族由王瓜店镇南军寨迁居古店村。

其行辈：靖全吉光兆现

北军寨姓氏根源

李氏家族一支明朝初年自福建省兴化府莆田县迁肥城北军寨。

其行辈：基兆昌允瑞　开鸿图承祖

延祚培振家　声祥麟俊凤

宣扬令名严　守庭训裕后

庆宗深思广　义福寿祯荣

李氏家族一支，自东尚里迁居北军寨。

其行辈：淑毓志恒庆　正家培秀长

同心怀孝顺　百代祚嗣祥

昊泽昆硕富　崇宪靖华邦

张氏家族一支自石横镇南大留村迁居北军寨。

其行辈：柏林贵士繁　守镇学程贯

法哲志文升　广衍啟洪肇
恭远咸津笃　居久本业连
忠厚仪容树　睦雍庆泽环
宗兴润国禄　仁杰俊敬乾
德惠培祥瑞　家和道昌安

张氏家族一支，由泰安迁至肥城北军寨。

其行辈：锡淑相炳堂　钦衍业照培
金泰东熙增　钧鸿保焕基

辛氏家族自明崇祯三年（1630）由济阳迁入肥城，原在辛家庙子，后迁入北军寨。

其行辈：标昂安中岑　乙玉洪儒士
兴邦正德永　绪光明福善
增培志传家　宝文肇庆连
英振华祥纪　民延圣其寿
云敬范立俊　孝平泽耀阳
超书乐恩发　堂秀悦瑞昌

孙氏家族自孙庄迁居北军寨。

其行辈：开（肇）培传业远　衍序（绪）庆生繁
允以家常在　维宜宪始源

时氏家族世祖山西太原府洪县大时村人，从明洪武二年（1369）迁居肥城县王瓜店镇车庙村，后迁居北军寨。

其行辈：成东登正平（臣）自　世曰凤振明兴（丙）
广运承前烈　修德啟后昆
信义怀家训　中孝敦彝伦

王氏家族自桃园镇屯头仁贵山迁居北军寨。

其行辈：培承鸿绪克　广其统懋昭
衍庆家道斯　隆诗书相传
礼义自兴善　乃福原修德
长荣通鑑汉　儒群会晋英
凤史伟伦世　代为宗阳明
宝学正教中　庸民生笃厚

文治久应

胡氏家族自北山胡庄村迁至王瓜店镇蒋庄，又于清嘉庆五年（1800）年迁居北军寨。

其行辈：文树凤元忠　庆衍玉锦亭

传承绪家远　心正立公平

温氏家族自长清县马南里温家街（后改为尹家庄）迁居北军寨。

其行辈：其肇衍鸿庆　俊修连凤庭

世振传远明　昌泰宝家升（陞）

马氏家族1920年，自王瓜店镇马庄村迁入北军寨。

其行辈：兴衍庆伟绪　守志道学成

路代忠

苏氏家族清光绪二年（1876），自苏庄迁居北军寨。

其行辈：天光明永式　盛德立继昌

百重允克任　玉后振家邦

自然生育繁衍

清末明初至中华人民共和国建立后的五六十年代，村里男女以婚配方式组建家庭，自然生育子女繁衍后代。婚配年龄一般为成年男性女性即可。生育子女多少由个人意愿决定。

民国时期，平均每户5口人以上。进入21世纪，三口之家、四口之家较为普遍。随着社会的进步，人们思想认识的变化，家庭人口也出现很大变化。1949年前后，古店村一般家庭生育五六个孩子。1949年全村288户，1340人，户均4.65人；2016年全村623户，2267人，户均3.64人。相比之下，户均减少1人。

社会控制生育繁衍

随着社会经济发展，人口逐渐增多，国家对人口自然生育进行社会调控，分别实行婚配年龄及生育子女数量控制。1950年婚姻法公布，《婚姻法》规定，适婚年龄最低男20周岁，女18周岁。1980年颁布的婚姻法，男女结婚年龄分别为男22周岁，女20周岁。1988年山东省计划生育条例规定结婚年龄为：男为25周岁，女为23周岁，为晚婚晚育年龄。

1978年中国共产党第十一届中央委员会第三次会议召开后，国家对个人婚姻家庭子女生育做出规定，提倡一对夫妻只生一个孩子，奖励独生子女夫妇。《山东省计划生育条例》颁布后，山东省大力推行晚婚晚育，落实节育措施，古店村民家庭生育子女数量减少，一般为一对夫妇一个孩子。2016年，古店村全村623户，人口2267人，其中男性1094人，女性1173人。育龄妇女总人数490人，已落实节育措施的342人，村民家庭中一孩的是295人，二孩的158人，多孩的4人，独生子女户252人。全村人口生育得到控制。

人口变动

自然变动

1949年前及1949年初期，村民受“多子多福”思想的影响，崇尚多生多育，生育处于自由生育状态，人口出生率居高不下，人口增长很快。70年代以后，随着人类生活条件的不断提高，医疗条件逐步改善和计划生育工作的开展，人口呈低死亡率、控制增长的状态。1959年全村共有366户，总人口1902人，比建国初1949年增加285人，平均每年增长25人。党的十一届三中全会后，计划生育逐步走向正规化管理，人口出现明显下降。1984年，总人口2059人，比1979年多31人，平均每年增长5.2人。1986—1990年，进入生育高峰期，5年生育155人，平均每年出生31人。1991—1997年，人口自然增长呈负增长。1997—2016年，20年间全村共出生532人，死亡331人，增长201人，平均每年出生26.6人。

机械变动

1949年前，村民在旧政府的统治下，生活难以维持，很多人逃荒要饭流落他乡，尤其是1943年，人们为了生计，逃荒要饭、卖儿卖女、投奔他乡、人口出现下降现象，此为第一种变动。1956年，部分青年响应党的号召支援边疆建设，有的到东北三省开荒种地、结婚生子建设家园，此为第二种变动。1946—2016年，全村参军人数达114人，转业18人，因参军应征入伍，在战争或意外事故中造成人员减少，此为第三种变动。高考招生恢复后，每年都有上大中专学校的学生，他们的户籍关系随着变动。大学毕业生分配到全国各地，截止到2017年，全村共有大中专以上学历毕业生180人。民办教师转正、工程技术人员提升、家属农转非、姑娘出嫁、婚入等也是机械变动的因素。1970—2016年，共迁出人口1080人，迁入人口640

人，此为第四种变动。

死亡

1949年前，由于封建剥削制度，人们的生活水平极差，卫生条件低劣，穷人无钱治病。民国时期平均寿命为36岁。1949年后，由于医疗条件的改善和疾病的控制，1952年人口平均寿命达到52岁，1982年达到65岁，1990年达到70岁，2000年为75岁。1997—2016年，全村死亡人口325人，平均每年死亡16.3人，占7.2‰。2003年人人加入合作医疗，享受大病救助政策，60岁以上的老人由村里缴纳合作医疗费，全村424人，享受到这一优惠政策，充分体现出社会主义优越性。

1997—2016年全村人口变化情况统计表

表5　　单位：人

年份＼数目＼项目	出生人口		死亡人口		当年实有人口数	自然增长数
	男性	女性	男性	女性		
1997年	26		13		2123	13
	10	16	7	6		
1998年	29		19		2045	10
	16	13	8	11		
1999年	19		16		2067	3
	9	10	8	8		
2000年	19		23		2051	−4
	9	10	12	11		
2001年	24		17		2045	7
	15	9	10	7		
2002年	32		16		2046	16
	12	20	5	11		

续表

项目 / 数目 / 年份	出生人口		死亡人口		当年实有人口数	自然增长数
	男性	女性	男性	女性		
2003年	26		17		2047	9
	15	11	9	8		
2004年	26		19		2044	7
	13	13	9	10		
2005年	24		12		2052	12
	7	17	6	6		
2006年	25		15		2051	10
	11	14	10	5		
2007年	7		17		2058	−10
	2	5	8	9		
2008年	21		17		2074	4
	7	14	8	9		
2009年	19		18		2104	1
	14	5	9	9		
2010年	25		18		2120	7
	13	12	10	8		
2011年	39		19		2136	20
	21	18	10	9		
2012年	42		19		2169	23
	22	20	10	9		

续表

年份 \ 数目 \ 项目	出生人口		死亡人口		当年实有人口数	自然增长数
	男性	女性	男性	女性		
2013年	30		20		2181	10
	15	15	10	10		
2014年	49		13		2220	36
	28	21	8	5		
2015年	15		11		2229	4
	4	11	6	5		
2016年	35		12		2267	23
	19	16	6	6		
合计	532		331			201
	262	270	169	162		

医疗·卫生·体育

1949年前，古店村从未有过医生和药铺。村民有病，小病求偏方，大病到王瓜店或更远的地方治疗。还有的人生了病，不是求医问药，而是找巫医神婆。1936年瘟疫流行，更由于连年灾荒，村民苦不堪言，有几人患病后无钱治疗而死亡。

1949年，中华人民共和国成立后，卫生工作积极贯彻“面向工农兵”“预防为主，防治结合”的方针，农村卫生工作有了起步。1960年，从部队干过卫生员的路克金退役后行医，他钻研医术，行医就诊，结束了村里没有医生的历史，方便了村民看病就医。

1968年，在毛泽东主席“把医疗卫生工作的重点放到农村去”的号召指引下，农村医疗卫生工作被提升到了前所未有的重要位置。1970年，大队成立了卫生室，“赤脚医生”应运而生。赤脚医生路克金、李志连、韩福江、冉秀梅，有了固定的行医地方。赤脚医生住在村内，便于村民就近医病。小病不出村，大病去医院，医疗条件得到了很大的改善。路克金的针灸远近村庄闻名，有人得了脑中风，凡是找他针灸治疗的人，十有八九能治好，不落后遗症。路克金去世后，他的小儿子继承了他的医术，个人行医。

2006年，新型农村合作医疗实施后，毛传奇成为本村卫生室医生。

卫生经费

路克金行医前期属于个人经营，购药自筹资金，治病卖药收费。20世纪六七十年代，药价很低。一般感冒，打针吃药不足一元钱，打次退烧针不到一角钱，一般外伤包扎不收费。那时村民卖几个鸡蛋的钱就能治好感冒发烧。期间，肥城县爱国卫生运动委员会办公室人员经常下乡，对农村进行除害灭菌，古店村民填平污水坑，进行无害化处理。同时，村里出资购买漂白粉、六六粉，进行井水消毒和灭蚊蝇，大大改善了村里的环境卫生。

1972年，按上级文件精神，开始实行农村合作医疗制度，生产队按每人每年2元钱交到大队卫生室，作为全村一年的医药费支出费用。村医工资由生产大队记同等劳力工分。后为了弥补经费不足，村民看病买药按比例缴纳少量现金。

2006年，新型农村合作医疗制度实施后，按照政府规定个人缴纳一部分，集体承担一部分，国家补贴一部分的原则。2010—2017年，60岁以上老人属于个人缴纳的部分，由村里承担。

医疗人员

1949年前至60年代初，古店村没有医、药可查，看病求医只能到外村。早期的接生婆有鹿悦明之妻、李志祥之妻、李恒典之妻、冉秀梅。1970年卫生室成立后，医生扩至4人。1999年10月，农村医疗人员由“赤脚医生”改称为“乡村医生”。上

老年人查体

级医疗部门对乡村医生实行“三制四统一”，经统一考试后，合格者发给乡村医生合格证书，由上边卫生部门聘用，发给职业资格证书，可在本乡镇村内调配使用。至2015年年底，古店村卫生室共有3人，全部持有“乡村医生证”和“职业资格证书”，做到了持证上岗，规范行医。

计划免疫

古店村民素有讲究卫生、预防疾病的风俗习惯。春天传染病流行时，常叫孩子吃些葱、蒜，防止伤风感冒。端午节（农历五月初五），门口插艾，有的妇女衣襟挂香荷包（内装艾叶及香料）避瘟疫。农历六月初六，翻箱倒柜晒衣服被褥，防霉防虫。夏天蚊子多，夜晚就点燃艾叶、黄篙，熏杀驱赶。八月初一，用车前草（亦叫猪耳朵棵）、猪食菜瓯鸡，用以健身、消积食、增食欲。四季给婴儿戴兜兜，防腹部受寒腹泻。腊月二十三大扫除，干干净净迎春节。这些古老而优良的传统，一直延续到今天。

清末，在县牛痘局的主持下，聘请医生为儿童接种牛痘。民国期间，有乡村游医接种牛痘，收费较高，不少农家孩子注射不起这个疫苗。

中华人民共和国成立后，县人民政府组织医生到乡下免费为6岁以下的儿童接种牛痘，使儿童从天花的困局里解放出来。随着国民经济的好转，国家每年拨发大批生物制品，免费为群众预防接种。20世纪60年代，古店村连续发生几例小儿麻痹症，造成终身残疾，给他们的生活带来极大不便。1970年开始，全村婴幼儿普遍服用小儿麻痹糖丸，注射麻疹疫苗。1970—2016年，古店村没有幼儿患麻痹症和麻疹。

妇幼保健

1949年前，政府根本不重视妇幼保健，农村完全土法接生。根据统计资料考证，新生儿死亡率高达20%以上，产妇死亡率在1.5%左右，群众把妇女临产视为“鬼门关”。当时几乎村村有“乱葬岗子”，把死的孩子往乱葬岗子一扔，群狗争食，惨不忍睹。

1949年后至20世纪70年代，政府大力推行新法接生，重视妇幼保健。对原有接生婆进行登记、培训，配置了药箱，当时的冉秀梅就是新法接生的代表。20世纪90年代后，实行妇幼保健、母婴保健，哺乳期卫生及系统化管理，进行产前检查、产后访视。妇女生孩子，直接住进医院妇产科，既方便又卫生，大人孩子生命有了新的保障。

改革开放以来，上级相关部门每年组织医生到乡下对儿童进行体检，查出来的病，对症下药及早治疗。1979年始，每年一至二次对校内小学生进行乙脑、流脑预防接种，并向学生讲授卫生知识。小学生的一些常见病如沙眼、蛔虫、龋齿逐年减少。

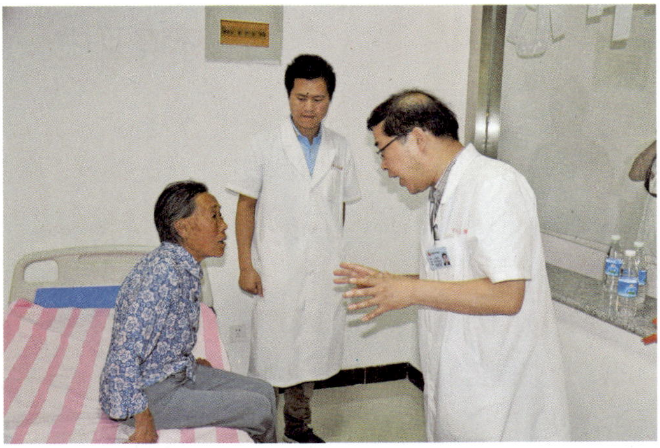

巡诊　　（韩晓荣　2015年9月摄）

食品卫生

1949年前后至改革开放前，由于国家管理严格，执法严格，人们的道德素质水平增高，食品污染少，伪冒假劣产品几乎没有，古店村没有记载和传说发生食物中毒事件。1958年，全民吃食堂阶段，全村6个食堂也未出现食品安全问题。20世纪60年代初，天灾人祸，人们吃野菜、树头菜较多，有脸肿现象。20世纪80年代，由于人们不了解蔬菜的特性，不知亚硝酸盐的危害，剩菜、剩饭不经加温照样吃，造成拉肚子、腹胀等常见病。

20世纪90年代以后，由于健康教育的普及，大力宣传食品卫生管理办法，尽量杜绝伪冒假劣食品的购买和食入，使广大村民懂得，健康不仅没有疾病，而且在身体、精神和社会生活方面都呈现出完美的一种状态。人们大都做到了吃的食物新鲜、干净。生吃水果、蔬菜，要冲洗干净或削皮或用开水烫洗；炊具、餐具要清洁，用后洗刷消毒，禁止食用腐烂变质的食物，剩余的饭菜要回锅加热；坚持饭前便后洗手，严把“病从口入”关。厨房要保持清洁，做到防尘、防蝇、防鼠；食物要生熟分开，食品的储存要注意通风；农药及灭鼠药物，不能放在厨房内，防止污染食物及误食中毒等现象。20世纪90年代后，由于生活卫生条件的提高，食物中毒现象很少发生。

环境卫生

1949年前，人民生活贫困，卫生状况很差，街道不整洁，臭水污泥遍地，到处乱置粪堆，有的家庭猪圈、厕所粪便外流，蚊蝇滋生，疾病流行。

中华人民共和国成立后，古店村群众积极响应“移风易俗，改造中国”的号召，积极改善卫生条件。1952年，开展以打扫卫生，消灭老鼠、蚊子、苍蝇为重点的群众爱国卫生运动，时称“男女老少齐上阵，千军万马搞卫生”。“除四害，讲卫生”要达到“五洁四无”（室内洁，院内洁，街道洁，院外洁，穿戴洁；无苍蝇，无蚊子，无老鼠，无臭虫）。1960年，开展了以管水、管粪便为主要内容的两管工作。

1963年，又进行了“五改”（改厕所，改鸡窝，改栏圈，改水井，改环境）。大队组织人员进行大扫除，清理各个角落的垃圾。1987年，在村南兴建了蓄水塔，把水引到村里集中供水，有的家庭改了厕所。1992年，随着旧村改造的不断发展，自来水引到各家各户，结束了村民长期饮用地表水、咸水的历史。村民的用水条件有了质的变化。村民住进居民楼后，社区内安装了四部自动饮水机专供泡茶饮用，

垃圾按时外运　　（李庆利　2016年摄）

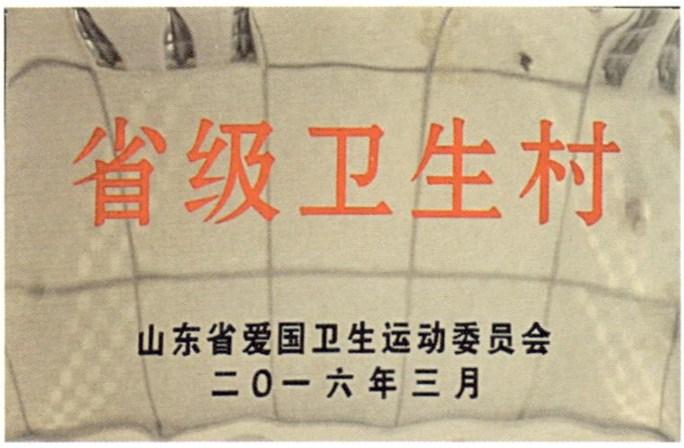

彻底解决了水污染问题。

自古店村居民楼建成后，村物业公司组建了20余人的保洁队伍。物业公司制定了打扫、检查、评比制度。每天从早到晚，她们身穿统一的服装，守护在社区内的楼房、道路旁清扫垃圾，进行卫生保洁。社区内花草树木艳丽、茂盛，楼房街道整洁干净，完全与城市相媲美。从此，古店村民彻底告别了“晴天一身土，雨天一身泥”的历史。2016年3月，古店村被授予省级卫生村。

村民体育

1949年前后，体育在农村是陌生的，农民缺吃少穿，常年在地里劳动，有意识地去锻炼身体的情况很少。即使有些家户使拳弄棒，也是为了看家护院。解放后，生活好了起来，村内男子冬闲时有打柭的习惯。用10厘米左右的圆木，把两头削尖，作为柭，用60来厘米长的木棍作为柭棒，一人用柭棒把柭打向远方，对方把柭扔回到事先画好的圆圈内，就是赢。女孩子则喜欢踢毽子、打线球、拾石子、跳绳、跳房、丢手帕等游戏。常常是一二十个孩子在一起做游戏，如“捉迷藏”“摸白菜帮”“打瞎驴”等，一玩几个小时。男劳力在田间干活，休息时，两人盘腿而坐，画地为盘，一人取石子，一人取土块作为棋子，即兴对弈，颇有兴趣。20世纪80年代末，村里建起文化大院，建起篮球场、乒乓球台，自发的体育活动日渐增多。老年人早起散步，打太极拳；中年人自备羽毛球拍，在街头、庭院练习打球；儿童增加了跳皮筋、摔

首届“亿嘉城杯”群众运动会（李庆利　2017年6月摄）

古店村运动队夺得第一名　　（李庆利　2017年6月摄）

纸宝；大点的孩子下军棋、象棋，中老年几个人围在一起打扑克等。

新社区建设的同时，文体广场也同步规划。村委派一名干部负责此项工作，统一安排，统筹实施。先后投资300万元，硬化地面2000多平方米，安装了景观灯，建成了两处现代化的集健身、娱乐等功能为一体的综合广场。配备了单杠、双杠、太极推揉器等40余套健身器材。并安装了LED大屏幕。场地器材的利用率极高。肥城市体育局经常到古店社区对村民进行健身指导。每到夜晚，广场灯一亮，跳广场舞的人陆续到来，随着优美的音乐旋律，人们翩翩起舞，十分快活。

2017年6月，新城街道办事处举办首届“亿嘉城杯”群众运动会，古店社区代表队在拔河项目中获得第一名。

学校体育

1949年初期，学校还没有专门的体育场地。上体育课时，学生只能在校园里进行队列训练，做广播操，有时候到校外找个场地进行短跑、长跑比赛。大点的学生练习跳高、跳远。课外活动时间，班与班之间开展拔河比赛。1955年，学校来了一位女教师，音乐、跳舞全都会，教给学生唱歌、跳舞，学生们把跳舞当做锻炼身体的一项体育活动而乐此不疲。

“文化大革命”期间，学校的体育课都改成军体课，发动学生造长木枪。一到军体课，让学生练习刺杀，练习投教具手榴弹。有时以班为单位，练习急行军，从学校到山上，来回5公里，最多用一个小时。1975年，学校认真贯彻《中小学体育暂行规定》，以体育达标（国家中小学体育锻炼标准）为中心，做好两课（每周两节体育课）“两操”（每天做好少年广播操和眼睛保健操）两活动（课间活动和课外活动）。村里还给学校规划出体育场地，安装篮球杆、排球网等体育器械。

学校开展了多种多样的体育活动，真正落实了德、智、体全面发展的教育方针。学校把体育成绩和文化课成绩同样列入考核。评选“三好学生”缺一不可，大大提高了师生教与练的积极性。每年春秋两季，学校召开运动会，对成绩突出的学生给予奖励。

1984年，学生迁入新校舍后，体育设施更加齐全、完备。根据学生爱好，结合学校场地情况，又新设置了室内乒乓球台，学生锻炼身体的自觉性更高了，为健康成长创造了很好的条件。

20世纪90年代，村办学校按市教育局规定划归市教育部门统管，体育活动变化不大。2010—2016年，学校体育活动项目跟20世纪80年代基本相同。

村务管理

管理机构

中华人民共和国建立后，村政权建立，古店村实行党的一元化领导。村党支部负责村党务政务管理工作。日常工作由（村生产大队）村民委员会及其直属机构管理和服务。

生产大队管理委员会

（1976—1984年）

生产大队管理委员会大队长：王兴俊，大队会计路克和。

村民委员会

（1984年—2017年）

1984年3月实行农村体

1982年部分村干部合影。从右至左依次是鹿传俊、温兆全、刘桂兰、冯庆海

制改革，撤销人民公社建制，改生产大队管理委员会为村民委员会。是年3月，实行村民委员会选举制度，通过民主选举，产生第一届古店村民委员会，第一届村民委员会共有7人组成，其中主任1人，副主任1人，委员5人，具体负责农、林、牧、副各业生产和治安保卫、民事调解、计划生育等项工作。

1987年，《中华人民共和国组织法》（试行）颁布，明确村民委员会为自我教育、自我管理、自我服务的群众性村民自治组织形式，实行民主选举、民主决策、民主管理、民主监督的管理方式。

1998年11月《中华人民共和国村民委员会组织法》及《村民委员会选举办法》出台，对村民委员会的换届选举，村民大会召开和组织工作形式，都做出了具体规定，规定村民委员会的产生办法，由党支部成立选举委员会，由选举委员会组织18岁以上选民，以无记名投票方式选举产生，三年为一届次。村民委员会产生以后，充分发挥其自治作用，在街道办事处的领导下，贯彻党的路线、方针、政策和法律法规，负责本村内的各项村务工作，带领村民以经济建设为中心，推进农村社会主义物质文明和精神文明建设。

历届村民委员会成员一览表

表6

届次	起止时间	主 任	副主任	委 员
1	1984.3—1987.3	鹿传俊	鹿传喜	时光生、王培文、冯庆海、毛传水、冯庆荣
2	1987.3—1990.3	鹿传俊	时光生	王培文、冯庆海、毛传水、冯庆荣、辛端正
3	1990.3—1993.3	鹿传俊	时光生	王培文、冯庆海、毛传水、冯庆荣、辛端正
4	1993.3—1996.2	鹿传俊	时光生	王培文、冯庆海、毛传水、冯庆荣、辛端正
5	1996.2—1999.2	鹿传俊	时光生	冯庆海、毛传水、冯庆荣、辛端正、李强
6	1999.2—2002.2	鹿传俊	时光生	冯庆海、毛传水、程菊梅、辛端正、李强
7	2002.2—2004.11	鹿传玺	时光生	毛传水、毛传军、程菊梅
8	2004.11—2007.12	毛传军	—	毛传水、张丙国、程菊梅、辛水平
9	2007.12—2011.3	毛传军	—	毛传水、张丙国、程菊梅、辛水平
10	2011.3—2015.3	毛传军	—	毛传水、张丙国、程菊梅、辛水平
11	2015.3—2017.12	毛传军	—	毛传水、张丙国、程菊梅、鹿淑军

中华人民共和国成立后，村务管理逐步趋向正规化，大队管委会在长期的生产和生活实践中，不断总结和探索村务管理经验，1962年核算单位下放后，制定出一套符合本大队实际的管理制度，并在实践中加以修正和完善，运用到生产经营的各个环节，推动了集体经济的长效发展。管理制度共有八项内容：

生产队开支审批制度

生产队粮食审批制度

生产队物资管理制度

生产队管理制度

生产队农机具管理制度

生产队牲畜管理制度

生产队经济公开制度

会计工作制度

1970年大队管委会结合实际制定出创建“四好”的经营管理模式。四好具体内容是：

1959年，肥城县委县府奖励给古店村的大马。从左至右参会人依次是：芦传章（王瓜店公社副书记）、李志德（生产队长）、黄培庚（古店大队书记）、辛正业（古店大队长）、高荣卿（王瓜店公社书记）　（辛永涛　提供）

政治思想好

坚持以毛泽东思想统帅各项工作；

坚持学习毛主席著作；

坚持突出政治。

完成计划好

努力完成各项生产指标；

提前超额完成上级下达的各项工作任务。

执行上级政策好

模范的遵守国家法律法令；

超额完成国家的征购任务，多卖余粮；

社员收益兑现好

当年年终决算好，账目清晰，社员明白。落实好，每户社员账面余额、欠款全部兑现清，不留尾巴。

社会安定，干群团结，社员情绪高涨；

古店大队70年代衡量干部的标准是看谁夺得的“红旗”多。大队管委设流动红旗岗，每年对红旗单位进行表彰奖励，在全大队范围内形成争先创优夺红旗的浓厚气氛。

建立村民委员会以后，村政管理更加完善，相关管理规定不断被充实运用，还专门设立了村财务公开栏和村政务公开栏，定期张榜公布，财务管理、村务管理更加透明公开，自觉接受群众监督，促进了村财经和村政务的健康发展。

财务管理

村政权建立之前，村内没有专职的财务管理机构。1946年建立联合会以后，通过斗争复查，土地改革运动，建立了专门的财务管理班子。对土改和复查斗争取得的成果全部登记入账，妥善管理。由财务人员负责土地丈量与分配，土地等级划分和公粮任务的催缴工作，对土地改革和复查斗争运动起到了促进作用。农业生产合作社建立后，财务管理制度相继完善。

1958年成立人民公社，农村财务管理实行三级管理，队为基础，公社、大队、生产队三级核算。

1962年，古店大队的14个生产队为基本核算单位，粮食的采购、包购、社员口粮的分配，均由生产队来完成。严格按照《肥城县农村人民公社生产大队生产队财务管理的几项规定》（草案）落实。大队制定了关于加强财务管理的具体规定。最大限度的降低生产成本，减少开支，增加收入，正确的核算每户社员的劳动报酬，搞好收益分配，强化各项财产及物资管理。

社员口粮是在完成国家征购任务，留足储备粮种子粮的基础上，按人七劳三或者人六劳四的比例进行分配，这种分配方式，是对缺少劳动力，老弱病残，家庭困难者实行照顾。

1968年以后，在农村经济管理中，实行民主理财，充分发挥贫下中农管理的作用，大队成立贫下中农协会，生产队推选贫下中农代表。一切经济开支，须经贫下中农协会按规定审查通过后，方可批准支付。原始单据均由代表签字盖章，否则不予报销。财务账目，除接受上级定期检查外，还定期向社员张榜公布，生产队定期向社员公布分配方案，增加了大小队两级财务的收入、支出及库存的透明度，增强了社员对两级财务的监督力度。

1984年，伴随着农村体制改革，建立起以村为基础的基本核算单位。原生产队改为村民小组，只设村民组长一职。没有村民小组财务机构，村民委员会只设村会计1人，出纳1人。

1988年，县农村经营管理站为完善农村经营管理制度，对农村会计进行轮训，使农村财务管理制度更加科学化，逐步与国际接轨。记账方式由原来的“收付式”改为“借贷式”记账法，账目的设置和科目的分类都具有合理性和实用性。

2004年以来，村级财务实行街道办事处代管制度，村会计有一段时间称记账员，村内发生的经济借贷事项，由村财管人员整理，经民主理财小组审查。通过的借贷事项，由理财小组签字盖章，报送新城街道办事处经管站审查审批后，方可进账，并在民主理财小组的监督下定期张榜公布。2016年10月开始由原来的每季度一次张榜改为每月一次张榜，监管力度进一步增强。

土地管理

土地所有制

民国时期，土地均属封建土地所有制，归私人所有。1949年初，古店182户、810人，耕地1740亩。北军寨96户、416人，耕地820亩。农户拥有土地量极不平均，有的户有几十亩（属富农阶层），一般农户拥有土地二、三亩不等，部分雇农地无一垅。

1951年，根据《中华人民共和国土地管理法》，全国范围内开展了土地改革运动，征收富农多余土地，分给无地或地少的农户耕种（雇农或贫农），基本上户户有地种，以田为生。

土地改革以后，农业经营体制逐步向集体形式过渡。1953年，村里成立了15个农业生产互助组，农忙时互帮互助，也可以工换工，但都不计报酬。1955年，互助组进一步扩大，成立了5个初级农业合作社，实行土地入股，收益分配按土地和劳力所定比例执行。1956年，由五个初级农业合作社，合并为两个高级农业生产合作社。生产资料一律归公，土地归合作社集体所有，社员无权自己分配土地。1958年，成立了王瓜店人民公社，建立了生产大队，对土地实行“一平二调”，各生产大队就近耕种，土地归集体所有。1982年秋，全面推行土地承包生产责任制，土地归集体所有，承包农户只有土地使用权。1984年，土地承包期，由1~3年延长到15年不变。1998年11月对全村耕地进行了第二轮承包，村委与农户签订了30年不变的承包合同，发放了《农村土地承包经营权证》和《农村土地承包合同书》。2014年10月，换发了《农村土地承包经营权证》，时有耕地1300亩。

土地变动

中华人民共和国成立初期，古店和北军寨共1226人，拥有耕地2560亩，人均占有2.09亩。1956年，成立高级合作社后，全村土地按居住方位进行统一分配，原则上就近不就远，以方便社员下田耕作、收割、运输、打轧等各项生产。

学大寨运动中，归片划方，将庄南沟深坡大的土台子、红石沟、赶羊道沟和西大山泄洪的西沟撤高填洼，整成了水浇便利的大方田。堤堰都是垂直石堰，康王河两岸的沙疙瘩、湾水坑、排水沟也整成了大方田，通过农田改造、整平土地，全村增加土地540亩。1978年，全村耕地面积以达到3100亩。改革开放始，随着形势的发展和经济基础的不断提升，村建公共设施，村办企业占地、修路占地逐渐增加，集体耕地面积不断减少。进入21世纪，因社区建设占用、高新开发区占用，古店村耕地面积急剧下降。至2017年底，古店村耕地面积只有1300亩，人均占地0.57亩。

征地管理

中华人民共和国成立前，土地归私人所有时，所有权归属以地契为据，土地可以自由买卖，租给他人耕种，自己可任意建设房屋，支配权归该土地的所有者。1964年起，个人建房必须经大队委员会批准，方能建房，但不得占用耕地，一律占用个人的旧地基、闲院子或村内的非耕地。

70年代初，开始实行不论集体或个人建房，审批权归王瓜店人民公社管理委员会。个人建房由本人申请，大队管委会审查，由大队申报公社管委会批准后，大队方可定点放线，确定宅基地位置、面积和朝向。

1984年，新成立的村两委会，坚持节约土地，不占耕地的原则，确定了充分利用旧村址，改造旧村建新村的新村建设规划，并组建了由一名两委成员具体负责的土地管理领导小组，专抓旧村改造、规划建设，对建房用地严格管理。坚持按制度办事，履行严格的审批手续，使本村的土地管理工作走向正规化、制度化管理轨道，推动了旧村改造的快速发展。

1987年，《中华人民共和国土地管理法》颁布，1989年4月，新城镇成立了土地管理所（1987年9月古店村划归新城镇），村分工一名村委委员兼任土地管理员。无论集体或个人建房，均须先写用地申请，由土管员上报新城镇土地管理所审批。如需占用可耕地，每平方米须交土地使用费2.60元，兴建公共设施，如学校、敬老院、幼儿园、村办公用房免交土地管理费。村办企业建厂房，每平方米交纳土地使用费5.20元。申请占用可耕地3亩以内必须由县人民政府批准，3亩以上（含3亩）必须经省人民政府批准，批文下达后方可施工。

进入21世纪，村民委员会、中共古店村支部委员会进一步加强土地管理力度，认真贯彻《中华人民共和国土地管理法》，严格制止乱搭乱建和非法占用土地现象，并对违规建筑进行了强制拆除。开创了土地管理新局面。

户籍管理

1949年前，户籍由村公所管理，村先生负责对出生人口进行登记，对死亡人口户口注销。户口登记管理主要用于各种捐献杂税的摊派。

1949年后，户籍管理归上级民政部门主管，村级设户口簿，每人一张户口卡片，由村委存档。户籍管理由大队会计具体负责。新生儿报户口，凭接生员出具的出生证明，由大队会计开证明信，到民政部门报上户口，大队再凭民政部门的落户证明填写新生儿户口卡片，挂入户口簿。迁入人口落户，由接受单位当地民政部门落上户口，再持民政部门出具的落户证明到大队报上户口，填写在户口簿卡片上。

1984年，伴随着农村体制改革，上层户籍管理，由民政部门移交给公安机关。古店村户口开始归王瓜店派出所管理，自1987年9月，隶属新城镇管辖后，转归新城桃花源派出所管理。1986年开始实行身份证。是年，办理第一代居民身份证。凡年满18周岁以上的村民全部办理了身份证（有效年限有10年、20年、长期不等。长期有效的是因其年龄校大，基本不会发生自然的面貌改变，易于社会识别）。2006年重新换证，为第二代居民身份证。

1998年，国家实行户口簿制度，并发放到每个家庭，作为本户人家的户籍档案和户籍证明，由个人存放。参军、上学、参加工作，婚姻登记都要持户口簿到派出所办理户口的迁入迁出。人死亡后由村开具死亡证明，到火化场火化。事后，家人持火化证明、户口簿，死者身份证到当地派出所注销户口。

新生儿报户口，由村出具证明，带户口簿。新生儿父母结婚证、医院出具的出生医学证明，到新城桃花源派出所办理户口登记手续。

婚入的媳妇或上门女婿迁入户口，需本人带身份证、原籍户口簿到古店村开具迁入申请，本人再持申请书到新城桃花源派出所换准迁证明信。本人再到原户口所在地办理迁出申请，持迁出申请到当地派出所户籍科换签迁出证明，持迁出证明到接受地（古店村委）办理迁入落户申请，再持村出具的迁入申请和迁入人的身份证以及接受方户主的户口簿到桃花源派出所户籍科办理落户手续。由户籍科提供迁入人户口页2份，其中1份加入户口簿，1份交村委存档。

自2015年开始，凡跨市户口户籍管理已改为信息化管理，网上办理迁入迁出。

严格户籍管理制度，准确地掌握村民人口动态，为计划生育、参军入伍、上学就业、参加选举、养老保险、医疗保险、婚姻登记、福利分配、金融业务等方面提供了可靠的人口资料信息。

治安维护

自抗日战争时期至50年代末。古店治安管理归属肥城县第五区管辖，60年代治安管理由肥城县公安局的公安特派员领导（特派员王克忠）。1970年初至1984年3月，归王瓜店公安派出所管辖。1987年9月起归肥城县公安局新城派出所管辖。1992年9月撤县划市，治安管理归属肥城市公安局桃花源派出所和新城街道办事处综合治理办公室领导管理。

夜间巡逻　　（李庆利　2017年8月摄）

治安保卫组织

抗日战争后期古店和北军寨分别于1945年1月成立自卫队，古店由孙元法任队长，北军寨由王洪海任队长，主要任务是组织民兵站岗放哨和夜间巡逻，保卫新生的人民政权和轰轰烈烈的土地改革、复查斗争运动的顺利进行，打击农村邪恶势力和还乡团的进攻，用血肉身躯守卫家园。自卫队长路阴海，队员李俊远都是在与还乡团等反动势力殊死斗争中壮烈牺牲的革命战士。

中华人民共和国成立后，1949年10月古店村组建民兵连，毛德戍任古店第一任民兵连长，温其贵任北军寨第一任民兵连长，主要任务是组织民兵维护社会治安，监督管制地、富、反、坏四类分子。四类分子外出要向治保会、民兵连请假，回村要向治保会或民兵连报道，家中来了生人要向治保会报告。民兵治安队伍逐渐壮大并趋向正规化，并由区地方配发了枪支弹药，经常组织开展反匪反特镇压反革命、取缔反动道会门活动，起到了震慑坏人，维护农村新政权的作用。

互助合作化和人民公社化期间，治保工作的主要任务是对四类分子进行高压管制，定期组织四类人员进行法制教育，实施劳动改造。对破坏集体财产、集体经济、公共设施及各种偷盗行为进行严厉打击。违法行为轻微者由村治保组织给予批评教育或罚款，对拒不接受教育或罚款的强行游街示众，使其认识错误，改过自新。重大违法案件，由公安机关依法惩处。治保组织加强治安巡逻，坚持以防盗、防火、护坡、护场为中心的治安防范，最大限度的减少火灾、盗拎事件的发生。1960年，强化社会治安管理，促进社会稳定，确保集体财产和家庭生命安全，成立大队治安保卫委员会，设治保主任1人，各生产队设治安员1人。治保工作逐渐走向正规化常态化发展的轨道。社员群众普遍有了安全感。

1984年，农村体制改革，改队建村，村民委员会下设治安保卫委员会、人民调解委员会、计划生育委员会、文教卫生委员会。治保工作的内容发生重大的变化，除正常的治安执勤和夜间巡逻工作外，工作的重点放在了普法教育和预防青少年犯罪上。利用多种宣传形式，开展全民普法教育活动，让全民知法、懂法、学法、用法、遵纪守法。人人皆知法律面前人人平等。通过普法教育使广大村民大大提高了法律意识，增强了法制观念，党员干部依法为群众办事，人民群众自觉遵纪守法，并能够用法律武器维护自己的合法权益。在全村范围内形成违法乱纪可耻，遵纪守法光荣的社会新风。

2015年，全村乔迁居民楼新区，桃花源派出所与古店村，设置了联合警务室，对域内社会治安进行联合防控。社区民警主要职责有：开展群众工作，发动群众，组织群众，宣传群众，服务群众。掌握社情民意，积极收集、上报涉及社会政治稳定和治安稳定的各类信息。管理实有人口，全面准确的登记辖区实有人口，了解掌握基本情况。组织安全防范，充分依靠基层组织，开展安全防范教育，指导群防群治，提高治安防范水平。维护社会治安秩序，严格治安基础要素管理，指导监督安全防范，落实治安保卫措施，预防减少各类案件和治安灾害事故的发生。2015年社区内各个角落都安装了高清数字监控录像系统。共装置摄像探头120余个，基本形成了整个社区无死角、无盲区，全面实施监控。一系列的治安管理措施，推动了古店村（社区）域内的政治稳定和社会安定，社会治安案件大幅下降，社会治安秩序明显好转。1984年以来未发生一起 刑事案件，村民和睦相处，安居乐业。自20世纪80年代至2017年，村治保会连年被新城街道办事处、社会治安综合治理办公室评为“综合治理先进单位”，多次评为“普法教育先进单位”，2016年4月，被肥城市社会治安综合治理委员会，授予“平安小区”荣誉称号。

人民调解

1949年前没有专门机构和专职民事调解干部，村内的民间纠纷多由族内长者或村内德高望重的知名人士，出面劝解、调处，实在无法解决的由当事人通过法院打官司解决。建国初期也没有专职的调解人员，20世纪60年代才开始明确由治保主任兼职调解工作，一旦发生民事纠纷，家户及街坊劝解不下的，再找村内的调解委员处理，疑难纠纷多由大队书记或大队长出面解决。

1984年3月撤队建村，在依法选举村民委员会的同时，第一届人民调解委员会随之成立。人民调解委员会依法调解各类纠纷，对法律法规、村规民约中没有条文规定的，调解委员会按社会道德进行调解；调解民事纠纷坚持在当事人双方自愿平等的基础上进行；尊重当事人的诉讼权利，不因被调解或调解不成而阻止当事人向法院起诉。并建立健全了各项工作制度。民事调解，缓和了家庭、邻里之间、村与村之间的矛盾，促进了家庭、社会和谐。

物业管理

2013年村民入住居民楼后，村里随之成立了有资质的裕兴物业公司。法人代表是村党支部书记、村主任毛传军。公司下设物业办公室，支部委员辛永平任办公室主任，负责整个社区的设施维护、维修、安全、卫生、绿化等工作。

物业公司下设20人的保洁队伍、8人的治安管理队伍、3人的水电管理小组，另设小型的维修队（平时在建安公司干活，随时可抽调为社区服务）。物业公司购置了垃圾专运车和68个垃圾桶、1个压缩式垃圾箱。

物业办公室制定了一系列规章制度，用不定期检查制度、评比制度、奖惩制度等加强物业规范化管理。保洁队伍每人包一栋楼和路段，每天早上必须在上班前清扫完毕，并且全天守候保持卫生。垃圾每天清早按时外运。

社区内住户如有需要维修、更换设施与物件，可直接打电话通知物业办公室。需要更换的物件，户里可直接按更换物件价格付给物业办公室，办公室即可通知有关人员为住户进行维修与更换。

村民生活

衣饰

布料

1948年前，由于过的是自给自足的农耕生活，古店村民几乎家家都有纺线车、织布机，老粗布是当时人们穿着的主要布料。鸦片战争之后，随着帝国主义的入侵，“洋布”进入中国市场，村里富裕人家开始穿洋布。直到1949年后，一般村民才开始穿国产的细布。1953年开始，国家实行计划经济，实行布票。一件衣服要穿几年，甚至十几年。当时村里流传着“新三年，旧三年，缝缝补补又三年”，村民百姓许多人家常常是哥哥的衣服留给弟弟穿，姐姐的衣服留给妹妹穿。20世纪70年代末，各种化纤布上市。20世纪80年代的“的确良”“人造棉”很受村民欢迎。20世纪90年代，各种绸缎、人造革、呢子占领市场。21世纪初，老粗布成为一种时尚。

衣服

老粗布色调单一，做被褥用印花的不是青，就是蓝。1949年后，村里妇女一般穿大襟上衣，从左至右，把全胸遮住。男子穿对襟上衣，一排扣子。男女穿的裤子都是一样的，大裤裆。穿时向一面缅住，用几根布条缝在一起做腰带。一直到20世纪70年代，村中逐渐兴穿中山服、国防服、学生服等。文化大革命时期，穿黄军装成为青年的时尚。女青年上穿黄军装，下穿蓝裤子，成为乡村风景。20世纪80年代

孙衍芸穿大襟褂照　　（李庆利　2017年8月摄）

后，随着村民生活水平的提高，无论男女老少衣着时尚，大都追求新颖、漂亮，很少有人再自己缝制衣服，基本上都买现成的穿。毛质的西装、羊毛衫、毛衣、风衣、呢子外套、夹克、休闲装等都成了人们随意挑选的服装。到了冬天，也没有人穿老式的棉裤、棉袄了，全都是毛衣、毛裤、羽绒服、皮夹克等。

帽子

1949年前，村中的成年男子一般戴帽旬子，小青年戴瓜皮帽，富裕人家男性一般戴礼帽，村中一般男性戴单布帽。夏天戴草帽、太阳帽。现在很少有青年男性戴帽子了。

发型

清朝年间至辛亥革命前，男子在脑后留有长辫，平时垂在脑后，干活时盘在头上。解放后，中青年兴留“平头”“分头”，老年人又多了个“背头”“运动头”。女子发型在清末至民国时期，姑娘前额留“刘海”，脑后梳独辫，婚后梳发髻，罩发网。老年妇女则挽髻戴纂。也有的挽个“疙瘩纽”。1949年后，女青年梳两辫，扎红头绳或蝴蝶结，有的剪短发。20世纪80年代后，青年妇女时兴烫发、披肩发、扎马尾辫。老年妇女也时兴短发、染发，白的染成黑的。清朝年间至此，村民还大有戴帽子的习惯。20世纪后，中青年妇女烫发时，把黑色染成黄色、棕色。有的男性也留披肩发、扎小辫，戴帽子的又少了。

瓜皮帽

鞋

1949年前，村中男性一般穿老铲鞋。妇女因裹足，一般穿绣花鞋。20世纪六七十年代，男性喜欢穿球鞋、解放鞋。女性平常穿方口布鞋，夏天穿凉鞋（男女样式不同）。改革开放后，随着村民生活水平的提高，穿皮鞋的多了起来。夏天皮凉鞋，冬天皮棉鞋。妇女穿高跟鞋的也逐渐多了起来。随着时代的发展，村民又开始穿各种休闲鞋、运动鞋。

饮食

1949年前，村里一般人家生活条件很差，赶上荒年，过着半年糠菜半年粮的苦难日子。解放后，虽然能吃得饱了，但多以粗粮为主。古店村南丘陵地多，种地瓜多，地瓜成了村民的主粮。虽然也种麦子、大豆、玉米，但无论是跟地瓜的种植面积比，还是跟地瓜收获的产量比，麦子、大豆、玉米都是相对来说比较少的。白面只能是过年过节，来了客人的时候吃。改革开放之后，地归户里种了，极大地提高了村民种地的积极性，村民不再种地瓜了，转种小麦、玉米、大豆、花生为主。村民的食品结构发生了很大的变化，不仅主食以细粮为主，而且副食也很丰富，肉、蛋、奶已成为家庭饮食的重要组成部分。过去的煎饼又上了餐桌，说什么调胃口。

蔬菜　20世纪90年代之前，冬季至来年初春，村民多以大白菜、水萝卜为主。开春后，多食以小白菜、菠菜、苔菜等。进入夏秋季，则以茄子、南瓜、豆角、西红柿、土豆、黄瓜为主菜，并以葱、姜、蒜为佐料。1990年后，随着大棚蔬菜的推广和普及，一年四季都能吃上各种新鲜的反季节蔬菜。

咸菜　1949年前后，由于蔬菜品种单一，村民吃饭多伴以咸菜。到秋后，几乎

水萝卜

大葱

大白菜　　　　　　　　（李庆利　2017年摄）

西红柿　　　　　　　　（李庆利　2017年摄）

葫子　　　　　　　　（路玉国　2017年摄）

各家各户都要腌上一缸，供全年食用。多以胡萝卜、辣菜疙瘩腌制。现在村民腌咸菜的已不多，只是腌些蒜头、椿芽、韭花等。

蛋类　1949年前后，村民仅在家中放养几只鸡，所下之蛋仅供家人食用。有些家庭舍不得吃，卖了买盐、火柴、针线等。鸡蛋只能是老年人生病时，妇女占房时享用。现在鸡蛋已成为各家各户的普通食品了。

奶类　1949年前后，村民对奶类感到陌生，甚至闻之未闻。1990年前后，也只有极少数的老人或儿童定鲜奶喝。进入21世纪之后，各种奶产品进入寻常百姓家，成为人们的一种常用饮料。

糊豆　现在所指的粥，一般是当地百姓俗称的“糊豆”。它是农家长期以来食用的一种流质食品。1949年前，由于生活贫困，一家人熬上一锅糊豆，喝上几碗糊豆就作为一顿饭。喝糊豆当饭，肚子虽然填饱了，但肚子中没干粮“硬货”，吃得饱，饿得快。干粮只能让劳力吃。解放后，特别是改革开放以来，生活条件好了，但村中人们常常还是顿顿喝糊豆。还美其名曰："吃饭先喝汤，肚子不受伤。"有时做糊豆时放把豆子，叫做豆子糊豆，有时放把菜叶，叫菜糊豆。

菜豆腐　菜豆腐是1949年前后各家各户常吃的一种食品，用白菜梆、胡萝卜、树头菜作为原料，洗净后用刀切碎，拌上黄豆面，少放点盐，蒸熟后可即食。别看是最差的食品，但属于粗纤维食品，吃起来营养丰富。解放前是为了糊口，现在饭店里作为菜肴，是为了改胃口。

豆制品　1949年前后，豆制品是人们常用的一种食品。用黄豆做成的豆腐、豆腐皮、豆腐乳，很受人们欢迎。多吃豆制品比多吃肉好，村里很大一部分村民好喝个小酒，常常用豆制品下酒。

油炸食品　古店村民喜好油炸食品，如炸鱼、炸肉、炸虾、炸丸子等。解放前，只能是过年过节或来了客人才能吃上油炸食品。20世纪80年代后，成为村民的普通食品。不过村民也逐渐认识到，油炸食品吃多了不利于养生。

饮茶　自古以来，村民有饮茶的习惯，一般喝"老干烘"廉价茶叶。有时喝"枣茶""桑叶茶""槐米茶"。20世纪末随着生活水平的提高，喝的茶叶品种也多了起来，什么花茶、红茶、铁观音、绿茶都有人喝。吃的油腻多了，喝普洱茶成了身体保养的流行时尚饮品。

饮食习惯　1948年前因生活苦难，村民在冬闲季节一般吃两顿饭，到农忙时才一日三餐。1949年后，随着生活水平的提高，农闲时，基本上也没有人家吃两顿饭的了，许多人都是一天三顿饭，并且顿顿是吃的比以前吃得好。有的也吃得"讲究"，追求新的生活健康，村民也养成了早吃饱、午吃好、晚吃少的好习惯。

民宅

中华人民共和国成立前，村民由于生活贫困，修建的民宅大多十分简陋。多以草房、土坯房为主，有的墙体用土箔打起来，墙体很厚。屋的单间面积只有10平方米左右。中华人民共和国成立后至五六十年代，人们建房仍习惯于高高的（墙基与后窗户）、矮矮的（房高）、宽宽的（屋墙）、窄窄的（窗户与门）。由于所建房屋通风透光较差，且常拿着房顶当场院用，晒粮晒草，十有八九的房子漏雨，造成住宅阴暗潮湿。后来，人们虽然拆旧换新，但没有多大改观。

（鹿淑江　2012年6月摄）

（韩晓荣　2012年摄）

1949年前，古店村老百姓只能住简陋的低矮、狭小、潮湿的草房、土坯房。街道多呈“z”字形、胡同最窄处只有一米多，独轮车都难通行。赶上下雨，更是泥泞难走。古店村虽然建村历史悠久，但年复一年，村貌依旧。

1949年后至20世纪80年代初，人民翻身当了国家的主人，生活一天天好起来了。随着人口的增加，盖房户也多了起来。那时，盖房虽由政府土地部门审批，但缺少统一规划，围绕着磨盘街随意向四周扩建，房屋高低不等，院落大小不一，造成街道里出外拐，宽窄不等，出入很不方便。整个村庄萧疏散乱，村容村貌谈不上美观。

1978年以后，改革开放政策激活了农村经济的发展，集体和村民的收入有了显著提高，改善居住环境的欲望也随之欲高。1983年，申请建新房的户越来越多。村党支部书记毛德成急村民之所急，想村民之所想，走访征求村民意见，多次召开村民委员会、中共古店支部委员会（以下简称“两委”）会议，村两委成员解放思想，打破生产队土地界限，制定出古店村有史以来的村庄建设规划，并报上级政府审批。1984年3月，一个新的村庄建设蓝图付诸实施。村委组织人力物力拆除了第五生产队与大队的饲养院，丈量出120亩土地，（北军寨规划土地100亩），规划出大街小巷，规定了宅基地的面积0.315亩，统一房屋高度。村民百姓建锁皮屋、套屋由户里自己定。规划制定后，到1986年两年多的时间内，村里共建起260多套新房。

1984年，村“两委”第一次提出建房规划，统一宅院面积，统一房屋高度，建筑结构也以砖混结构代替了过去的土木结构。此时建的房子以四合院、锁皮屋、套屋居多。

四合院　四合院一般是正房为主，坐北朝南。有的盖四间、有的盖五间，叫明

1984年第一次规划建设后的古店村大街与住房

三暗五，中间两间（或三小间）为客厅，两边耳房为卧室，宅院东西两侧盖配房，南边两间南屋，一间大门，在一头设厕所与猪圈。四合院宽敞明亮，人口多者入住起来很方便。

锁皮屋 锁皮屋其主体建筑平面呈“凹”形，主房仍居中，主房的两侧房屋为南北长方形，两门相对。主房前设廊厦，有单锁或双锁两种。

套屋 1990年以后盖的新房，套屋多了起来。套屋东西长度不变，南北宽了起来，一般为6~9米。为了提高使用率，村民常常将屋内界开几个单间，内设一厅四室，中间2间为客厅，中后为厨房和餐厅，东西两侧的单间用作卧室。

宅院 村民修建的房屋，1949年前后，宅院无论大小，一般为正房四间，两侧建配房，大门一般是东南门或西南门，很少走正门的。宅院面积差别很大，有的东西一条线，有的南北一大片。走西南门者，东边垒砌厕所和猪圈；走东南门者，西边垒砌厕所和猪圈。民间有“西南门、东南圈，进来大门好吃饭”之说。大门内多建有迎门墙，墙中心写一大大的“福”字，也有作装饰画的。1984年，第一次规划后建的宅院，院内建筑大体相同。

1990年，村“两委”又实行第二步规划，拓宽大街至15米，路两边修建了排水沟，硬化了路面，安装了路灯。北军寨、古店两个自然村先后又有200多户盖起新房，统一用上了自来水，结束了几百年来吃地表水的历史。当时的行政村古店村含北军寨、古店两个自然村。旧貌换新颜。一排排新房替代了高低不等的旧屋，宽敞笔直的大街代替了弯曲难行的小道，村容村貌发生了翻天覆地的变化，受到了县委、县政府的高度赞扬，前来参观的人们络绎不绝，古店村被市政府评为旧村改造先进单位。2013年，村里部分村民入住居民楼。居民楼属小高层建筑，连同地下室（储藏室）共12层，上下楼有电梯，居室面积120余平方米，三室两厅一卫，中间为客厅，客厅两侧为卧室，朝阳。一室在后。前面的窗户一律是落地窗，透光性强、通风，做到了通水、通电、通气、通暖，数字电视、宽带网、“六通”，住起来既方便又惬意。

出行

1948年前，村民外出全靠步行，通往外村的道路，也只能是人与独轮车通行。妇女外出，由男劳力用独轮车推着，或妇女自己骑毛驴出行。从古店村到老城镇（老县城所在地）赶个老城集，来回要走6~7个小时。20世纪五六十年代，村里只有在外地工作的干部、工人骑自行车回家。70年代，村民孙衍常是第一个买自行车的人。一直到了80年代，村民才陆续有了自行车。骑着自行车到集市买卖或走亲串友，比过去步行快捷多了。90年代，村里骑摩托车的人多了起来，村民出行更加方便快捷。进入21世纪之后，村民购买摩托三轮代替地排车运粪、运庄稼，也比过去省时省力。现在，肥城市区的公路

解放前客用马车　（李庆利　2017年摄）

公交车11路沿古店社区而过　（李庆利　2016年摄）

四通八达，古店村的人百分之五十的家庭都购买了摩托车、电动三轮车、四轮车、小轿车。人们外出打工骑电动车、摩托车很常见，外出旅游、走亲串友，骑电动车、摩托车或开自驾汽车的也不少。肥城市公交车11路沿村而过，每隔十分钟就有一趟车。公交1路、2路的起始站就在家门口的春秋古城，村里百姓尤其是老年人外出也很方便了。村民外出远行的，乘高铁，坐飞机的人也不少。

村民收入

1949年前，村民收入寥寥无几，过的是半年糠菜半年粮的日子，有不少户赶上灾年就背井离乡去逃荒要饭，即使有的人外出行商，挣的钱也很少。

1949年后，实行土地改革，村民都拥有了自己的土地使用权。村民想种什么就种什么。种地收入年年增加，生活来源有了稳定，即使赶上灾年，也没有逃荒要饭的了。1953年起，村民成立了互助组、初级社，1956年成立高级社，土地归集体耕种，按劳取酬，一般是人七劳三或人六劳四，村民的生活有了保障和提高。从人民公社成立到改革开放前这段时间内，每个社员的劳动工值低的0.4元，高的0.6元，平均每人每年收入120元至180元左右。那个时期的粮食价格，地瓜干每斤0.06元，玉米每斤0.15元，麦子0.2元。过年过节，生产队按人口分肉、分油。

改革开放后，土地承包到户，村民自主种植权进一步扩大，许多人把某些地块变粮食作物为经济作物增加家庭收入。因此，村委鼓励村民自谋生财门路，工商业迅速发展。村办企业及民营企业安排了不少剩余劳动力，男劳力外出打工，妇女在家种地，村民的收入逐年增加。1983年，人均收入200元；1993年，人均收入4000元；2000年，人均收入6000元；2010年，人均收入9600元；2014年，人均收入1.4万元；2016年，人均收入1.8万元，村民平均收入真如芝麻开花——节节高。

通讯

固定电话

20世纪60年代初，大队部安了第一部固定电话，是一部手摇式磁石电话机，从此打开了古店村与外界联系的窗口，由王瓜店公社邮政支局总机切换，通话形式为专线对讲。有了电话，下通知、汇报情况比过去步行或骑自行车上传下达方便多了。1982年，手摇磁石电话机改为拨号盘式电话，管区装有人工交换机，有专人守候切换，后改为王瓜店邮店支局总机自动切换，使用起来更加方便。20世纪90年代，古店村的电话由半程控改为全程控，实现了全国全球一拨通，话机机型也改为按键式，方便快捷，村里80%的户安装了这种电话。

无线寻呼机

无线寻呼机，即BP机。20世纪90年代后期兴盛一时，而且成为一种时尚。寻呼方式须经电话输入BP机号，由寻呼台进行呼叫。信息表达方式为汉字显示。BP机兴盛几个年头后逐渐被移动和联通手机替代。2000年后，无线寻呼机被手机替代而消亡。

移动、联通手机

移动、联通手机原称无线电话，俗称大哥大，是无线与有线结合的一种通讯设备。一开始上市时，价格比较昂贵，一般人买不起。有人把用上手机视为身份和地位的象征而“显摆”。随着科学的发展、普及，手机的功能愈来愈显示出它的威力，可以拍照，可以上网，查找一些资料、微讯。无论相隔千山万水，也能面对面通话。随着社会经济发展，古店村民家庭收入逐渐增长，许多普通人家也买了手机，手机成了寻常百姓的交流、联系、经商、娱乐、消费等方面的工具，再也不是身份“显摆”的像征了。截至2017年10月村里90%的人用上了手机。

家用电器

1964年，古店村开始通电，家家户户都安上了电灯。村里一次就购买三台电磨，交给村里副业管理。用电磨帮家庭妇女碾玉米、谷子、磨玉米糊、磨豆子等，彻底把妇女从推碾、推磨的沉重劳动中解放出来。

有了电，村里接着安装广播喇叭，有专人负责，每天按时开播。

20世纪70年代，有了半导体小收音机。80年代初，人们追求的“老三件”手表、自行车、收音机逐步进入村民家中。到了20世纪90年代，随着村民收入的不断提高，“新三件”——电冰箱、洗衣机、电视机又陆续进入村民家中。2000年后，电视机更新换代，数字电视、网络电视又代替了一般彩电，有不少户安装了电脑。

燃料

俗话讲，粮、柴一般大。1949年前至1949年后的五六十年代，村民烧水、做饭，冬天取暖一般都靠烧柴草。麦秸、玉米秸等作物的杆也都收拢起来垛好。如不够一年烧的，冬闲时节就上山打草。冬天取暖，古店村的各家各户常有几个泥瓦罐（俗称"火炉子"）当取暖炉。取暖炉以焚烧谷糠、碎柴草为主要取暖材料。取暖炉平常舍不得用，通常人们也只能烤烤手、烤烤脚而已。晚上睡觉实在太冷时，用打火簸箕或用火炉熏楼熏炕。富人家用铁制或铜制火盆烧木炭取暖。20世纪60年代中期，随着肥城煤炭的开发，冬天用生铁炉子烧煤块做饭、取暖，成为村民常用方式。到了90年代，家家户户又开始安装土暖气，用煤烧热水，供热取暖。2015年，古店村民全部住进居民楼后，烧水、做饭使用天然气。冬天，由村里建起的换热站统一集中供暖（地暖）。从11月15日至来年3月15日，整个室内温度20~23℃，舒适、干净。

日用家具

1949年前，村里只有富人家日用厨具上讲究，正房中央摆放八仙桌，后边是上漆的条几，四出头或圆头椅子（俗称太师椅）。卧室放置抽屉桌、柜橱、衣架、顶子床。餐具、酒具、茶具多为细瓷、锡类。穷苦人家的摆设就很简单了，正房中央大多也放张桌子、椅子，制作上也不甚讲究。没有椅子就用杌子、板凳代替。吃饭、

1949年前后盛钱匣子　（李庆利　摄）

老式提箱　（李庆利　摄）

大柜头　　（李庆利　摄）

提鞋拔子　　（李庆利　摄）

喝水用的是粗瓷黑碗，睡的土坯炕铺的是柴草、席子。冬天大多一褥一被。炕头一般都有个柜头放几件衣服。1949年后，随着生活的好转，也逐渐地添置些日用厨具，不用黑碗了，开始睡木床了，被褥多起来了。到了20世纪七八十年代，随着村经济的发展，个人收入的提高，大立橱、高低柜、写字台、沙发和电视机、电风扇等几乎家家具备。给孩子结婚，就买席梦思、洗衣机、组合家具等。进入21世纪之后，大彩电、电脑、微波炉、空调等现代日用器具进入普通村民家中。

计时

1949年前直至20世纪50年代，村民家中基本没有计时器。计时主要是白天看太阳、看树影、人影；夜间看星星、看月亮、听鸡叫，以此推测时间。时间的代名词也随之出现。如：半头晌午、快晌午、正晌午、过晌午、太阳一杆子高、傍黑天、半黑拉夜、鸡叫三遍等。1960年后，村民家中开始有座钟、马蹄子表；20世纪七八十年代，手表、电子表普及起来。近些年来，随着手机的普及，戴手表的人越来越少了。即使有人戴，也多以装饰品佩戴之。

照明

1949年前后一段时期，各家各户用一个小碟子或小茶碗盛上食用油，用棉花搓成灯捻点燃使之照明。1955年，国家开始供应煤油，村民开始用煤油灯照明。1964年村里通电后，村民用上了电灯照明。迁居居民楼后，村民购置、安装了高档灯具。社区内主道、支道安装的是LED节能灯，文体广场安装的是观光灯。这些灯通常通宵亮着，古店村也成了不夜村。

村民福利

“五保”

1949前，古店村的孤寡老人靠街坊邻居来照顾，从没有社会对孤寡老人的赡养做出过规定。1956年，政府下达文件，规定对孤寡老人实行“五保”（保吃、保穿、保住、保医、保葬），由当时的村级组织负责。1958年，人民公社化后，孤寡老人就由生产大队集体供养了，五保户的口粮高于全队平均口粮的10%，做到了冬有棉、夏有单，住房不漏雨、有病送医院治疗，派专人给五保户挑水和照顾。

1984年改队建村后，古店村有6名“五保”老人、一名残疾人住进了新城镇统

老年公寓

一的敬老院。由村里向敬老院按“五保”人数拨款。

养老保险及生活补贴

1984年，村民委员会建立后，随着经济的发展，村民可享受一定的福利待遇了。村民参加社会养老保险，可享受村里30%补助。村民参加新型合作医疗，其参会费60岁以上老人由村里支付，全村有416人享受此待遇；为使老人享受晚年，村里专门建起老年楼房，户均一套；村里还为60岁以上老人统一办理了意外保险。从2006年开始，每年的“九九”老人节，村里为60岁以上老人发放100~120元生活补贴。

“九九”老人节为老人发放生活补助金

古店社区有自己的物业公司，对本村村民一律免收物业费，供暖费优惠40%，水费平均每立方比市场价低1.5元。

优抚帮困

拥军优属

拥军优属是古店村村民的优良传统。早在村人民政权建立之初，无论是支前，还是优属，都做得卓有成效。优抚，土地改革运动时，把最好的土地分给军烈属耕种，对耕种有困难的军烈属就实行代耕。合作化后，军烈属劳动力不足者，村里就实行义务帮工或集体代耕。人民公社化以后，军烈属的口粮均高于全村平均数以上。每到春节，村里组织青年团员、学生敲锣打鼓给军烈属贴春联、送肉，帮他们打扫卫生、挑水等。

1983年，根据《山东省人民政府优待烈属军属和残疾军人暂行规定》，改食物优待变现金优待。古店村对军烈属的优待款在王瓜店镇是较好的，每服役一年，村优待现金600元。1991年后，新城镇人民政府对优待军烈属实行全镇统筹，现役军人家属、烈属、残废军人凭证到镇民政办公室领取现金，从而保证了对军烈属、残废军人的优待。古店村人在政府对军烈属生活实行保障后，依然保持对军烈属的日常关照，逢年节日进行慰问。

救济帮扶

1949年前，村里的困难户、残疾人，处于无人问津的状态。

村干部到低保户家里走访慰问

1949年后，古店村按照上级的指示，对困难户、残疾人等进行经济补助和发动群众对困难户、残疾人进行帮扶。遇有灾荒之年，救济款和救灾款合并使用，发放给困难的村民及残疾人。有时还发放棉被、棉衣、煤炭和弹好的棉花给困难户、残疾人。从1980年起，村里实行困难户和优抚对象摸底后申请上报、镇政府核实报县民政局审批，给予重点扶持优抚制度。优抚帮困得到进一步加强，困难户、残疾人有了保底的依靠。21世纪初，实行最低生活保障金制度。2017年古店村有37户享受最低生活保障金。

助残助困

1949年后，村里对身体残疾的尚能参加一般劳动的人，给予安排力所能及的活。工分和大家一样，还另有补贴。20世纪90年代，政府发放残疾证，古店村有3人进行登记发证，政府帮他们修缮房屋，帮他们钱物，为他们治病。2016年，村里为他们办理了最低生活保障金，春节发给他们生活补助金。对于因和种情况造成家庭一时困难者，经村委会研究，春节前或平时以慰问的方式进行帮扶。有时以送钱、送油、送面向困难人员及残疾人提供帮助。

新社区建设

进入21世纪之后，肥城建立高新技术产业开发区，古店村大片土地列为工业用地。

2010年肥城市西扩，村两委审时度势，与时俱进，抢抓机遇，决定全村整体搬迁，建设居民新社区。

农村平房已有数千年的历史，只改样式与装饰，但使用周期短，住房建设占地多，从根本上没有得到改变。社会经济发展，村民改善居住环境条件的欲望越来越高，建设居民楼新社区，上合国情，下合民意。村支部多次召开“两委”会议、党员会议、村民代表会议，“两委”成员及村民小组长深入各家各户走访、宣传建设居民楼建设新社区的意义。最后，村民一致拥护、支持村“两委”的决定。此后，“两委”成员赴外地参观考察成功社区居民楼的样式和户型，推出几种方案供村民参

古店新社区　　（路玉国　2017年7月摄）

考、商定。最后决定建15栋11层（另加地下室）高层居民楼、一栋17层综合楼、3栋27~29层老年楼房。随着私家车越来越多，村民又有了需要泊车的新需求。村委决定新建居民楼增设地下车库。2010年5月，在上级政府部门的规划指导下，居民楼建设拉开了帷幕。

在建设古店居民楼新社区中，从筹建到实施，到村民住进居民楼，村两委始终坚持以下原则：

坚持高标准

村两委围绕市、街道居民楼建设的整体规划，按照高起点设计、规划高标准建设的原则，强化精品意识。切实抓好规划布局，对整个建设工程进行综合的、科学的规划设计，打造建设“配套齐全，美观幽雅”的居民楼新社区。

社区一角　（路玉国　2017年7月摄）

人性化运作，群众满意是标准

在筹划阶段，充分做好宣传、发动工作，让村民认识领会其意义所在。并组织部分党员和村民代表参观附近社区居民楼的优点，与平房进行比较。楼房使用周期长，通风、采光好，可以集中供暖、供气等给参观人留下良好印象。老年房征求老人的意见，推出70、80、90平方米不等的面积，供老人选择。村民认为哪一种好，就按哪一种建，群众满意是标准。

法制化运作，让村民放心住

在拆除旧房过程中，拆旧补偿标准严格执行省里发的314号文件进行补偿，并制定了奖励、补助措施。在土地预审、环评、勘察、设计、质检、监理等环节全部依法办理，严格规范程序，并且进行公开招投标。

为了让村民住上放心楼，村党支部特意让村党支部副书记辛德华具体负责居民楼建设。两委成员、生产组长、村民代表组成筹建领导小组，实行承包责任制，负责协调和进行质量监督。发现问题，及时排除，不留一点隐患，让村民住上放心楼。

社区文体广场　　（路玉国　2017年7月摄）

民主化决策，群策群力

在法律、法规没有约定、政府没有文件规定要求的情况下，采取民主协商、民主决策、民主管理。做到凡是牵涉到群众利益的事，都由党员和村民代表举手或

步行街

社区花卉　梨花　（鹿淑江　2015年摄）

社区花卉　玫瑰　（鹿淑江　2015年摄）

社区花卉　樱花　（鹿淑江　2015年摄）

社区花卉　月季花（李庆利　2015年摄）

社区绿化　（路玉国　2017年摄）

古店社区北大门　　　　（路玉国　摄）

投票表决的方式，群众的事让群众说了算。从拆旧房盖新居，到村民住上楼，没发生一件群众上访的事件。

在整个居民楼新社区建设中，始终坚持高标准运作，建管并举。高标准配齐、配全社区的基础设施。比如电梯，不惜花钱，买过硬产品。新社区道路按幽径设计，全部进行了硬化。路两旁安装了LED路灯，安装了覆盖全社区的监控设备。社区内植有风景树2万余株，各种花草点缀其间。做到了三季有花，四季长青，绿化达到3万平方米。建起了集健身、娱乐、休闲为一体的文体广场。广场上安装了LED大屏幕和各类健身器材，同时与白云村共建了步行街。人们在工作劳动之余，可以尽情消遣。新社区和城市相媲美，村民实现了多年来梦寐以求的夙愿，过上了安居

社区阁亭　　　　（毛绪忠　摄）

乐业的好日子。

古店村的方位象征

古店村南的土地上，自古有两块奇石，一块是“石马”，一块是“卧牛石”。

石马下半部埋在土里，上半部似一匹高头大马蹲坐昂头，像是欲起的样子。不知何年，有好事者将马头砸掉一块。

卧牛石，长3.8米，高1.5米，宽1.3米，像一头卧着回头望的老牛，足有八九吨重，两块奇石成了古店村土地方位的象征。

2015年3月，为修路建房要将两块奇石埋掉。村里干部、群众珍惜陪伴了古店村几百年的奇石，就先派人将石马挖出。平放地上一看，酷似老龟，身长3.5米，高1.6米，龟背宽处2.2米。又雇用大型吊车和载重汽车将两块奇石运回社区内，安放在社区西大门口以里。

道路

1949年前后，村内的道路多半是土路，且狭窄难行。由于建房没有规划，造成街道里出外拐。虽是号称磨盘街，但“磨盘”宽窄不等、高低不平。那时的道路走在沙土路上，晴天一身土，雨天一身泥。古店村通往四周村庄的路也是羊肠小道，

社区亮化 （韩晓荣　2015年2月摄）

崎岖难行。1959年，村里购置了马车，为方便运输，第一次把村周围的路加宽。1975年，全公社几千人来古店村整建大寨田，先在村南修建起6米宽的红旗路，从东到西，贯通二十几个村子，直通肥梁路，大大方便了交通运输和人们的出行。2010年，肥城城区扩建，新修的柏油路向古店村沿伸。2010年，柏油公路沿古店村而过，古店村新城区建设后，对社区道路进行了硬化。

桥梁

古店村南三沟四岭，夏天阴雨连绵，山洪暴发，洪水穿村沿沟而过，人们要外出出行，只能等洪水过后或绕道而行。

村东石拱桥　　（李庆利　摄）

俗话讲“隔山十里不算远，隔水一里不算近”。过去古店、北军寨虽鸡犬之声相闻，属一个行政村，但到了六七月一下大雨，河水猛涨，一连几天无法通行，阻隔了两个自然村的正常往来。1964年，两村之间修建了大石桥，极大地方便了来往行人和交通运输。

1983年，新学校在村东北角沙滩建设的同时，修建了一座石拱桥，方便师生的通行。1994年，村里又在通往新城老路的路口修建第二座石拱桥。后来，肥城市在新社区北邻的康王河上建设了康汇大桥，从此，北军寨与古店村再也不用担心下大雨阻隔往来了。古店村社区内外，道路四下畅通，街道、干道面貌焕然一新。2015年起，古店旧村已不复存在，但两座石拱桥还屹立在那里。

现有两村之间大石桥　　（李庆利　摄）

迷你农乐园一角　　（李庆利　2017年9月摄）

齐鲁名村志
QI LU MING CUN ZHI

古店村志
（1573—2017）
GU DIAN CUN ZHI

文明乡村

WENMINGXIANGCUN

中华人民共和国成立后，革命的洪流荡涤着旧社会遗留下来的污泥浊水，人民翻身当了国家的主人，精神面貌发生了深刻的变化。人民群众长期形成的乐善好施、尊老爱幼、勤俭持家的美德得以发扬光大。旧社会遗留下来的旧思想、旧习惯、旧风俗逐渐被人们所摒弃，随之所建立起来的互帮互助、艰苦奋斗、积极向上等社会主义风尚逐渐形成。

20世纪五六十年代互助组、初级社时期，村民为了尽快摆脱贫困，走集体致富的道路，建立了你帮我我帮你的合作精神，并一度成为新的社会风尚。过秋过麦，村民帮助军烈属割麦打场，帮助孤寡老人、残疾人秋收秋种。到了60年代，毛主席发出“向雷锋同志学习”号召后，全村人从老到少更是争着做好事、做善事。助人为乐、热爱集体、公而忘私的好人好事层出不穷；为国家多交粮、交好粮已成为一种时尚。一个村是这样，一个县是这样，全国是这样，社会风气特别好，真是达到了“道不拾遗，夜不闭户”的程度。

1961年，汶上、郓城等地受灾严重。古店村按上级指示，帮助安置灾民15户，发给他们足够的口粮、烧柴。村里群众也送这送那，帮里帮外。秋后天气一凉，有不少户还把多余的棉被送给他们，使灾民顺利地渡过了难关。

进入80年代后，人们一度产生了一切向钱看的思想。后来，提出了物质文明和精神文明一起抓的战略方针，一个以文明礼貌为中心的思想教育运动深入开展起来，古店村党支部认真贯彻执行这一方针。在抓经济建设的同时，狠抓精神文明建设，在全体党员、全体村民中开展“讲文明、懂礼貌”和“五讲四美三热爱”活动，村内脏、乱、差和不正之风等现象得到有效控制。村委运用大喇叭、黑板报、宣传栏，宣传践行社会主义荣辱观，积极开展普法教育，掀起了学法、守法、说文明话、做文明事、争当文明村民的热潮，划清了好与坏、美与丑的界限。村里的民事纠纷明显减少，村风逐渐好转，一个新的社会风气正在逐步形成。

1990年，古店村被肥城市评为精神文明村。2016年被山东省精神文明建设委员会表彰为“省级文明村”。

文明培育

进入21世纪，党中央对抓精神文明建设提出了更高的要求，村党支部认识到思想教育是一个长期的过程。“打铁首先本身硬”。古店村民委员会、中共古店村支部委员会（以下简称“两委”）干部在抓精神文明建设上发挥模范带头作用，在思想教育方面，建立起雷打不动的学习制度，以学习马列主义、毛泽东思想、邓小平理论、“三个代表”、科学发展观的重要理论，以及习近平新时代中国特色社会主义思想武装干部，把“为人民服务”“廉洁勤政”“勇于担当”“无私奉献”作为重要的工作抓手，使“两委”成员树立起“权为民所用，利为民所谋，情为民所系”的思想意识，并落实在实际行为中。村干部为古店村民多做贡献，自觉践行“三严”“三实”和社会主义核心价值观。此后，村“两委”制定了联系群众制度、廉洁自律制度，自觉接受群众的评议和监督，并实行重大问题“一票否决制”，增强了两委成员的工作透明度。村党支部结合学党章、党规，学习习近平总书记的一系列讲话精神，做合格的共产党员，共产党员先进性教育和“两学一做”教育活动，组织党员重温入党誓词，不忘初心，树立正确的人生价值观，使党员的思想认识有了进一步提高，作风有了明显的转变，党员干部带头讲文明树新风，党群关系进一步密切，形成了心往一处想，劲往一处使，群策群力奔小康的浓厚氛围。

道德引领

2001年，中共中央发布《公民道德建设实施纲要》。《纲要》提出了“爱国守法、明礼诚信、团结友善、勤俭自强、敬业奉献”20字公民道德规范。村“两委”认真贯彻党中央这一号召，召开群众大会，设置过街联、宣传栏，积极向村民宣传贯彻，修订文明家庭、文明企业、文明个人评选条件。迁入新社区后，重新制订了《村民公约》，社区内安置了多处宣传橱窗，每天按时开启LED大屏幕，让群众参与“文明社区伴我行”“我为社区添光彩”活动。这些内容，使全体村民在行动与耳濡目染中受到启发和教育。自2004年始，每年都评出文明个人、文明家庭、道德模范若干名，并在宣传橱窗内宣扬他们的事迹，让村民学有榜样、赶有目标。村民的道德素质有很大提升，文明行为由集体约束向自觉行动迈进，基本具备了“仓廪实而知礼节，衣食足而知荣辱”的精神境界。2008年5月四川省汶川发生强烈地震，党支部发动党员捐款捐物缴纳特殊党费，广大党员积极响应，65名党员缴纳特殊党费3551元，个体私营企业和部分党员群众自发掀起捐款活动，用爱心善举为灾区人民献上一份爱心。2008年9月，古店学校重建后投入使用，党支部成员带头捐资助教。在他们的影响下，古店境内个体私营企业及个体工商业户纷纷捐款助教。捐资助教1000元的个体工商户有：丰田面粉厂——田文增、多美特童车有限公司——王德金、泰安裕丽服饰有限公司——冯庆海。

2008年部分党员干部村民汶川抗震救灾捐款明细表

表7　　　　单位：元

姓　名	捐款金额	姓　名	捐款金额	姓　名	捐款金额
毛传军	1000	张丙村	200	鹿传印	100
李　强	1000	李福奎	200	鹿淑祥	100
温衍明	1000	辛永忠	200	鹿淑海	100
毛传水	500	辛绪文	200	时光水	100
辛德华	500	张丙华	200	鹿淑军	100
程菊梅	600	辛永军	200	鹿传银	100
孙庆刚	200	鹿淑勇	200	辛正敏	100
路敦堂	200	李庆文（六组）	100	吴绍平	100
李　刚	200	—	—	—	—
共计:7500元					

2008年个体企业工商户汶川抗震救灾捐款捐物明细表

表8 单位：元

单位名称	负责人姓名	捐款金额
肥城永昌工贸有限公司	辛永平	1000
泰安国强工贸有限公司	张丙国	1000
泰西珠宝钢球有限公司	温衍岭	1000
肥城市城西商贸有限公司	辛德怀	1000
肥城宏鑫机械有限公司	温衍平	1000
古店福源饭店	李正海	1000
古店煤场	鹿建军	1000
古店尹记牛肉	尹衍兵	100
古店车辆维修部	李成江	200
合计现金		7300
泰安裕丽服饰有限公司	冯正奎	羽绒服60件

注：此文中已记述的个体工商户捐款，此表不再入。

文明示范

改革开放后，古店村开展了一系列的文明教育活动，村民的精神面貌发生很大变化。过去，古店村民在两个自然村居住，现同在一个社区，几乎每一栋楼上都住有古店、北军寨村民，村民和睦相处，亲如一家。过去有些邻居之间鸡犬之声相闻，老死不相往来，甚至因为一点小事，动不动骂到大街上来。现在，这种不文明现象没有了。村民之间，家庭人员之间，有了矛盾就找村里调解主任，由过去的粗暴蛮横的处理方式走向文明、宽容的处理方式。村民行为有了文明的社会进步。

尊老敬老

古店村一向倡导尊老敬老。村民乔绪芬是全村众口称赞的孝媳妇。她丈夫常年在外打工，家里上有老，下有小，家庭重担落到她一个人身上。她的婆婆患有脑血栓后遗症，常年卧床不起，她尽心照料，给婆婆擦洗，喂饭喂药，端屎端尿，不怕脏不怕累。结婚三年，她的公公又得了不治之症，她用地排车拉着公公上诊所，跑医院，在她的悉心照料下，公公有幸度过了他的有生之年。她的叔公公没有成家，一直跟乔绪芬一家过日子。后来，她的叔公公也得了病，她照常悉心照料，从无埋怨之言。为给公婆治病，花光了家里的积蓄，她的婆婆于心不忍，表示今后不想再用药了。可乔绪芬安慰婆婆说："钱花光了，我和你儿子再挣，可是有病不能不治，再说行孝不能等呀！"她对婆婆照料十几年如一日，婆婆的身体有所好转。现年82岁的婆婆逢人便说："有儿媳这样照料，俺才活了这么大年纪，儿媳比亲闺女还亲哩！"

乔绪芬连续几年被评为村里孝敬老人的榜样、肥城市首选孝星、泰安市道德模范（提名奖）。村里表彰、宣传乔绪芬孝敬老人的事迹，要求村民向她学习。在她的带头影响下，家庭因养老闹纠纷的现象几乎没再发生。

1984年改队建村后，村里出资，有6名"五保"老人和一名残疾人住进了镇统一办的敬老院。老人除了生活有保障外，还有专门的护理人员，他们享受到了社会经济文明进步所带来的幸福。从古至今，没有任何一个朝代、一个社会像现在这样对农村老人照顾得这么好。他们常说："要是在旧社会，要饭也赶不上门，如今成了享清福的人，不能忘了共产党的恩情呀！"

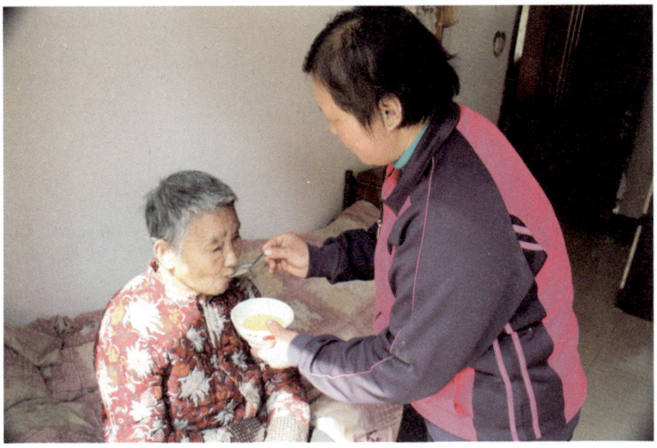

乔绪芬侍候婆婆

农村合作医疗制度实

施后，按照政府规定，个人缴纳一部分，集体承担一部分，国家补贴一部分。

2004年以来，村里为60岁以上老人发放生活补贴。60~69岁，100元；70岁以上120元，“九九老人节”当天统一发放。

自2010年起，属于个人缴纳部分，60岁以上老人，由村里全部承担。2010年，村委在决定建设居民楼新社区的时候，就把建设三栋老年楼房筹划在内。社区内除建有文体广场外，另在19号楼建有书画室、棋牌室、器械活动室，供老人活动、锻炼、颐养天年。真正做到了老有所养、老有所居、老有所乐、老有所安。

2017年开始，村为50周岁以上的村民购买一份意外保险。

助人为乐

1993年，村民张公群患重病，医疗费不足，村委发动村干部、党员捐款2000余元，帮助他解决医疗费问题。

1999年1月，上级号召为南方1988年水灾捐献。一经传达，全村人立即响应，共捐款1.2万元、棉被40床、衣物400件。

2008年5月，四川汶川发生大地震，村民又踊跃捐款捐物。全村近700户，没有一户不捐钱和物的，甚至有的一家人，各献各的爱心，都捐献钱物帮助患难百姓。

2016年，村民鹿雪患精神分裂症，其家庭为低保户，其家族为其捐款帮他入住医院治疗。村里干部鹿焕勇、韩来财听说后，也慷慨解囊，帮他解决药费和治疗费困难。

拾金不昧

2010年春，村民王维增在同弟妹陈翠英下地回来的路上，途径肥城三中南端路口，捡一钱包，内有现金1180元，还有一张银行卡。后来才知道，银行卡有失主昨天才存的8万多元钱。

拾金不昧的村民王维增

村里人都知道，王维增的日子并不是很富裕，但他的品德很高尚。等了好久见没人来寻找，王维增就把钱包交到村里。丢失钱包的程某听说消息后，他就到村里认领。

村支书把钱包还给他，他数了数，钱一分不少，看了看昨天才存的8万多元的银行卡也在，激动万分。他握住书记的手说："真没想到贵村有这样品德高尚的人！"并表示找到王维增当面表示感谢。年终村里评优树先时，王维增被评为道德模范。

文明社区建设

20世纪90年代后的年轻夫妻离婚现象增多，有的把孩子推给社会，给社会带来麻烦。对待这样的事情，古店村妇女主任、调解主任三番五次地做工作，使之重归于好（亦有不听劝说，后来悔之晚矣的）。有的大龄男青年，因娶不上对象，过日子松懈下来，妇女主任和村里热心人共同操心，帮其建立一个家庭。理发师张玉华主动上门为常年卧病在床的老人理发，有时连钱都不收。共产党员冯庆海。更是热心助人，谁家有事，只要找到他，他尽心尽力跑前跑后，甚至自己掏钱也要把事办好。村民鹿刚随公司出国打工，因安全事故造成身体下肢严重受伤，因耽误了治疗，医院下达了病危通知书，鹿刚的哥哥鹿淑军找到了冯庆海，冯庆海赶到医院，摸清实情后，就帮助做鹿刚家庭的工作，以及公司一方的工作，随后帮助把鹿刚转到了省立医院，硬是从死神那里夺回了鹿刚的一条命，成全了他的家庭。

村"两委"在社区用人方面，全面考虑每一家、每一户的情况，有的家庭因病、残无工作，没有固定的收入；有的因年龄较大或按时接送学生不能外出打工挣钱，村里就分别安排他们照顾社区的花木，负责花园的拔草、浇水；或干保洁员、保安。这样的人文精神工作安排，既考虑到特殊人群的个人的能力问题，又想法使他们获得一份工作，有一定的收入，又使社区的各项工作有了专人具体管，促进了社区的和谐、文明、安定。

2015年起，每年春节期间，村委组织大拜年活动时，村“两委”干部就随文艺演出队一起向村民拜年。有的村干部还和村民一起唱歌、跳舞，为节日增添欢乐气氛，密切了干群关系，促进了社区文明进步。

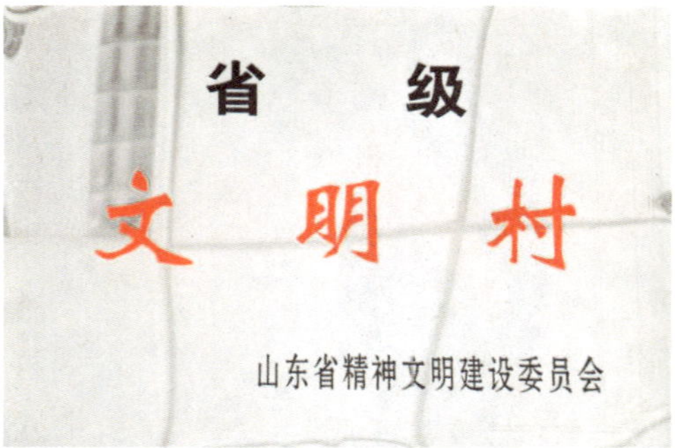

2015年，古店村被肥城市委、市政府，泰安市委、市政府评为文明村。2016年底，古店村被山东省精神文明建设委员会评为省级文明村。

2004年十大道德标兵名录

表9

关心集体标兵	路敦堂	遵纪守法标兵	温兆和
诚实守信标兵	韩福利	爱岗敬业标兵	鹿淑勇
勤劳致富标兵	鹿淑朴	爱护环境标兵	鹿淑良
家庭和睦标兵	鹿淑远	助人为乐标兵	辛德法
计划生育标兵	黄加国	尊师重教标兵	鹿淑明

2005年度先进文明人物名录

表10

关心集体	黄培府	遵纪守法	李付奎
爱岗敬业	辛端正	诚实守信	韩福利
勤劳致富	冯庆海	家庭和睦	刘桂兰
爱护环境	张爱美	助人为乐	鹿传平
计划生育	钱春英	尊师重教	李恒忠
好婆婆	葛秀英　黄佰贵　乔明云	好媳妇	李秀芬　尹燕丰　李洪菊
文明幸福家庭	张建群　王兴俊	模范老人	冯宪柱　张立水

2006年度先进人物名录

表11

关心集体	李忠图	遵纪守法	温兆和
诚实守信	韩福利	爱岗敬业	辛德元
勤劳致富	冯庆海	家庭和睦	陈翠英
爱护环境	辛德香	助人为乐	温衍平
计划生育	钱春英	尊师重教	鹿淑超
好媳妇	赵　梅　孟秀英 李洪菊　付彩虹 李秀芬　王功兰	好婆婆	尹训平　薛立梅 乔明云　陈爱英 孙衍云　张桂英
文明幸福家庭	王兴俊　张建群	—	—

2007年度先进人物名录

表12

关心集体	姜圣才	遵纪守法	鹿传和
诚实守信	路敦红	爱岗敬业	李　刚
勤劳致富	李恒国	家庭和睦	邹美华
爱护环境	黄加玺	助人为乐	李庆峰
计划生育	栗宝玲	尊师重教	李恒坡
好婆婆	陈悦珍　潘明英 冉翠兰　张春丰 田桂英　何桂莲	好媳妇	刘文英　孙秀菊 陈俊凤　潘秀梅 庞梅英　尹燕云

2008年度先进人物名录

表13

关心集体	李正国	遵纪守法	李　强
诚实守信	温衍岭	爱岗敬业	张爱杰　毛传奇
勤劳致富	温衍明	家庭和睦	李秀芬
爱护环境	毛传俊	助人为乐	李付生
计划生育	付振云	尊师重教	韩来生
好媳妇	李冬梅　乔绪芬 杨雪青　孙连英 周爱民　鹿淑俊	好婆婆	辛秀英　冉令英 李秀芝　刘桂香 刘玉焕　肖爱芳
文明幸福家庭	王兴俊　张建群	—	—

2009年度先进人物名录

表14

关心集体	时光生	遵纪守法	张召忠
诚实守信	楚秀荣	爱岗敬业	李庆文
勤劳致富	王文生	家庭和睦	鹿淑勇
爱护环境	纪冬梅　辛德香	助人为乐	辛永忠
计划生育	李俊英	尊师重教	鹿传和
好媳妇	宋秀兰　石　丽 孟宪珍　项荣英 刘万金　李秀兰	好婆婆	闫惠连　赵传英 胡秀英　刁淑贞 王凤英　谢秀香

2010年度先进人物名录

表15

关心集体	张公祥	**遵纪守法**	李庆林
诚实守信	邱士英	**爱岗敬业**	鹿传柱
勤劳致富	张建群	**家庭和睦**	鹿淑兴
爱护环境	李　建	**拾金不昧**	王维增
计划生育	李正春	**尊师重教**	李庆贺
好媳妇	尚秀凤　宋宪春 黄桂芝　辛莉莉 冉金兰　冀洪美	**好婆婆**	辛宪梅　李焕英 孙绪连　姜凤梅 何秀珍　王春英
文明幸福家庭	温兆全　鹿传义	—	—

2011年度先进人物名录

表16

关心集体	鹿淑安	**遵纪守法**	韩福国
诚实守信	韩福荣	**爱岗敬业**	路克俭
勤劳致富	付连英	**家庭和睦**	李庆英
爱护环境	楚秀荣	**助人为乐**	鹿传银
计划生育	王翠梅	**尊师重教**	辛德俊
好媳妇	王秀兰　王光英 冉秀珍　王　红 赵琳琳　王兰芳	**好婆婆**	冉爱珍　路敦连 付纪英　王洪英 孟淑英　尹秀兰

注:2011年10月推荐肥城市“三个一千”被表彰人员
千名德高望重的老人:温兆全　鹿淑祥
千名好邻居:李庆文　韩衍珍
千名孝星:李焕英　尹燕丰

2012年度先进人物名录

表17

关心集体	张兆斌	遵纪守法	赵翠英
诚实守信	温衍明	爱岗敬业	毛传奇
勤劳致富	鹿传涛	家庭和睦	李秀兰
爱护环境	刘　军	助人为乐	辛德香
计划生育	李望图	尊师重教	时桂芝
好媳妇	孙爱芹　乔绪芬 陈传英　宋秀珍 孙凤云　辛　芳	好婆婆	孟庆兰　邱士英 冉玉英　王新华 王凤英　冉桂云

2012年11月22日报乔绪芬为肥城市首届道德模范、肥城市孝老爱亲模范，乔绪芬被表彰奖励。2013年报泰安市道德模范，被表彰提名奖。

2013年度先进人物名录

表18

关心集体	鹿淑才	遵纪守法	鹿秀娟
诚实守信	付振芳	爱岗敬业	李恒滨
勤劳致富	李庆成	家庭和睦	王瑞连
爱护环境	李　静	助人为乐	李春华
计划生育	陈　云	尊师重教	李庆生
好婆婆	李凤英　李秋英 胡秀英　杨衍红 陈秀英　董吉英	好媳妇	秦秀华　纪秀华 李玉珍　畅宁宁 赵凤英　孙秀芬

2014年度先进人物名录

表19

关心集体	李　刚	**遵纪守法**	鹿　涛
诚实守信	黄甲利	**爱岗敬业**	时光银
勤劳致富	李正山	**家庭和睦**	鹿传瑞
爱护环境	李庆迎	**助人为乐**	孙远荣
计划生育	李全图	**尊师重教**	鹿焕臣
好媳妇	石洪新　刘焕玲 陈传英　郭秋英 李传花　陈瑛瑛	**好婆婆**	王立珍　孙桂芬 尹逊香　孙桂莲 刘洪兰　陈桂兰
好邻居	李庆英　李望图　乔明云　罗红莲　刘桂兰　张桂英		

2015年度先进人物名录

表20

关心集体	张公海	**爱岗敬业**	姜秀芹
诚实守信	鹿焕明	**好女婿**	阴镇山
勤劳致富	鲍秀丽　韩福龙	**好女儿**	马洪燕
爱护环境	李　岩	**尊师重教**	鹿传军
好媳妇	杜均秀　付海燕 王庆芳　胡耀芳 鹿传兰　郭春红	**好婆婆**	王玉芬　刘桂玲 王秀芳　付素云 黄秀莲　王秀梅
好邻居	毛桂芬　王春英　孙衍国		

2016年度先进人物名录

表21

关心集体	鹿传营	好女婿	张子元
诚实守信	李恒同	爱岗敬业	杨春华
勤劳致富	时允涛	好女儿	王　娟
爱护环境	杨延梅	助人为乐	张公成
计划生育	鹿传银	尊师重教	路敦奎
好媳妇	王素新　张爱民 孟翠利　郑翠玲 陈凤芹　张　红	好婆婆	王建华　李秀芬 尹秀英　冉秀金 何秀兰　鹿传兰
好邻居	刘桂珍　黄加奎		

2016年古店村80~99周岁老人统计表

表22　　单位：人

户号	组别	姓　名	性别	出生日期	年龄
1	4	王维英	女	1921年07月14日	96
2	6	王德香	女	1922年08月12日	95
3	4	鹿淑本	男	1923年08月23日	95
4	4	王凤英	女	1922年10月12日	95
5	1	吴凤芹	女	1925年04月12日	92
6	5	何传英	女	1925年09月24日	92
7	1	赵庆英	女	1926年03月01日	91
8	4	鹿曰芝	男	1927年07月01日	90
9	2	余秀英	女	1928年02月02日	89
10	6	刘少英	女	1929年07月27日	88
11	2	张相路	男	1929年08月02日	88

续表

户号	组别	姓 名	性别	出生日期	年龄
12	6	李恒宝	男	1929年09月28日	88
13	1	辛正付	男	1929年11月24日	88
14	1	李庆英	女	1930年06月29日	87
15	6	李志宗	男	1930年10月18日	87
16	5	黄培义	男	1930年10月20日	87
17	4	王培英	女	1930年11月28日	87
18	5	何秀珍	女	1930年12月22日	87
19	5	泮明英	女	1931年04月09日	86
20	2	王桂青	女	1932年01月30日	85
21	2	孙玉连	男	1932年03月20日	85
22	6	李瑞英	女	1932年09月21日	85
23	2	张洪琪	男	1932年11月07日	85
24	5	孙衍云	女	1932年12月05日	85
25	2	王现平	女	1932年12月24日	85
26	2	李洪路	男	1933年02月28日	84
27	2	温兆荣	男	1933年06月16日	84
28	6	李庆山	男	1933年08月20日	84
29	4	鹿传祥	男	1933年12月06日	84
30	5	韩敬兰	女	1934年02月06日	83
31	1	汪玉英	女	1934年03月14日	83

续表

户号	组别	姓 名	性别	出生日期	年龄
32	4	鹿淑忠	男	1934年03月18日	83
33	6	路阴苓	男	1934年05月19日	83
34	2	王玉兰	女	1934年09月10日	83
35	6	李庆峰	男	1934年09月14日	83
36	2	泮玉梅	女	1934年09月27日	83
37	6	鹿淑远	男	1934年10月12日	83
38	5	陈秀英	女	1934年11月18日	83
39	2	鹿书芹	女	1934年12月16日	83
40	2	白书英	女	1935年01月24日	82
41	4	鹿书苍	男	1935年01月29日	82
42	6	王宪云	女	1935年03月05日	82
43	1	赵立兰	女	1935年04月21日	82
44	1	张立水	男	1935年07月05日	82
45	5	何秀英	女	1935年07月16日	82
46	1	辛正盛	男	1935年08月07日	82
47	5	郝秀荣	女	1935年09月06日	82
48	4	鹿传平	男	1935年12月26日	82
49	6	崔玉连	女	1936年03月06日	81
50	4	鹿书文	男	1936年03月07日	81
51	1	李风云	女	1936年10月10日	81

续表

户号	组别	姓 名	性别	出生日期	年龄
52	6	姜盛兰	女	1936年10月12日	81
53	4	鹿书安	男	1936年11月09日	81
54	2	温兆全	男	1936年11月12日	81
55	4	鹿书法	男	1937年01月13日	80
56	1	王付英	女	1937年03月13日	80
57	5	路克和	男	1937年04月05日	80
58	6	李庆友	男	1937年04月05日	80
59	3	王秀芳	女	1937年5月12日	80
60	2	刘同香	女	1937年11月04日	80
61	3	宋吉晋	男	1937年12月24日	80
62	5	李恒水	男	1937年12月28日	80
合计	62人 其中:男29人 女33人				

正月十五闹元宵　　（李庆利　2016年2月摄）

腰鼓队　　（于　伟　2016年2月摄）

齐鲁名村志

QI LU MING CUN ZHI

古店村志

（1573—2017）

GU DIAN CUN ZHI

农业

NONGYE

农田基本建设

中华人民共和国成立后，土地归集体所有，当时的土地有的高低不平整，有井有水也难以灌溉。康王河以南土丘疙瘩一个连一个，沟深坡大，耕地还不如长满荆棘的堰坡和草荒面积大。地块小、水土流失严重，田间小道崎岖狭窄，耕作运输极为艰难。土壤为红胶泥土质，并伴有姜疙瘩石，土层瘠薄、不耐涝、不耐旱。北半部多为沙丘地，漏肥漏水，耐涝不耐旱。

20世纪60年代末，在党支部的领导下，各生产队有计划地平整土地，使机灌机械派上了用场。

文化大革命初，古店村发动社员，平掉了全村大小上千个坟头，扩大了种植面积。

1975年三秋结束后，王瓜店公社调集全公社三千多人齐上阵，参加古店庄南农田基本建设大会战，苦战一个冬季，共搬运土石40余万立方，在域内修了红旗路。撤高填洼，整平土地1100多亩。古店村紧接着打了几眼深井，使整理的土地浇上了水，成了旱涝保收的优质粮田。

土壤改良

1949年后的六七十年代，轰轰烈烈的农田基本建设运动，一举改变了坡大沟深的旧貌，堰成线、地成方、道路纵横成网。但是地表没有腐松土，全是生土，影响农作物种植和生长。大队委员会采取三项措施改良土壤：从公社拖拉机站雇来“东方红拖拉机自挂深耕犁”，用东方红拖拉机加挂圆盘耙深耕、精耕、细耙，并掺施细沙，调节土壤松散度，营造种植层；增施草木灰、农家肥、土杂肥来培肥地力。

随着社会的发展和科学种植管理技术的普及，人们越来越重视对农业生产的科学管理和科学施肥。1982年，在肥城县农业局的指导下，组织专门班子对境内所有土地逐块进行了土壤调查，取样检测土壤中的氮、磷、钾含量。土壤调查结果具体数据造册登记，为土壤改良及土壤配方施肥提供了可靠的科学依据，推动了土壤改造工作的顺利进展，促进了粮食产量的大幅提升。

水利设施建设

古店村地处半山区，丘陵地和沙滩地占全村耕地面积的60%以上。建国前后，由于受封建土地制度的制约和经济条件的限制，只靠几眼五六米深的浅水井，解决极少部分地块点种和穴浇用水，大面积耕地灌溉均靠天吃饭，极少部分地块靠人工提水浇灌。提水工具是二人拧、打辘轳，之后发展到驴拉洋水车。不能解决大面积浇灌，粮食产量提高甚微。村境域内多遇十年九旱，大旱之年水井干枯，庄稼活活被旱死。

20世纪60年代，毛泽东主席指出：水利是农业的命脉。1965年，古店村迅速掀起以治水为重点，逐步改变农业生产水浇条件的农田水利建设高潮。村党支部带领社员打井修渠。为了增加水井的蓄水量，满足机械灌溉的需要，新打机井全部为大口井，直径都在6米左右，深度都在15米至20米之间，所有大井井壁，一律用料石垒砌，当年就建了大口井5眼。后来又兴建了庄东三级扬水站。1971年，兴建了古店村庄西两级扬水站。到1975年，全村共挖建大口井19眼。农业学大寨运动以来，又陆续投资打深井14眼，深度均在200米以上。1987—1988年充分利用季节性农田空闲时间，明渠改暗渠。康王河以北所有方田、地上土渠全部改为地下混凝土拉管渠，出水口由阀门控制。猪场东康王河至大方田扬水站，利用地下拉管渠输水，大大减少了跑水、渗水、漏水，降低了水利使用成本。全村改造水渠9000多米，不仅节约了土地，还扩大了水浇地种植面积。80年代，境内耕地已基本实现了机灌全覆盖。

王志富等5名小伙子1980年在古店村西扬水站一级站前合影留念 （李庆吉　摄）

种植业

古店境内历代以种粮为主，粮食作物有小麦、玉米、地瓜、高粱、大豆、谷子、豇豆、绿豆、红小豆、荞麦等。康王河以南，以地瓜、高粱、玉米为主，康王河以北以小麦、玉米、谷子为主。

经济作物主要种植棉花、花生、芝麻、旱烟等。

瓜菜作物主要种植白菜、胡萝卜、青头萝卜、红心萝卜、大葱、大蒜、辣椒、茄子、黄瓜、豆角、芸豆、菠菜、韭菜、油菜、芹菜、香菜、西红柿、莴苣、菜椒、菜花、西葫芦、南瓜、西瓜、冬瓜、苦瓜。进入21世纪，又增加了空心菜、生菜、茼蒿、西芹、紫甘蓝、有机菜花等多种新品种蔬菜。

改革开放前，传统的小农经济思想和单一种粮的陈旧观念，一直束缚着人们的手脚。改革开放后土地承包到户，农户在农作物种植上有了自主权，粮食作物与经济作物的种植结构不断得到调整，计划经济逐步向市场经济发展，农业生产已转向商品经济农业生产。在生产实践活动中，不断推广和应用先进的科研成果，选用优良品种推动了农业的快速发展。

粮食作物

小麦 自50年代初至80年代中期，小麦播种面积由800亩增加到1300亩，从亩产100公斤左右提高到600公斤以上。1982年，实行联产承包责任制，小麦种植面积有所扩大。

小麦　　（鹿淑江　2016年4月摄）

玉米 是耐旱抗灾的主要粮食作物之一。改革开放后，随着农业科学技术的发展，由过去习惯的种植春玉米或麦收结束后三米直播，改为与小麦间作套种。夏玉米，使用优良品种，实行配方施肥，平均

玉米（路玉国 摄）

亩产600公斤以上。

地瓜 古店村的主要种植作物地瓜，抗旱、抗灾、高产。历年种植面积1200亩，多在康王河以南丘陵、沙滩地种植，分春地瓜和夏地瓜两种。栽培方法：春地瓜栽芽，火炕育苗，4月下旬植栽，秋分后收获。夏地瓜，插秧种植。麦后剪春地瓜瓜秧，截段插栽，霜降后收获、储存。春夏地瓜栽植密度一般在3500~4000株，单产一般在2500公斤左右。改革开放前，社员一般以地瓜为主食，改革开放后，地瓜种植面积急剧下降，21世纪后境内地瓜栽培已停止。

花生 属上等油料作物，价值高而产量低。建国前，土地多，口粮充足的农户种些花生，多以打油自用。农业合作化以后，集体多利用沙滩地、丘陵地种植花生，收获后在留足种子的情况下按人头分配花生。土地大包干后，农户种植花生作物量减少。花生播种一般行距为40厘米，株距30厘米，播种前催芽拌种以保苗全苗旺。

谷子 主要品种有“60天还家”和“鲁谷3号”，易遭虫灾和鸟食之危害。过去播种面积极少，20世纪80年代已停止播种。

经济作物

棉花 是一种价值高、产量低、用工多的经济作物，是纺织业和军工业的主要原料。棉籽可以榨油，棉籽皮可培育真菌养蘑菇，棉棵可以制作纤维杆。计划经济时期，古店村历年种植棉花在100亩左右，平均亩产皮棉35公斤以上。收获的棉花在完成国家订购任务的情况下按人口分配给社员。90年代后已无人种植。

棉花

大豆 主要油料之一，多为黑豆、黄豆，可春播也可以夏播，是一种管理十分粗放的作物。一般播种在地块偏僻、交通不便、土地瘠薄的地块。施肥量极少或不施肥。生长期不需要追肥。它是生命力极强、抗旱、抗灾的植物，并有培养地力的作用。境内历年种植不超过百亩，单产一般在100~150公斤左右，进入21世纪以来，豆类作物很少种植。

蔬菜瓜类 改革开放前，由于人们经济意识和商品意识淡薄，对蔬菜瓜类种植只是以满足村民的日常需求而已。1993年，境内划片规模发展，露地蔬菜种植菜花和菜椒300余亩，形成商品化生产。1995年，省道沿线建立“高效农业示范区”，发展三膜棚西瓜200余亩。2000年建设种植冬暖式大棚215个，主要种植反季节蔬菜（瓜果）。反季（瓜果）蔬菜畅销，利润较好，极大地提高了农民的收入。

高效农业

1999年和2000年相继兴建冬暖式大棚，种植反季节蔬菜、瓜果，不仅使承包大棚的村民钱袋子鼓了起来，也使得村集体每年实现收入17万余元。“建大棚，种反季节蔬菜瓜果”成了当地村民炕头地边、街头巷尾议论的口头禅。一时间，古店村大棚兴建成为时尚，古店村成了肥城市远近闻名的大棚蔬菜、瓜果专业村。2000年，肥城市政府在古店蔬菜大棚区，设立“肥城市高效农业示范区”。随后，又建立了“肥城市农业高新技术示范区”。

2000年3月29日，中共中央政治局委员、全国人大常委会副委员长田纪云视察肥城市古店村“肥城市高效农业示范区”时，看着冬暖式大棚长势喜人的油桃、凯特杏、大棚蔬菜，听了当地干部高效农业的工作汇报后说，要继续稳定和加强农业，特别是稳定农业的基本政策，逐步调整优化结构，走优质高产高效的路子。他说“优质高产高效”这六

蔬菜大棚　　（李庆利　2016年4月摄）

字，是载入农业法的，是很严谨的，如果发展农业，只讲数量不讲质量，产品销路就得不到保障。只讲优质，不讲数量也不行。“优质高产高效”这六个字不能偏废。同时他还说，要最终解决城乡之间、工农之间的差别必须走产业化、贸工农一体化的路子。肥桃是肥城独有的宝贵资源，在外名气很大，是一种无形资产、对外的“招牌”，必须认真加以保护和利用，进一步加大培优力度，靠优质获取高效；靠调整形成不同品质和特点的肥桃系列产品，把贸工农一体化“肥桃”这篇文章做好，增加群众收入。

2001年2月3日至4日，中共山东省委副书记王修智到肥城市高效农业示范区（肥城市古店村高效农业示范区）调研农业内部结构调整等工作，他对当地群众说：“一年之计在于春”，做好今年的工作必须抓住结构调整这条主线，立足现有基础，按市场经济规律办事，增加创新发展优势。要抓住市场和有潜力优势的企业、优势产品摁住不放，加大扶持力度，促其膨胀壮大，做大做强。古店村民不忘领导嘱托，优化结构调整，做大做强优势农业产业，使肥桃生产走向优质高效的发展路子，农民收入逐年提高。

良种推广

1949年前后，各种农作物都是老品种，极少更新换种。在早小麦成熟后，在场间打轧，扬场时留上风头的粮食做种粮，后来改为小麦成熟后穗选，在大田里人工精心挑选同一品种、籽粒饱满的大穗头，单独打轧留作种粮。虽然精选麦种，但年复一年粮食产量没有提高，主要原因是种子退化所致。

20世纪60年代，人们才初步对各种农作物的改良、选育有所认识。20世纪七八十年代，古店村不断引进推广各种农作物的优良品种。为防止盲目应用，一般都采用小范围实验，成功后再大面积推广，稳打稳扎逐步实现了农作物良种化，粮食产量大幅度提高，从而引起人们对良种的高度重视。

小麦 1949年后，小麦品种为“山西大白麦”，60年代引进推广济南2号、4号、6号、9号、12号等良种。随着生产条件的改善，科学种田水平的提高，品种在不断更新换代。70年代更换为泰山1号、4号、5号等品种。80年代，土地大包干后，引进了鲁麦5号、8号、11号四个新品种。进入21世纪又引进了晋麦21号。

玉米 1949年前后，品种为“小粒红”“小红脐”。五六十年代，更换为“金黄后”“白马牙”“双跃2号”“80号”。70年代中后期更换为“泰单71号”“群单105号”。80年代更换为“中单2号”“丹玉6号”“丹玉13”“鲁原单4号”。1984年更换为“掖单4号”“烟单14号”“聊玉5号”。2000年后更换为“农大108号”“登海3622、605、3643、335”，玉米优良品种的不断引进和更新换代，使玉米种植产量增产幅度大。

地瓜 20世纪50年代，栽植地瓜长期使用“胜利百号”老字号品种。60年代以“北京553”“济南红”“一窝红”为主，七八十年代又新引进了“徐薯18”“77-6”两个优良品种。90年代以来无人种植。

大豆 60年代前，种植大豆品种有“平顶黑”“平顶黄”。六七十年代引进了“齐黄1号”“双跃5号”。70年代末，为改良土壤培养地力，大面积种植。1980年引进推广“鲁豆1号”“鲁豆4号”，该良种长时间种植。

棉花 1949年后，境内种植棉花有30年历史，棉花品种先后进行了四次更新换代。1952年引进“斯字2B棉”。 1958年更换为“岱字15号”，1977年引进“鲁棉1号”，1990年更换为“鲁棉25号”新品种，新品种不断更新使棉花产量有了较大幅度提高。

科技推广

1973年，大队成立了农业科学技术推广队（简称科技队），共有5人，李庆河任科技队长，在二号井以西拿出较为肥沃的五亩耕地作为农业科技推广试验田，并兴建四间青砖平房归科技队使用。

科技队在公社农技站农艺师的指导下，有计划地进行农业科学种田实验，不断总结生产管理中的经验教训，指导大田生产；引进优良品种在试验田先行实验，种植成功后再大面积推广；不断应用和推广先进的科研成果和科学的生产管理经验，为生产队及时提供科学管理技术；实验各种化肥、农药的性能用法和效果；研讨各种农作物的增产措施。在科技队的指导带动下，古店村粮食作物种植品种不断更新换代，粮食作物、经济作物的病虫害防治及时有效，管理技术不断提高，粮食作物稳产高产。经济作物逐年优化，品质产量提高。1982年土地承包后科技队解散。

林果业

村境内林木品种主要有；榆树、槐树、（国槐、刺槐）杨树、柳树、臭椿树、香椿树、枣树、柏树、梧桐树、法桐树、青铜树。1949年前后，农家植树都在院内院外、房前屋后，成片树林极少。庄内植国槐、刺槐、榆树、枣树、香椿树居多。

村民黄培府家中一棵国槐树，有上百年历史。树高6米左右，树径近1米。由于种植年代久远，历尽沧桑，树身中心腐出空洞。如今树冠一面干枯，一面枝繁叶茂，依然旺盛。旧村虽已拆迁，而历史悠久的国槐还依然耸立在旧村村址上。

村外田间地头一般栽植树木。“四旁”植树所有权归属个人。1961年，国务院出台谁栽树谁受益政策，鼓励社员群众多植树。古店村掀起植树造林高潮，村里规定要求每人植树3棵，各群团组织亦开展植树造林活动。集体充分利用荒沙滩植树造林300亩。其中刺槐林200亩，桑园20亩，紫穗槐、白腊条60亩，柳树20亩。为了加强对林业生产的管理，大队成立了林业队，林业队长先后由辛正业、张兆范担任，林业队员最多时28人。1984年，农村体制改革，林业队大量减员，只保留林业队长和两名护林员负责林业看护，并禁止在林间放牧。

核桃树　　（鹿淑江　2016年6月摄）

1979年，提倡大田桐、粮间作和路边植树。古店为桐、粮间作试点村。大田植栽大叶桐树1000余棵，沿路植栽速生杨2000余棵。1994年，村委投资将村委前三角地、院墙西及南山营造片林40余亩，植栽杨树4800棵，一次性承包给四户村民经营。

1949年前后，境内没有连片果林，只有农户在宅前院内栽植的枣树、石榴树、柿子树、毛桃树、杏树、梨树、苹果树。果品极少到集市销售，多为自己食用。

1977年，林业队率先发展了苹果园，随后又有7个生产队种植苹果，苹果树面积达到50余亩。苹果品种有大国光、小国光、金帅、青香蕉。苹果园里有专职的技术人员，具体负责果树的修剪整枝、嫁接改良、病虫防治、浇水施肥。大队经常组织技术员到外地学习果树管理技术和增产经验，促进果业生产的发展。1984—1986年，村委会对各类果品树木进行有计划的区域规划开发，先后在古店庄东及南部山地发展玉杏50亩，北军寨庄西发展山楂50亩，古店庄南至南山脚下发展肥桃500亩，全村果树总面积达到650亩。

2009年，村委会发动村民充分利用石灰窑以南以东的山坡地栽植核桃树150亩。2010年，村委将老石窝平整填土造地后，集体栽植核桃、山楂、石榴、柿子、杏树200亩，打造成采摘园，2016年已进入盛果期，每年都将收获的核桃、杏按人头平均分配给每家每户。

杏儿熟了　　（李庆利　2017年6月摄）

病虫害防治

1949年前，农作物的病虫害防治，是靠人工捕捉来完成。1949年后，随着农业科学技术的发展，开始使用农药来防治病虫害。化工产品（农药）一代又一代的上市，推动了农业病虫害防治工作的不断发展，从某个层面上促进了农业生产的发展。但也给生产环境、社会环境带来了污染隐患。

农田虫害主要有：蝗虫、粘虫、麦蚜、红蜘蛛、玉米螟、棉蚜、棉铃虫、大豆造桥虫、食心虫、天蛾、蛴螬、蝼蛄、金针虫、地老虎、叶蝉、飞虱等。对付病虫的化学农药不断更新换代。1953年推广使用化学农药“六六六“粉治虫，1954年开始用“一六0五”治虫，随之农药“赛力生”上市逐步推广使用。化学农药的使用有效防治了害虫对农作物的危害。

1982年，国家禁止剧毒农药的使用，提倡推广使用“乐果”防治病虫害。1987年，推出高效低毒、低残留的菊酯类农药，杀虫效果良好，一直被村民作为农作物防治害虫主要农药。小麦病虫害防治主要是控制叶锈病。80年代以来，小麦叶锈病和麦蚜都以菊酯农药喷洒防治，效果绝佳。小麦播种采用小麦种衣剂拌种，减少了小麦发病率。玉米病虫害主要有：叶斑病、粗缩病、大小叶斑病、条纹花叶病、玉米螟、蚜虫、二三代粘虫、棉铃虫等。防治方法最早使用“六六六”粉掺适量细沙拌成毒土，玉米抽穗前人工捏入“喇叭口”，螟虫即可杀死。进入90年代，为防控玉米病虫害，播种前亦使用华阳产玉米种衣剂拌种。地瓜病害多，虫害较少。主要病害有：黑斑病、腐烂病。防治方法是在地瓜育苗上炕前，用50℃温水浸泡15分钟或采用2000倍赛力散溶液浸泡地瓜种。后来改用多菌灵溶液灭杀地瓜病菌。夏地瓜收获入窖前，先用多菌灵溶液对井窖杀菌消毒。1979年，引进推广抗病能力较强的优良品种“徐薯18”大面积栽植，加以配合杀菌防病措施，地瓜病害得以有效控制。棉花枯萎病防治，多采用拔除病株、轮作换茬、多菌灵浸种、草木灰拌种等方法。棉花害虫多以喷洒“一六0五”“氯氰菊酯”防治，效果良好。蔬菜病害有霜霉病、灰霉灵、早晚疫病等。防治方法：用霜霉原粉、扑海因、腐霉利、吡唑醚菊酯等化学农药来控制。蔬菜害虫种类繁多，防不胜防。多采用高效低毒、无残留的新型化学农药来消杀。果树病害主要有：腐烂病、轮纹炭疽病、斑点落叶、小叶黄叶、缩果、红腐褐腐、花腐、青霉、果绣、果灰、白粉等。虫害主要有：棉蚜、苹果金螨、红蜘蛛、卷叶

喷雾器　（路玉国　2017年7月摄）

蛾、食心虫、金龟子等，防治方法：冬季普遍刮出腐烂树皮，涂抹石硫合剂；春季喷洒石硫合剂，使用灭菌消毒杀虫药物一六0五、氧化乐果、菊酯类药物和甲基托布津、M大生、多菌灵、波尔多液、代森锰锌防治。苹果、肥桃，常采用套袋措施防控，效果良好。

饲养业

古店饲草饲料资源丰富，历来有喂养牛、马、驴、骡、 猪、羊、兔、鸡、鸭 、鹅、狗的习惯。

畜类

牛 1948年前只有家庭较富裕的农户喂养，主要用于自家农田施肥耕作。1949年后，养牛业得到较快发展，走向集体化之后，多为集体养殖。20世纪60年代，全大队养牛存栏160余头，能使役配套近30具。1982年，土地承包到户，集体的牲畜、农机具作价卖给农户。土地承包大户，大都有成套的犁耙绳索和耕牛。有的家庭养牛积极性比较高，牛存栏量剧增，有的农户家庭养牛3头以上。村民王文生存栏最多时竟达13头，成为全村第一个农家养牛大户。但在有的村，有的户养牛积极性不高，有的为了应付上级检查，借用邻居或邻村亲戚的牛，以此充数，让领导“数牛”，被媒体记者报道曝光。1989年，村投资兴建养牛场，存栏100余头，品种为一色的鲁西黄牛优良品种，以饲养膘牛为主，带动了个体养牛业的发展。古店全村养牛400余头，成为新城镇养牛专业村之一。

马 养马的农户极少，只有极少的大户人家养马。人民公社化以后，生产队开始养马。时兴大马车。马匹主要用于拉车、驾辕或大田耕耘，全大队养马最多时竟有26匹。

驴 人们历来有喂驴的习惯，喂养的驴多为山地毛驴，体型矮小，吃草吃料少，并有较强的抗病能力，体质好有耐力，适宜农家喂养。1949年前多用于拉磨、拉水车，亦可与牛合具耕地。1949年前后，全村共有毛驴30余头，农业合作化后，牛驴饲养基本共同发展。进入20世纪70年代，随着大队生产队地排车运输业的发展，毛驴存养量急增，最多时集体和农户喂养近百头，80年代，毛驴地排车，全大队已发展60余辆。

骡 身强力壮、患病率极低、无繁殖能力，俗称“骡子”。在种类上分：马骡子和驴骡子两种。皮毛多为黑色、棕红色，主要用于耕作、拉车。80年代末，人们为了提高生产效率，毛驴地排车全部改成小马车，拉车驾辕全部换成骡子。骡子拉车，每车载重都在千斤左右，一时兴起养骡子热。90年代初，拖拉机、农用三轮车遍布全村，代替了靠牲口拉车、牲口耕耘。

猪 从古到今，古店村各农家户有养猪的习惯，家家户户都建有猪圈，有的农户猪圈不止一个。养猪少则一头，多则三五头不等。老品种猪，肥膘厚、瘦肉少、生长缓慢。猪养殖一直延续了数十年。

1987年，村委在五道岑营建集体养殖场1处，引进莱芜黑母猪与德国约克夏杂交，培育出瘦肉型长白优良品种，年繁育猪崽上千头，带动了村民养猪品种改良。生猪喂养逐步趋向科学饲养。改革喂养习惯，由过去的饲喂熟食改为饲喂生料，并科学配伍混合饲料。混合饲料主要以玉米、豆饼、麦麸、骨粉、鱼粉、地瓜干、微量元素等。同时，注意定期防疫。猪多、肥多、粮增产。村委鼓励和扶持村民大力发展养猪业。1992年前后，全村养猪存栏达3000余头。退伍军人张兆忠是村内养猪专业户之一。2003年建养猪场，以繁育仔猪为主，生猪存栏一般在400头以上，年出栏肥猪300头左右。2017年，因国家规范养猪业，治理环保，养猪场因不符合环保达标要求，停办。

羊 域内一直以群养羊为主，散户养殖为极少数。养羊30只以上的专业户共有7家，后因护林护坡、环境卫生等因素逐步限制养殖。

禽类

鸡 20世纪，村内家家户户都有养鸡的习惯，旧时多为散养，拿所养鸡下的鸡蛋到代销点换盐、换火柴等商品。70年代，大队副业和原第二生产队开办暖房，孵化小鸡，品种多以鲁西花鸡、罗克、莱杭为主。古店村孵化的雏鸡近销省内各地、远销东北三省。80年代，村民迁居新村，农户养鸡均为栏养，既方便养殖，又减少鸡疾传染。当时鸡蛋已成为人们的主要副食品，市场销售良好，一些村民便扩大了养鸡规模。村民李恒国是村内专业养鸡大户，他的养鸡场设施先进，科学喂养、定期防疫，养鸡规模化发展，饲养蛋鸡20000只以上，年产蛋22万公斤左右，年产值90万元，后因国家环保政策要求以及市场原因停养。

鸭、鹅 域内农户养殖鸭、鹅为少数，小规模的养殖户也不多。只是靠近河岸、水坑、水沟的农户喂养。全村不足20户。饲养最多的户也就在二三十只，乔迁社区后，一户养鸭养鹅的都没有了。

畜禽疾病防治

农谚道“家值万贯，带毛的不算”，意指畜禽疾病防治的重要性。一旦防控不及时、医治不当，就会造成巨大经济损失。1949年前后，牲畜家禽疾病没有预防之说，大都是发现病情后，采用中药制剂灌服治疗，根本没有对症的速效药或西药注射，畜禽死亡率极高。60年代后坚持以“预防为主，防重于治、防治结合”的方针，开始有组织、有领导的进行定期防疫，并引导群众喂养家畜家禽讲究科学、讲究卫生、精选良种，以减少畜禽疾病的发生。村委为了强化畜禽疾病防治力度，促进畜禽养殖业的发展，村里设有专职畜牧兽医员1名，兽医员由北军寨李庆文担任。兽医员多次参加公社、县、兽医技术培训，学习技术。在实际工作中，他坚持无病先防、有病皆治的工作原则，全心全意为村民百姓的畜禽疾病防治工作服务。他定期走门串户为畜禽打预防针，使村内大牲畜和家禽规律性的疾病得到了有效控制。80年代后期，域内大牲畜的破伤风、牛流感、家畜家禽的猪丹毒、仔猪白痢、猪瘟、鸡新城疫（鸡瘟）基本根除，李庆文为古店村的畜禽业发展和村民经济收入的提高，做出了积极努力。畜禽饲养专业户个人对畜禽疾病的预防也极为重视，他们坚持严防、严控为重点，逐步将环境卫生、科学喂养纳入畜禽养殖过程中，使古店村的畜禽专业化饲养量呈现良性发展态势，经济效益有所提高。

农业机具

随着社会的发展和研发技术的不断提高，各种用于生产的农业机具不断创新或被更新换代。一些祖辈延续使用的构造简易、操作笨重、体力消耗大、生产效率低的古老旧式农业用具逐步被淘汰，变成历史文物，极少小型生产工具至今仍被沿用。主要农用工具有锄、镰、镢、锨、抓勾子、铁耙子等。

一般生产农具

锄　用于松土除草。

镰　用于收割庄稼、割草。

镢　用于刨地搂沟，扶垄、刨窝、刨地瓜、刨花生等。

锨　用于掘土、翻地、撒粪、整畦、和泥等。20世纪初前后一段时期，木锨用于场间，翻晒粮食、扬场。

镐　亦称洋镐用于用镢刨不动再用镐来刨，尤其是山地常用，还可用于劈木柴。

抓钩子　用于中耕松土，砸坷垃等。

铁筢子　用来平整土地、挡沟子、挡畦子、摊铺粮食等。

杈　有双股杈和多股排杈，多用于场间翻晒麦秸，豆棵或秸秆柴草归垛等。

推筢　用来在场间或房顶堆摊粮食。

簸箕　用于扬场或簸弃各种谷物的糠壳等。

铡　用于截切秸秆、秧蔓、铡草，以便于喂养牲畜。

地瓜擦子　用来地瓜切片晒干。20世纪60年

勾担、地瓜擦子、竹耙、锯

（路玉国）

代至80年代初，只有用手推擦，20世纪80年代中后期又发明了手摇拧擦子，省时省力。

玉米擦子 用来玉米脱粒，旧时用木方挖槽、开孔、钉上尖形铁件，即成擦子。70年代，又有手摇脱粒拧擦子上市，随之替代了手推擦子。80年代，发明了小型电动玉米脱粒机，21世纪，又有玉米联合收割机用于农业生产。

石碾 用石质的碾盘、碾砣和木质碾管杖、碾锅子组成，用来碾米或把粮食碾压破碎。推碾一至二人均可，域内共有石碾12盘，其中纸坊轧草纸浆大碾一盘。70年代末，碾管杖、石锅子由木质改为金属制作。

石碾 （李庆利 摄）

石磨 用来磨面粉磨豆浆（做豆腐），磨面糊（摊煎饼）。自从农村普及电力，被电磨（亦称钢磨）所替代。

耕作机具

犁 主要有旧式单铧步犁和双铧步犁两种。1949年前后一直使用旧式单铧犁。旧式单铧犁为铁木结构，由犁托、犁把、犁铧、犁窥、犁契组成。犁契虽小可调节耕犁深度。犁窥由金属锻造起弯。犁、铧、托均为铸铁制造。一般由三头牲口牵引，日耕地3~4亩，耕地深度一般在12厘米左右。50年代，时兴新式单铧步犁和双铧犁。双铧步犁耕地深度、工作效率都优于单铧步犁。各生产队都具备一部双铧

新式步犁 （路玉国 摄）

老式步犁 （路玉国 摄）

犁，全大队拥有犁耙40余套。

耙 它与犁配合使用，先犁后耙。旧时耙为木质，长方形，长度一般为2米，宽0.60米，耙齿为硬杂木，后改为熟铁锻造，一头呈尖形。耙一般由畜力牵引，耕后用于破碎土块、抹高填洼平整土地，是耕地不可缺少的工具。

播种机具

耧木质结构，有单腿耧、双腿耧。耧角为铸铁制品，头尖锋利，耧仓出口有挡板控制种子流量，亦可畜力或人力牵引。在行走时掌耧的把式，双手扶把左右摇晃，使种子顺耧腿下地。耧沟由捆在耧下的弯弓木条随之拉平。此耧旧时亦称摇耧，20世纪60年代末，被畜力牵引铁质三腿或四腿的半机械化播种耧所替代。70年代末，又新兴了拖拉机牵引的播种耧，小麦播种实现机械化。玉米麦田套种也由原来的刨窝、耧沟、人工点播，逐渐改为人力单轮、单铧半机械点播耧，省时省力、播种均匀。

锄耘机具

耘锄域内分三种，一是人力弯钩锄，靠人力推拉锄草、松土。20世纪60年代初，新兴了畜力牵引耘锄，有单铧耘锄和三角耘锄。2000年后，农民发明了自制轮式耘锄，是用废旧自行车改制而成，前置车轮，后置车把，中置三角铧，中耕1人操作即可。

牛耕地

收割机具

20世纪70年代前，收割打轧全靠人工来完成，小麦用镰收割在场间翻晒，碌碡碾压，人工扬场。1976年，大队购进小麦脱粒机，柴油机作动力（每生产队各一部），脱粒时糠粒不分，需人工扬场分离。但人工扬场效率低。1980年，时兴“四清”脱粒机，大队一次性购进12台，电机带动，每小时可脱粒小麦千斤左右。进入21世纪，大部分麦田使用联合收割机，省工、省力、省时。过去过麦紧紧张张忙活半个月，自从使用联合收割机，3天即可完成。

脱粒机

收割机

灌溉机械

1949年前后，浇地提水工具以二人拧辘轳头为主，村内拥有30余套。20世纪50年代，有了解放式水车亦称“洋水车”，靠畜力牵引，日浇地3亩左右。60年代，有了抽水机，开始以内燃机、柴油机作动力，日浇地10亩以上。1965年，开始改为电动机作动力，随着农田基础设施的发展，逐步普及了电力灌溉。

植保机具

20世纪50年代，使用压缩喷雾器（打气筒式）进行农林果植物保护，打药灭虫等，集体拥有量曾达30余部。压缩喷雾器工作效率极低。60年代中期，喷雾器有了新产品，每部日喷药可达10亩左右，比第一代喷雾器提高工作效率一倍多。70年代有了背负式喷雾器和喷粉器，工作效率大幅提升。80年代，随着果业生产的迅速发展，果农家家户户都配备了高压喷雾器。90年代，部分果农改为机动高压喷雾器，6亩桃行一上午即可完成。全村拥有高压喷雾器达200余台。域内农林果植保实现了机械化。

运输机具

木轮推车 （亦称叫车子）代替了肩挑人抬，1948年前后成为人们推土、运粪、运石料、运庄稼的主要运输工具。车轮、车架均为槐木木质。随着社会的进步，车子车轮由木轮改为橡胶车轮，使用轻松、方便应手，老少皆能用。80年代，户户皆有。

地排车 20世纪70年代初开始使用地排车，但有地排车的人家极少。80年代，土地承包到户，村委提倡地排车运输，解放生产力，并无偿为农户提供一颗刺槐树，以期槐树长大成材后，可用来制做地排车架、车把等，进而推动村民家家户户

独轮车

地排车

制作地排车。1986年，全村地排车达到400余辆。

拖拉机 1976年大队购买12马力拖拉机2辆。24马力拖拉机1辆。1978年购买上海50拖拉机1辆。改革开放以后，群众为尽快脱贫致富，纷纷购买12马力拖拉机搞运输。全村拥有拖拉机最高峰时竟达130余辆。进入21世纪，拖拉机数量逐年减少。

汽车 1983年5月，大队购买解放牌挂车一部，用于集体副业运输。1986年，大队购买双排汽车一部，主要用于吹塑玩具厂业务活动。21世纪私家车逐年增加。2017年，统计全村共有各类家庭轿车260辆，其中20万以上的高档轿车40辆，占私家车总数的15%，大型运输汽车 20辆。

自行车 旧时称自行车为“洋车”（因是外国制造），自行车是人们的代步工具。20世纪50年代后期开始陆续增加，80年代随着人们生活水平的提高已普及全村。2000年，全村拥有自行车已达1600余辆，户均3辆。

摩托车 20世纪80年代末，全村仅有两辆嘉陵轻骑。90年代初，70、90型摩托车，野马100等多种摩托车陆续进入农家。2000年，全村摩托车已达400余辆，已成人们下地生产的最先进的交通工具。

电动车 2000年后又时兴电动车。电动车投入少、费用低、省时、省力，成为百姓替代自行车的代步工具。2017年全村有电动车1500余辆。电动车成为人们现代农业生产、生活中主要代步工具。

社区柿子树　　（鹿淑江　2016年11月摄）

油菜园　　（李庆利　2017年4月摄）

齐鲁名村志

QI LU MING CUN ZHI

古店村志

（1573—2017）

GU DIAN CUN ZHI

工商业

GONGSHANGYE

自清末至民国初期，古店村民就有从事冶炼生产农具、打铁等手工业者，也有个人从事纸坊和染坊、酒坊经营。中华人民共和国成立初期，仍有村民从事个体经营。1978年，改革开放后，个体企业、传统手工业、新兴个体业迅速发展。

1949年后，村办企业迅速发展，20世纪50年代，纳入县手工业管理局管理。60年代，在“以粮为纲，全面发展”和“以副养农”方针指引下，大队管委会在抓好粮食生产的同时，因地制宜，大力发展适合本大队实际的副业项目，发动生产队发展“作坊”经营，广开门路，大搞副业生产，“八仙过海，各显其能”。70年代，管委会多方筹集资金，发展村办集体企业。

手工业

中华人民共和国成立之前，古店、北军寨工业基础都十分薄弱，村内只有较有名气的辛氏纸坊和温氏染坊。小打小闹的买卖有小酒坊、豆腐坊、纺线织布、屠宰卖肉、小车运输、木工制作等小买卖，由于缺乏资金投入，规模微小、条件简陋、工艺落后、效率低下、本小利薄，只能维持生计。

1949年后，村内手工业小作坊20余年止步不前，没有大的变化。1978年12月，中国共产党第十一届中央委员会第三次全体会议，确定了以经济建设为中心的方针，大力发展多种经营生产，广大干部群众解放思想，广开致富门路，个体工业快速发展。

手工纺织

1949年前后，域内从事手工纺织业的有60余户，纺织机械均为木质的棉花车子、织布机。织布的工艺流程为：农户个人种植或购买籽棉，经轧花机加工去除棉籽，再经弹花机加工成皮棉，手工搓成棉花布纪，用棉花车子纺成线穗，把线缠在篗子上，再由刷布的匠人用面糊上浆（俗称刷布），规矩的缠在线滚上，上机织布。整个流程大体分为七道工序，成品为全棉粗布。所织棉布也可根据个人爱好通过棉纱染色，织成各种颜色的花条布或方格布，一般多用于缝制衣裳或做被褥。粗布制品冬不凉、夏不热，深受人们喜爱。60年代，国家进口布匹，纯属工业制品布，百姓称为“洋布”“青大洋布”或“白大洋布”。“洋布”各种颜色都有。随后国家发展了轻纺织业，农村的老式织布机逐渐销声匿迹。

温家染坊

是一家1949年前后独家经营，家族式企业，1949年前亦称“染坊”。老板温其昌，承揽来料加工。用户自带白粗布到染坊印染，染坊可根据用户要求和指定的色样，印制各种图案或上色。颜色有：洋青、洋红、洋兰、洋绿、浅蓝、浅绿等十多种。20世纪70年代，国家有了印染业，各种花色的布匹应有尽有，个体染坊淘汰下马。

丝网制版印刷

60年代初至80年代初，李庆济在古店村独家经营，并以丝网制版印刷为业。同时兼营照相、洗相和制造卷柱黑板、雕刻印章项目。60年代丝网制版印刷、照相、洗相、雕刻印章等，属于技术含量较高的行业或手艺。

辛氏纸坊

由辛邦仲一手操办。早在解放前，辛氏从济宁地区汶上县学来草纸制造工艺，办起造纸坊。辛氏纸坊属家族式纸坊。主要原料是麦秸、石灰、和蒲棒。其工艺流程是：将麦秸和适量的石灰粉搀和堆放让其腐蚀变软；用大石碾将已变软的麦秸轧成糊状，再掺拌蒲棒，制成纸浆；涮浆过滤，去除污水；用竹簾子捞纸，每簾一次捞两张，将湿纸贴在土墙上；待纸干后从墙上揭下来，摞好打捆，即成可用纸品。

钢球制造

泰安国强联合工贸有限公司

是一家钢球生产股份制企业，1998年建厂，2000年正式成立公司，张丙国为法定代表人，李强为总经理。1998年引进钢球制造项目，主要生产各种型号的高端碳钢球，效益十分可观。泰安国强联合工贸有限公司不断改进生产工艺流程，添置机械设备，实现了钢球生产流水线作业，产量明显提高，产品供不应求。企业从弱到强逐步发展，生产规模膨胀扩大。附近村民看到钢球加工效益好，纷纷购置设备开办钢球加工厂，给泰安国强联合工贸有限公司做前期或后期生产加工。泰安国强联合工贸有限公司的快速发展，拉动了个体工业的兴起。一时间，古店全村大小钢球生产制造加工企业发展到10家左右，并闻名肥城，在肥城市境内，古店村号称“钢球制造专业村”。个体加工户收入由泰安国强联合工贸有限公司发挥的龙头带动作用而逐步增加。2017年8月，泰安国强联合工贸有限公司因国家环保政策限制，企业钢球生产停产。

肥城市永昌工贸

是一家钢球生产的独资企业，辛永平为法定代表，企业始建于1999年。该企业从事生产加工半成品球并出售成品球。企业发展逐渐壮大，2000年前后拥有各种设备近百台，工艺流程为：盘圆线材冷拔丝—冷镦—磨球—抛光—淬火—包装，六大生产环节。该企业生产经营期间，坚持靠质量求生存，靠信誉求

永昌工贸　　（路玉国　摄）

发展，企业不断向正规化迈进。2017年8月国家整治环境污染，该公司因达不到国家环保要求，停产。

泰西珠宝钢球

2004年成立，温衍岭为法人代表。是专业从事钢球制造的企业。该企业从小到大、从弱到强、逐步发展，成品球畅销全国各地。建厂初期，主要生产制造极普通的碳钢球，而后生产高级碳钢球。2014年，又瞄准了铬钢球。泰西珠宝钢球在王瓜店镇西大封村新建了分公司，投资1000万元，引进了铬钢球生产线。四条流水线均为半自动化生产，年产钢球400吨，产值600万元，可获纯利润100余万元。十几年的发展，总资产达到1500万元。2017年8月国家规范环保，该企业未能达到国家环保标准条件，停业。

肥城宏鑫机械

域内最早的机械加工厂之一，始建于1999年，温衍平为法定代表人。车床、刨床、铣床等设备齐全。该企业主要承揽矿山配件的生产与加工，并兼营村内钢球厂各种设备的维修与加工，为古店村及其它钢球生产企业提供先期或后期服务。

加工业

铁匠铺

亦称“烘炉”“铁匠炉”，1948年前后，村内只有李汉远一家经营。铁匠工艺世代传承，以制作修理农用机具、生产工具和生活用具为主，匠艺闻名十里八乡。70

年代末，村内又有鹿悦显、李志勤、李前图三家铁匠铺经营。李前图以打掌，给大牲畜挂掌为主业。21世纪后，大都失传。

玩具厂

创办于1988年，各种生产设备投资80余万元，厂名“肥城市新城玩具厂”，主要生产各种吹塑玩具。生产经营根据销售信息和市场需求，不断更新或增加产品品种及产量。最兴旺时产品达10多个系列、60多个品种。1992年由于受市场贸易影响和企业内部管理因素而关闭。

馒头房

1979年，胡庆全在家中经营起第一家馒头房，馒头畅销供不应求。1984年，辛德华在村委大院租赁3间土坯房，蒸馒头、轧面条，面条对外加工或销售。此后，辛德华将购进了和面机和馒头成型机，并将馒头加工工艺逐步改进，逐步实现了半机械化生产，降低了劳动强度，提高了馒头质量和产量，收入十分可观。随着形势的发展，周围村民有的也开起了馒头坊。此后，豆腐坊、挂面坊、磨坊等家庭作坊也应运而生。

淀粉厂

20世纪60年代末，大队所属原第六生产队、第十一生产队、第十二生产队，先后建起了淀粉厂（俗称粉坊），以地瓜为原料，土法上马制作淀粉，再加工成粉皮或粉条进行销售。淀粉生产过程中产生的淀粉粉渣用来喂猪。后因粉坊饱和、工艺落后，效益低，收益微薄而停产。

1993年村委利用科技队大院又兴办起了淀粉加工厂。该厂属村办企业，集体经营。村支部书记鹿传玺亲自抓，厂领导班子由李庆武、鹿传河、李兴图三人组成。

每年收存地瓜原料约100万斤，生产的淀粉销往山东泗水。90年代末，地瓜种植面积急剧下降，原料出现短缺，淀粉厂停办。

棉花加工

20世纪60年代，大队有弹棉花坊3处。其中一处归属大队副业，另二处归属第二、第八生产队经营。每处弹坊均有一台轧花机和一台弹花机。多在冬、春两季生产。对外加工不收取加工费，只赚取棉籽。棉籽送油坊加工榨油，棉籽油按人头分给社员，棉籽饼留给集体喂牲口，废除计划经济后棉田减少，弹花坊下马。

暖坊

20世纪70年代末，村集体共有两个暖坊，大队暖坊设在东砖厂归大队副业核算。原第二生产队暖坊设在二队场，归第二生产队独立核算。两个暖坊孵化的小鸡多为鲁西大花鸡，雏鸡远销东北三省，近销山东各地。孵化业十分红火，带动了村民及周边农民家庭养殖业的发展。农民致富，集体增收。1984年企业改制，二队暖坊停办，大队暖坊由李庆河承包经营。

带锯加工

村民李庆田于1987年开始兴办古店村木材加工项目，主要承揽用户的木料加工。带锯比人工拉锯破解木材省工、省力、省钱。20世纪八九十年代，正值古店村旧村改造时期，木材制品需求旺盛，带锯加工生意十分红火，收入十分可观。

佳洁美纸业

2012年兴建，注册名称为佳洁美纸制品有限公司，是一家独资经营的纸品深加工企业。主要生产抽纸、卷纸等各类生活用纸。该企业设备先进、自动化作业程度高。生产的产品分别注册“慕欣柔”“妇婴乐”“心梦缘”“世纪华联”四个商标，各类生活用纸质量好，做工精细，深得用户欢迎，客户稳定。产品远销河南、安徽及山东20多个县市。

私家屠宰

20世纪80年代，村内有3家合法的生猪屠宰经营户。自购、自杀生猪、自售生猪肉。1996年，政府明令禁止个体户私杀生猪，实行以食品站为单位定点宰杀。原来手续齐全的屠宰户，可到指定的食品站批发肉食回村销售。

建材施工

石子加工

集体石料厂

开山采石，由来已久。过去只是用于建造民宅、兴修水利、农田基本建设、垒砌坝堰。1978—1984年，则作为增加集体收入的副业项目来抓，组织社员开石窝、起石头对外销售。石头销售成为大队集体收入的一大支柱。1974年，大队投资兴建3处村办石料厂，粉碎机是原始的小型机械，动力为12马力柴油机，石子筛子是长筒圆形，靠人工手摇，产出石子两人一组抬大筐，按规格分类存放，产量极低。后来机械改型，动力改为电动，运输用车，提高了石子的产量。1984年，企业改制，石料厂承包到户。

个人石料厂

1983年，农村经营体制改革，集体经营的3个石料厂，分别承包给黄加奎、鹿淑奎、鹿淑勇、鹿淑安经营。鹿传彬，鹿传印也随即各自投资兴建了石料厂。开山采石。片石直接销售，乱石用来粉碎成石子。由于材质好，规格均匀，石子十分畅销。20世纪末，古店村石料厂在境内私营经济石料开采加工生产企业中属龙头企业。

石灰生产

集体石灰窑

烧石灰属本村的传统项目。1949年前后，以柴草秸秆为燃料，把石头烧制成石灰。石灰主要用于民房捶制房顶或墙皮抹灰，极少用于工业生产。人民公社成立之后，大队管委会立足山石资源优势，在南山建石灰窑两座。石灰窑窑室为土筒，两窑交替出装、烧制。烧制时间一般为7天1窑。燃料为煤炭石。每窑可出产石灰6~7吨，每月可生产3窑，每吨当时价格20元左右，年产白灰200余吨，年收入可达4000元。第四生产队，在大队石灰窑东侧新建石灰窑一座，生产队负责管理，独立经营，收益归生产队。

1983年，企业改制，原大队的两座白灰窑由辛明正承包。1986年，村委决定拆除两座老式窑，在原址新建立式漏窑1座。新建白灰窑总高度12米，外墙为料石砌筑，窑室内套为耐火砖成型，设计生产能力为日产20吨，企业改制后承包给李福奎经营。

个人白灰窑

企业经济体制改革后，集体承包改为私人承包，由李福奎承包经营，平均日产白灰15吨，年销售5400吨以上，年产值35万元左右。2006年，因城区内禁止开山采石，防止污染环境，该企业被迫关停。

集体砖厂

1968年，大队在古店庄西，兴建马蹄窑2座，烧制青砖。投产后，砖胚是用木质模具人工托坯，托坯每人持模具一套，每次可成型3块，每人每天可托坯300~400块，制成的土坯上架后，先阴干、后晾晒，再装窑烧制。燃料为原煤。先文火、后大火，7天封窑。未经浇水浸制烧成的砖体表面颜色呈现“粉红”色，这种砖俗称“红砖”。经浇水浸制的砖体颜色由红变青成为青砖。青砖生产由于工艺落后，产量极低，效益甚微。1972年，砖厂购置了以25马力柴油机作动力砖机。1976年又用电动机替代了柴油机，工作效率大大提高。1977年，砖厂迁至五道岭，生产红砖。1978年，又新建了吊丝窑。1984年，企业改制由李志连承包经营，1987年因政策原因等停产。

沙场

1982年，村集体开始开发沙场，销售河沙，收入一律上交大队财务。河沙多销往聊城地区，每一挂车沙价18元。社员装车，装车费每吨0.2元。每天销售原沙，少则几十车，多则上百车。1997年，为挖掘水下沙资源，村委投资6万多元，购置挖沙船一艘。村委派时光生负责管理沙场。每天可售沙十二拖拉机60车以上，日收入在1200元左右，当年收入40余万元。1999年，将挖沙船承包给鹿传彬经营，年上交承包费12万元。

水泥预制厂

1984年，水泥预制构件刚刚开始应用。时值古店村实行新村规划，进行旧村改造，建设新村住宅，住宅建筑需用大批量的预制楼板等，村集体决定兴建预制厂1处。建厂后以生产水泥檩条为主，改构件扎钢筋笼为冷拔丝预应力，翻模改为拉模。产品经市质量监督站多次检测认可，赢得广大用户信赖。进入21世纪，预制构件逐步被现浇混凝土或构件所替代。2005年末，预制厂停办。

建筑施工

20世纪80年代以前，村内没有专业的建筑施工队伍，村内建造民房，一般是在春、冬两闲季节，找人帮忙盖房，户主只管饭不付工钱。兴建公共设施，不论是建造房屋，还是打井修渠，建桥筑路，都是由生产队临时召集能工巧匠施工，按实际出勤记工分，工程完成后自然解散。1980年后，建筑队由个人组建，多以建民房为主。2016年仍有3支土建队施工，建筑施工呈现单项分化、专业化承包形态，单项专业承包施工队一般有建筑木工、钢筋工、内外墙装饰、室内装修等。2012年至2017年专业化承包施工队伍逐渐增多。

六 运输业

个体运输

1949年前后，村内曾有几十辆小车，靠运输为业经营养家，多以推料石为主。小车属木质结构，最大承载800斤，人们靠下苦力养家糊口，后来木轮改为胶轮，以小车运输为业的多了起来。

改革开放以后，运输业逐步被人们所认识，一时兴起运输热，从事专业运输的毛驴车达到60余辆。80年代毛驴车又升级为小马车，用骡马驾车。部分农户购置了小12拖拉机，从事运输业，最多时拖拉机达130多辆。村民种田、运输两不误。运输收入成为村民家庭收入的主要来源之一。

集体运输

1974年，为方便集体工副业生产，增加运输收入，大队管委会投资组建毛驴车运输队。运输队有毛驴车15辆，归大队副业管理。同时，全大队11辆马车，农闲季节全部从事运输业。1975年大队购置12马力拖拉机两辆、25马力拖拉机一辆；1978年大队购买上海50拖拉机一辆；1983年大队购买解放牌拖挂汽车一辆，全部用于长途运输经营。21世纪后，物流业兴起，村集体运输经营逐渐被个体运输户取代。

商贸业

个体商贸

古店村1949年前后，从商者极少。中华人民共和国成立初期，两个自然村只有两家小商铺，也只是卖点盐、散白酒、洋火（火柴）、针、线、煤油等日用品。有几家商户也是跑商，挑着挑子赶集摆摊或走村串巷叫卖。商户都是小本生意，时起时落，收入甚微。1955年之后，村内经商户逐渐多起来，主要以长途贩运为主，主要是贩运布匹、白酒、日用杂货等。

20世纪50年代，村内有两家代销点，北军寨代销点有辛德振经营，古店代销点由张相路经营，均归王瓜店供销社管理，属代购代销。集体化之后，一度把经商户按“投机倒把”加以限制，与弃农经商联系在一起，商户不敢公开经营。文化大革命后期把经营者说成是走资本主义道路，当复辟资本主义来批判。把生产队栽地瓜剩余的地瓜芽子上集市销售，也说成是资本主义尾巴。将村内的泥瓦匠外出干活也说成是地下包工。商户经营活动被停顿下来，村内只有1个代销点正常经营。

1982年，改革开放，党的富民政策深入人心，鼓励和扶持村民发展个体商业，发动党员干部下海经商，个体经营活动出现前所未有的好势头，使农村个体经济得到空前发展。后来，有部分村民到市里最繁华的地段从事商业活动，开设酒水批发、茶庄、高档家具店、高档服饰店、风水鱼店、美容美体店、美容美发屋等。古玩饰品、手机专卖维修、特产专卖等也有人经营。个体经营成为居民生产经营的新业态，家庭增收的重要组成部分。

20世纪90年代初，村内第一家饭店“利群饭店”开办。张建群、毛俊夫妇俩利用新建的住宅开的“便民饭店”，干净卫生、饭菜可口、经济实惠、生意兴隆。

1996年，田文增在泰临路北开办“丰田酒店”。1997年，辛永平在新华书店仓库沿街房开设“便民大饭店”。1999年，田玉荣在庄北猪场沿街房开设“百君聚酒店”。

进入21世纪，随着人们生活水平的不断提高，村内红白事多在酒店招待，请客会友、老人过寿、家人聚会等也都到酒店消费。看到经营酒店生意好，随即村内又有3家餐饮店先后兴办。

2003年，李正海在庄北经营“福源饭店”，店内可容300人就餐，生意红火。2015年村民搬迁，该饭店迁至春秋古城中心地段，更名为“万家兴酒楼”。

2007年，冯涛在泰临路沿街开办“东云阁酒店”，可同时承接宴席30桌。2015年，他将酒店迁至春秋古城东大门，更名为“东云阁食府”。2016年，该食府被山东省旅游局、山东省农家乐评定委员会授予“好客人家三星级农家乐”称号。

2013年，辛永平在社区沿街楼兴办“古店美食城”，可摆宴席15桌，方便了社区居民就餐及宴会。

2016年，社区沿街楼又有两家快餐店相继开业。

2017年全村有个体商户26户，主要经营日用百货等。

肘子　　（李庆利　摄）

炸虾仁　　（李庆利　摄）

砂锅鱼腩　　（李庆利　摄）

爆炒腰花　　（李庆利　摄）

肥城市城西商贸公司

该公司是肥城境内从事粮食经营和粮油储运的大户企业，辛德怀任公司董事长，每年囤积大量粮食，进行长途贩运。2014年又投资几百万元，一次性购置斯太尔平板挂车10辆，全部用于粮食贩运。另外，还投资经营红木家具和茶庄。

集体商业

村公寓出租

2015年，村委将社区内19号楼除设置村行政办公室、社区服务大厅、社区卫生室、老年活动中心等公共设施外，全部设计成公租房对外租赁。2016年，入住租户206户，年收租金123.6万元，壮大了集体经济。

招商引资项目

泰安裕丽服饰是域内第一家招商引资企业。该企业2003年始建于青岛市即墨县鹤山路。2005年肥城市招商引资，“裕丽服饰”迁回肥城发展，落户在古店工业园，职工人数达到200余人。产品主要有羽绒服、棉衣、西装、工装等，产品多出口韩国、日本、美国、西班牙等国家。

村两委坚持把招商引资作为工作中的重中之重，摆在首要位置来抓，不断优化环境、创造条件，吸引客商来古店投资兴业。20世纪90年代，先后有丰田面粉厂、城西加气站落户古店。肥城市农业局也在古店村境内投资兴办产业。

进入21世纪，村委转变招商引资思路，兴建工业园区筑巢引凤。10年间建设工业车间近2万平方米，园区内基础设施完备，交通便利，水、电、路三通，客户进园即可投产。优厚的惠商政策和良好的投资环境吸引了客户。多美特童车有限公司等13家私营企业，先后落户园区。村工业园区的开发，推动了古店村招商引资工作发展，同时，为农村剩余劳动力提供了就业岗位，增加了集体和村民收入。

多美特童车厂　　（毛绪忠　摄）

众力机械有限公司　　（路玉国　摄）

泰鑫橡胶机械装备有限公司　　（路玉国　2016年7月摄）

古店社区电子商务园　　　　（路玉国　摄）

肥城佳洁美纸制品有限公司　　　　（路玉国　2017 年摄）

古店新区美食城
古店快餐
炒鸡排骨
满5斤100元
满5斤100元
赠送4个青菜

齐鲁名村志

QI LU MING CUN ZHI

古店村志

（1573—2017）

GU DIAN CUN ZHI

旅游

LVYOU

随着城市经济的发展，人民的生活水平日益提高，旅游业空前地发展起来。出去走一走，看一看，享受一下大自然之美，越来越成为人们生活的一部分。这几年，人们游厌了大山名水之后，又把目光投向了新兴的乡村生态游。古店村依据南靠山（实为丘陵，村民习惯称为山）、北傍水的地理位置，建起了“迷你农乐园”和“水岸花田”两处乡村生态游风景区并和村境内的“春秋古城”旅游景区搭建成一体化旅游新景区 。

迷你农乐园

迷你农乐园地处白云山麓，位于文化路以南、旅游路以东，与肥城著名旅游景点春秋古城、白云山公园、康王河湿地公园景区相呼应，地理位置优越、交通便利、空气清新。此地没有城市的喧嚣，是人们休闲、娱乐、游玩、晨练和亲密接触大自然的好去处。并成为了“一山一水一圣人”旅游线路上新的风景区。由“迷你农乐园”“水岸花田”“春秋古城”三个景区形成的“天、地、人”旅游区，成为肥城市古店村吸引周围游客纷至沓来的农家生态游旅游项目。

“南山”（实为丘陵，村民习惯地称南山）是古店村唯一的一座横断山余脉所形成的丘陵，海拔约150米，离村一公里左右。

迷你农乐园全貌图　　（伊娜娜　冯　涛　摄）

2012年古店村利用建设居民楼新社区取出的土，回填了南山老石窝，依照山势，复垦良田200余亩，划片分区栽植了各种果树10余种，形成了原生态自然环境。

农乐园内农业植物门类齐全、品种丰富，并辟有核桃园、山楂园、石榴园、柿子园、桃园、杏园、蔬菜园等。果园、菜园散置农乐园各处，令人有一步一景、常看常新之感。园内为沙质土壤，山上深水井水质优良，周边环境清净无污染，是绿色农副产品的理想生态之地。园内所产瓜果桃李色泽鲜亮、口感甜美、醇香诱人、天然环保，是开发采摘项目游的好地方。

2015年，古店村积极响应省、市、县发展乡村旅游的号召，充分利用现有自然资源，紧紧围绕桃文化和农耕文化作文章，投资6000万元，进一步打造南山迷你农乐园。建起木质结构“迷你农乐园”牌坊门，硬化道路（混凝土）3.5公里，铺设采摘园步游道5.5公里。在农乐园北门、西门兴建停车场近3000平方米。

迷你农乐园完善生态修复和农业生产功能，融入休闲娱乐和旅游体验新元素，致力打造一个集农业、观光、采摘、农事体验与休闲娱乐为一体的生态园。园内的每一处堤堰都进行了硬化、美化。环山路旁种植了油菜花和二月兰，与成片的杏花、桃花交相辉映。山的突兀处修建了观景亭。依附地形修砌了地上河道，河边用鹅卵石铺设了步游道。步游道一边是流水潺潺，一边是柳树、蔷薇交相点缀，使游客有“山重水复疑无路，柳暗花明又一村”之感，令人忘返留恋。在地上河的尽处，建有人造小瀑布、儿童戏水池。池里鱼类多多，大人、孩子下水捉鱼，搅动池底淤泥，池水渐渐浑浊不清，此情此景戏称为“浑水摸鱼”。

迷你农乐园景区内建有旧时农具、生活用具展览馆。过去的石碾、石磨可以任意推一推，旧式水车可以随意拧一拧。大人、孩子体验农耕文化带来的新奇感受，带来家庭互动的乐趣。如旧式播种耧，一人掌耧、一人驾耧，过一过庄稼把式的生活，乐趣尽在不觉处。

为方便游客观赏、休息，迷你农乐园建起了迷你农乐园酒家，一次可接纳百余人饮茶、就餐。酒家装饰古朴别致，环境优雅，与外边的果园、菜园、花圃交相辉映，蓝天、白云、花香、鸟语浑然一体，形成了大自然的绝美唱和，酷似人间仙境。

在农耕文化集中体验区，利用原有的四合院打造人民公社风格的餐厅。装修、陈设尽量和当时的年代相吻合。敞开式的公众食堂、单个封闭的粮囤形式的单间可为游客提供不同的空间畅想。院角落设有的铁匠铺、木匠铺、豆腐坊、粉皮坊等农家乐项目，可为客人提供不同的尝试，令人获得新奇的感受。观光购物一条街，肥城传统的手工艺与农业相关的新鲜创意以及农业达人表演、水果总动员巡游和各色诱人的地方小吃都可以在这条街上找到。游客来到这条街上，特别是儿童游客，可以根据自己的兴趣爱好，现场跟随艺人学习，体验有关的创作，自己满意的作品还可以放在公共平台上与人分享、交换或者寄售。

迷你农乐园设施齐全，排水体系合理，雨水自然排放。污水暗沟、管道沿路辐射。卫生服务站，有专业的医护人员值班。通信基站做到区域内无线网络信号全覆盖保证园内客流高峰时游客移动通信设备的正常使用。农乐园主要有山间一瀑、花间小屋、核桃园、迷你动物园、迷你水乐园、东篱菜园等景点。

山间一瀑

迷你农乐园中山间一瀑　　（路玉国　2017年摄）

留春长廊

留春长廊是一进迷你农乐园首先映入眼帘的一处景点，长廊完全是优质木料打建，长300余米。长廊两侧全是座位，长廊外侧全是各种花草，游客可在此歇息观花。（路玉国　摄）

葡萄树长廊　（路玉国　摄）

杨柳依依

一直西走，可观看到绿柳映衬下的池塘，孩子们可下水捉鱼，杨柳依依实在是游客乘凉、观赏的好去处，旁边有旧式水车（拧不够），有石磨、石碾可任意推一推。（路玉国　摄）

旧式水车“拧不够”（路玉国　摄）

石碾（路玉国　摄）

迷你动物园

动物园内有野兔、弥猴、小羊、宠物狗等。

迷你水乐园

这里，水映蓝天，天光云影共徘徊。这里，碧水荡漾，鱼翔浅底。这里有，充满童趣的卡通水上景观和娱乐设施，为你指路的可爱稻草人，碧绿的草坪……孩子们在这可以写生、观景、游玩，可以体会到充满自然元素的娱乐感受，受益良多。（路玉国　摄）

东篱菜园

采菊东篱下，悠然见南山。园下采撷，可观看到不一样的山间风景。这里的绿色蔬菜品种繁多，西红柿、辣椒、黄瓜……小蜜蜂哼着小曲儿，蝴蝶在花上翩翩起舞。游客在此，仿佛置身陶渊明的诗情画意中感受一番诗人的情怀。

石榴园

石榴原名安石榴。性味甘、酸涩、温，具有杀虫、收敛、涩肠、止痢等功效。石榴果实营养丰富，维生素C含量比苹果、梨要高出一二倍。古人称石榴“千房同膜，千子如一”，视石榴为吉祥物，是多子多福的象征。石榴花盛开的季节，游人在古店村迷你农乐园的石榴园中可赏花；石榴成熟的季节，游人在此可亲自采摘，品尝自己采摘的果实，香甜沁人心脾。（吕孟辕　摄）

水岸花田

水岸花田位于古店旧村以北，康王河南岸，与康王河湿地公园西段相接，南与春秋古城、迷你农乐园相贯通，是城市西区“天、地、人”融为一体的水上乐园。

水岸花田总投资5000万元，以打造“假日亲子水上乐园、小团队聚会天堂”为目标，重点建设“沙滩浴场、青青庄园、太公湖、望月湾、缤纷果园、花田卡丁车、芦苇餐厅”等项目。同时，设置以“百合园、传奇植物园”为主题的摄影基地，建有现代化的拼装式游泳池。

水岸花田原为康王河河道。20世纪80年代，大面积的河滩被污水、杂草所覆盖。2015年初，古店村民委员会、中共古店村支部委员会（以下简称“两委”）经过多次勘察、研究，报上级有关部门批准，实施复垦建设。通过一年的筑堤、填土、整理，复垦土地300余亩，有计划的划片栽植了各种果树、风景树。挖了鱼塘，建起了钓鱼台；开辟出人工湖，并购置了6艘划船。湖水中栽植了荷花，中央铺设了木质栈道与湖岸相连。沿湖岸栽植了风景树和各种花草。

水岸花田规划出20亩菜地，并建有深水井1处，提供井水，浇灌菜地。菜地有的3米见方，有的5米见方，有的10米见方，共200余畦，供城里人前来租种或认种。小菜园畦与畦之间以篱笆相隔，分别种植了萝卜、大葱、大蒜、韭菜、黄瓜、西红柿、豆角等蔬菜。

荷塘栈道　　（路玉国　2017年8月摄）

太公湖

依傍于蓝天绿水，湖中央有垂钓中心，名取自传说“姜太公钓鱼”。游客在古店村水岸花田的太公淌可游湖而乐，也可垂钓于湖，享受一垂钓乐趣。
（路玉国　摄）

望月湾

位于水岸花田景区伊人桥以东、青青庄园以南，浣纱路以北。景区蜿蜒延展，形如弯月，故取此名。
（路玉国　摄）

青青庄园

青春庄园与子衿路隔岸相望。庄园占地10亩，是体验型创意农业基地。（路玉国　摄）

青青庄园一角（路玉国　2017年8月摄）

春秋古城

春秋古城是以春秋历史文化为主题修建的一座仿古建筑群。它位于肥城市城区西部，龙山路、文化路的西端，南与白云山公园相望，北与康王河湿地公园为邻，与古店社区的“迷你农乐园”“水岸花田”紧紧相连。春秋古城是山东省重点文化产业项目，大型文化旅游集散地。

春秋古城是国家AAA级旅游景区，2017年已建成齐鲁两大园区，占地400余亩，建筑面积20余万平方米。景区建设汲取春秋文化精髓，融汇地方历史文化，以独具民族特色建造的仿古建筑等建筑艺术作品，博得游客的青睐。

春秋古城，景点打造古朴、考究，处处充满文化色彩，城门楼雄伟、壮观，沿阶而上，三楼彩绘尽展春秋五霸当年之雄风；四楼彩绘展示孔子坎坷、光辉的一生；春秋大道的石刻火牛阵，再现了齐将田单的伐燕战略战术；春秋圣殿庄严、肃穆，众圣人端坐其中，供人瞻仰、膜拜；一座城隍庙，香火缭绕，使游客顿生虔诚之心；鹊桥楼，足以让人们充满美好生活的向往；布满古城的壁画，展示着春秋时代的特色，幅幅都能表露齐鲁大地先贤的风采与智慧，使人流连忘返，浮想联翩……

“汇聚天下梦，春秋一日还”。游春秋古城，犹如读一本史书，春秋史况装心中；游春秋古城，又犹如读一本画卷，使人有穿越历史时空之感。如果游人游兴未尽，不妨住下来歇歇脚，住一住宫殿式的古风客栈，体会一下楼台亭榭的惬意。可以信步肥河两岸，目睹沿河两岸的景致，过一过“愿者桥”，体会一下小桥流水人家的妙处，会使人喜不自胜。

春秋古城美食一条街，使你尽享地方风味，尝一尝肥桃品味的美酒；欣赏各类桃木工艺美术品，更感春秋古城美不胜收。春天游古城，多走几步，可以去“迷你农乐园”赏花；秋天游古城，可以到“迷你农乐园”采果；夏天游古城，可以到“水岸花田”划船戏水，垂钓休闲以解夏天之酷暑……

游古城，读春秋，一山一水一圣人，处处美景处处情。

春秋古城元宵之夜

春秋广场

文明之路：由春秋广场东城门楼，自东向西，到西城门楼脚下组成。此路依次用“结绳记事—仓颉造字—甲骨文—金文”等文字故事构成街景路景，路景用中国文字的发展史表现我们华夏民族古老文明的发展史。踏着文明之路，走进春秋古城，犹如从远古文明走进了文化灿烂的春秋时期。

春秋鼎：六面鼎，六个面上的篆字分别为“齐”“鲁”“楚”“晋”“秦”“宋”，以上六个字分别代表的是春秋时期比较重要的几个诸侯国。鼎，古代视为立国的重器，是政权的象征。比如“问鼎中原”的故事。观景知春秋。

礼亭：亭名取自儒家经典中的《礼记》，展现春秋时期的礼乐文化。也是春秋古城迎接宾客的场所。

《诗经》《尚书》字刻：用小篆字体把代表了儒家经典中的《诗经》和《尚书》主要内容刻在石板上，并配以商周时期青铜器上的回龙纹和兽面纹，供游客欣赏。

城门楼

门楼：春秋古城的标志性建筑，也是古城的游客接待中心。在城门楼最显著的位置，题写着当代书法大师欧阳中石先生“春秋古城”四个大字。欧阳中石是肥城人。城门楼北侧为“中国桃文化博物馆”，南侧为游客集散中心、接待中心。

门楼彩绘（春秋五霸和孔子圣迹）：城门楼三楼有68幅以春秋霸业为主题的彩绘，绘制了春秋五霸历史人物故事。其中，齐桓公尊王攘夷堪称首霸；宋襄公高举仁义大旗是一位备受争议的霸主；晋文公重耳漂泊十九年，复兴晋国；秦穆公称霸西戎开拓了华夏的疆域；楚庄王问鼎中原图谋称霸。

城门楼四楼为“孔子圣迹”，通过彩绘记录了至圣先师孔子一生的主要事迹，向人们展现了孔子为实现仁政的政治理想和仁爱的人生思想而漂泊奋斗一生的故事。

城门楼　　（路玉国　摄）

春秋圣殿

春秋圣殿位于庙会广场以北，总建筑面积为1288.56平方米，分前后两院。前院正殿为“史圣殿”，展示以孔子为代表的儒家学派主要思想，以及肥城的两位孔门高徒有子和冉子的生平及主要思想。

大门对联：宝地萃贤能，愿诸君佩实衔华，共铸经国大业；

盛世裕英才，乐古城吟风弄月，同作治世文章。

春秋圣殿

有公祠

春秋圣殿后院东厢房为“有公祠”，展示肥城籍孔门弟子—有子的生平及主要思想。祠内塑有子雕像（玻璃钢仿铜），须弥座高为0.9米，像高2米。

有子雕像左侧，绘孔子和有子对话的彩图。有子“礼之用、和为贵”等学说影响后世甚远。

有公祠对联：孔门高弟，首明孝悌之道；
　　　　　　肥邑圣人，再弘礼和之光。

冉公祠

后院西厢房为“冉公祠”，展示肥城籍孔门弟子—冉子的生平及其主要思想。塑冉子雕像（玻璃钢仿铜），须弥座高为0.9米，像高2米。

彩绘：冉子雕像两侧分别绘《伯牛有疾》和《孔子赞伯牛》

冉公祠对联：功名垂千古，德行耀孔门。

至圣殿塑像

春秋圣殿孔子被世人尊称为“至圣先师”。正殿为“至圣殿”，殿内塑有孔子塑像。殿内布局根据“孔庙”或“文庙”的形式进行布置。

圣殿对联：春秋气象参天惠地
　　　　　孔孟思想贯古通今

至圣殿东墙面绘“孔子讲学图”，摆放颜回和子思坐像。须弥座高0.9米，坐像高1.5米，为玻璃钢彩绘。

至圣殿西墙面绘“孔子周游列国图”，摆放曾参和孟子坐像。须弥座高0.9米，坐像高1.5米，为玻璃钢彩绘。

史圣殿

“史圣殿”展示史圣左丘明的生平及其主要成果。正中塑左丘明像，塑像两侧分别为《左传》和《国语》的书简模型。东墙为左丘明简介，西墙面为与左丘明相关的壁画。

史圣殿对联：君子德操昭万事，史师宏论耀千秋。

（丘程光题联）

城隍庙

城隍庙位于庙会广场以南，总建筑面积为482.28平方米，为四合院建筑，是展示民间宗教文化和群众祈求平安财富的场所，有城隍殿、财神殿、慈航殿。

庙内塑有范蠡城隍爷坐像，须弥座高0.9米，坐像高2米。材料为玻璃钢彩绘。加神龛和供台。

坐像对联：昔时忠越王雪国耻万方敬仰
今朝护城池佑黎民六合安宁

庙门对联：威灵显赫护国安邦扶社稷
圣道高明降施甘泽救生民。

城隍庙

仁义礼智信

用《孔子圣迹图》中的五个故事，“侍席鲁君”“受饩分惠”“问礼老聃”“夹谷会齐”“忠信济水”，分别代表儒家五常中的“仁义礼智信”。

鹊桥楼

鹊桥楼是爱情的圣地。在此处的最上方藻井画有“并蒂莲开”。并蒂莲被人们视为善良、美丽的化身，是爱情的象征，并蒂莲开预示着喜事连连。14块裙板上做的彩绘是《诗经》里的爱情，讲述了从爱慕到追求，从约会到终成眷属的爱情历程。其中一些我们耳熟能详的爱情箴言，都能在这儿找到，比如“窈窕淑女，君子好逑”“爱而不见，搔首踟蹰”“一日不见，如隔三秋”“执子之手，与子偕老”等等。

肥河

肥河和肥城的名称来源有着相同的出处。春秋时期，肥族人从山西河北一带迁徙过来，在齐长城脚下建立了肥子国 。在肥族人生活的地方，有一条自东向西流淌的河，这条河曾被人们取名为“肥河”。后来，肥河因为“泥马渡康王”的传说，改名为“康王河”。春秋古城把穿城而过的河，取名为“肥河”，以此纪念肥城的相关历史。

桃木馆

肥城有佳木，千年蔚成林。肥城，古称肥子国。肥城北依滔滔入海的黄河，南临悠悠归湖的汶水，东望泰岱徂徕嵯峨，西揽梁山古泊浩荡，古老的黄河文明及灿烂的大汶口文化，在此沉淀成厚重的历史息壤，孕育出丰富的历史文化。肥城是史圣左丘明故里、商圣范蠡隐居经商之地，有“君子之邑”之誉。

肥城是桃花盛开的地方。桃花，爱情之花。桃，长寿之果。桃木，吉祥之木。肥城桃丰腴甘美，名闻天下，桃文化源远流长，润泽古今。自古桃花多情逐流水，从来仙木有意佑苍生

《辞源》载：古时，刻桃木人，立于户，以避邪。汉时，刻桃印挂于门户，作镇

桃木剑　　（路玉国　摄）

桃木工艺品　　（路玉国　摄）

宅之用，称为桃印。《后汉书·礼仪志》载：“仲夏之月，万物方盛，日夏至阴气萌作，恐物不懋……以桃印长六寸、方三寸，五色书如法，以施门户”。宋代刻神荼、郁垒二神像或只写大名于两块门板之上，也称“桃符”或叫“门神”，百鬼畏之。现亚洲各国民间以桃木剑置于户中，用以避邪，青年男女随身佩戴各种桃木饰品，护佑身体健康，吉祥如意。桃木如意，得如意者，事事如人之意！

泰山桃木如意为历代帝王祈福国运昌盛的专用福器，明清时期皇家以为国礼。

世间流传得如意者万事如意，一生非富则贵。供奉如意，祈福昌盛。如意，如人之意。魏晋时期开始，“如意”受到士大夫的青睐，成为帝王将相钟爱的手中物。人们常将如意拿在手中当权杖防不测，记经文、用谈柄、示恭谦、表心意。

桃木如意　　（路玉国　摄）

餐饮购物

迷你农乐园酒家

迷你农乐园酒家坐落在迷你农乐园区的顶佳位置，游客至此进餐，可观赏肥城城区的全景全貌，品尝传统民族风味的家常菜和野兔炖鸡、药膳鹅、梅菜扣肉、水晶猪手几大特色名菜。餐桌上各类蔬菜均为园区自种自用的绿色无公害蔬菜，以及荒坡堰边采挖的新鲜野菜。众多游客被特色美食野味所吸引，常常成为迷你农乐酒家的座上宾。2016年迷你农乐酒家被山东省旅游局、山东省农家乐评定委员会授予“三星级农家乐”称号。

春秋古城美食街

春秋古城美食一条街坐落在春秋古城景点内，餐馆多多，许多地方特色风味小吃、拿手菜成为招揽游客的“美食”。其中，著名的酒店有“东云阁食府”“万家兴酒楼”等。

春秋古城购物一条街

春秋古城购物一条街，商店林立众多，尤以销售桃木剑、桃木如意、桃木扇、桃木梳子等颇具肥城特色旅游纪念品的居多。

交通服务

古店旅游景区交通便利，距长清国际机场83.4公里。省级干道泰临公路、济兖公路贯穿过境内。景区距肥城主城区5公里，距京沪高铁泰山站29公里。距泰安市区32公里，景区内有泰肥一级公路，可直达泰安市区。距离周边济南、曲阜、聊城、济宁等重点旅游城市在1.5小时车程内。市（镇）公共交通客车可抵达景区。

省道329薛馆线路过肥城。

景区周边主要公路路口设有一般的交通标识，指示古店旅游景区的位置和距离，方便游客按照标识到达景区。

游览线路进出口设置合理，步道采用生态或仿生态步游道。农乐园景区配有电动游览车，游客选乘游览车乘车而上观赏景区风景，十分方便。

景区自配生态停车场地2个，面积3500平方米，设有绿化停车面和绿化隔离线，并分设出入口，专人管理。

游览车景区往来服务　　（路玉国　摄）

景区管理

防火

景区2015制定了防火安全管理制度，并备有消防防火安全台账。检查有记录，整改隐患有档案。

景区安保人员在区域范围经常保养消防器材，若发现过期或损坏的消防器材，立即更换或整改。发现火险或火灾，立即报警119，并组织力量扑救。

景区管理人员经常对商铺、餐厅等景区内的电源、易燃、易爆物品和电器设备安全检查，消除隐患，并制定整改措施。景区管理人员不定期检查景区，对景区实施无烟景区化管理。景区设有禁烟区，禁止在禁烟区内吸烟、使用明火。

商品经营从业人员管理

景区建成后对经营从业人员统一进行管理，采取有效措施对所售商品质量、价格、计量等进行管理。景区经营铺位、摊点，必须严格执行承包租赁经营合同所规定的条款，履行其职责和义务；从业人员必须穿着统一服装，佩戴工作牌证上岗；从业人员必须保持经营场所干净整洁，不准乱挂物件，不准乱拉电线。物品、商品摆放整齐，明码标价，诚实经商，公平竞争，不准超范围（场地）经营，不准强买强卖，尾随兜售，严禁设卡阻拦游客，强行经营和强迫消费；严禁从业人员在景区内酗酒、闹事、打架。未经管理部门同意，不准设置扬声器和播放音量过大的音乐、电视节目；从业人员向游客提供经营或服务，若游客索要购物单据和发票凭证时，经营者必须出具；及时妥善处理好经营场所发生的矛盾和纠纷，并上报公司。

服务质量管理

2015年，旅游景区内设游客中心，负责协调游客之间各种纠纷。同时负责疏导游客，使景区内参观道路畅通无阻。

游客中心，备有沙发、茶水、宣传资料等，为游客提供细致周到的服务。

旅游管理处内设养护部，专门负责景区各类卫生保洁、树木花卉修剪、病虫害防治及草坪维护工作，确保给游客提供一个干净整洁、绿化优美的游览环境。

景区内商店摊贩无假货、各类商品、纪念品明码标价、无欺诈现象。

各类服务人员、工作人员文明服务，礼貌待客。

景区内设有医务服务，方便游客。

景区建有助残设施，方便老弱病残类游客游览。

景区内设有投诉电话，有专职人员受理各类投诉。

对被投诉部门及个人，专职受理人员要认真调查事实，如有违规，严肃查处，决不姑息。

一般投诉自受理到处理完毕不超过6小时，重大投诉事件在72小时内完成。

专职受理人员将处理结果及时通知投诉者，并了解反馈意见。

专职受理人员在处理投诉事件完毕后，填写处理记录，记录受理投诉的全过程. 形成一套完整的投诉处理材料，归档保存，以备查询。

卫生管理

景区卫生实行专人负责，全天跟踪打扫，保持清洁卫生。

公共厕所有专人管理，做到无臭味、无蚊蝇、无蛆虫、无随地便溺现象。

景区设立垃圾处理场、污水处理场，处理后垃圾、污水达到国家有关标准，景区垃圾做到日产日清。

景区的废水、废气、废渣等有害物质按国家有关标准处理后排放，不得随意排污。

景区内的道路、公共场地上无违章堆物，搭建、施工场地围栏作业，做到工完场清。

保持游览、休息设施、建筑物等完好，无裂墙断壁。不得在景点的碑雕石刻、树木及墙壁上乱刻乱划。

定期对景区介绍牌、标识牌等设施进行维修、油饰，保持图文清晰，清洁美观。

卫生管理到位，景区保持全天24小时清洁干净的环境，使游客到此旅游赏景时也能体验到清洁卫生的环境所带来的愉悦心情。

钓鱼亭　（路玉国　2017年8月）

齐鲁名村志

QI LU MING CUN ZHI

古店村志

（1573—2017）

GU DIAN CUN ZHI

教育

JIAOYU

明清时代，教育主要以传承中华民族传统的文化为宗旨，以学习孔孟之道为内容，培养具有“忠君”思想的国家管理人才。此时，学校教育是统治阶段的御用工具。教学的初级阶段先学习《百家姓》《三字经》《千字文》《弟子规》等，而后再学习“四书”“五经”《朱子家训》等课程。采取死记硬背的教学方法，向学生灌输“万般皆下品，唯有读书高”“学而优则仕”“书中自有黄金屋”的思想，通过教育达到“忠君”“守礼”“弘道”的目标。

民国时期的教育较明清时代有了些进步，无论从办学形式、课程的设置，教育目标都带有民主倾向性。是时，古店村存有私塾办学，古店村、北军寨各一处。以后又兴办学堂，一般农家子弟也能到学堂念几年书。他们能写会算，接受新生事物快。有的接受中国共产党先进的思想，早早地走上了革命道路，成了后来的新中国的国家干部和科技人才。

抗日战争时期，日本帝国主义的入侵，使中国农村的教育大多停办。后来，日本帝国主义为奴化中国人民，在学堂的基础上改办学校。中国共产党领导全国人民抗战，由抗日民主政府在农村办抗日小学。当时的教员是抗日民主政府派来的，有的还是中共地下党员，他们积极宣传中国共产党的抗日主张和“抗日十大纲领”，宣传抗日斗争的策略和决心。桃园镇西里村的李文甫老师，曾在古店抗日小学任教。他是一名中共地下党员。他除了教学，还在古店村积极开展革命活动。古店村很多青年受他的影响，积极参军参战，为革命做出了贡献。

解放战争时期，国民党反动派忙于打内战，还乡团经常下乡骚扰，古店村学校处于半停顿状态。形势紧张时，学生就放学回家，学生的学习受到很大影响。

1949年后，党和各级政府十分重视教育事业的发展，派教师、修缮校舍、放宽学生的入学年龄、统一教材、统一学制，提出了“使受教育者在德育、智育、体育几方面都得到发展。成为有社会主义觉悟的、有文化的劳动者”的教育方针，教育事业有了一个迅速的发展。1958—1963年，贯彻“教育为无产阶级政治服务，教育与生产劳动相结合”的方针，学校开设了生产常识课。学校有一点劳动基地，学生每星期有两节课的劳动，学校还开展了勤工俭学活动。

1966年，“文化大革命”开始，教育受到很大冲击。古店小学师生外出串联，教学不能维持，全国亦是这样。党中央发现问题后，号召师生回校复课闹革命。古店小学的教学秩序很快得到恢复。1968年，小学下放到大队来办，并开设初中班。教师缺乏，就招收民办老师。初中班教师不够，就从小学里选拔，降低了小学教师的教育素质要求，直接影响或降低了小学的教学水平。

1972—1977年，当时的古店学校根据上级文件精神，认为无论干什么都得学，让学生开山种地、学打药灭虫、学造手榴弹、学锔盆子罐、学配钥匙等。结果，学生的劳动时间大大超过了学文化课时间，影响了当时古店村一批在校生的文化知识的正常学习，教学任务无法完成。年终王瓜店公社举行各学校会考，古店学校的成绩很不理想。

1978年，中国共产党第十一届中央委员会第三次全体会议召开，教育方面开始拨乱反正。古店村党支部书记毛德成亲自到王瓜店公社教育组商谈古店村的教育问题。教育组张林堂老师由穆庄学校调到古店学校任校长，并配齐师资力量后，制定一系列规章制度，使古店学校的教学步入正规化。1977年年底，国家废除推荐制，恢复高等院校招生考试制度。村里进一步加大教育投资，建了新校舍，购置了新课桌凳，购置了大部分教学仪器，设置了实验室、图书室、音乐室。1986年，国家颁布了《义务教育法》。进入21世纪之后，小学到初中的学杂费全免，后来又免掉了书费，网络教学进课堂，教育步入现代化，为社会的高速发展打下了坚实的基础。

学前教育

古店村1986年成立幼儿园，园址设在民房，后来迁到村里的学校内。北军寨办幼儿园实在没有房子，村里就盖起了5间屋作为幼儿园用房。后来，幼儿园改成育红班，办园经费及幼儿教师待遇由村里解决。购买了儿童玩具，购买了教材。1992年，幼儿教育纳入全市教育一体范围，幼儿园重新登记，对幼儿园长和幼儿教师进行资格审定，并开始进行系统的职业培训，使古店村的幼儿教育也步入了正规化、专业化的轨道。

幼儿园一开始时没有教材，主要以看护幼儿为主。给孩子讲故事，领着孩子做游戏，教给孩子唱儿歌等。后来，根据中央颁发的《幼儿教育纲要》及山东省政府颁发的《幼儿管理条例》，幼儿园开设了语言、计算、识字、美术、舞蹈、德育等课程，启发幼儿德、智、体、美的全面发展。学前教育真正成为了教育不可分割的主要部分。市教育局负责幼儿教育的同志几次来古店村检查幼儿教育，都给予肯定和好评。2015年，市幼儿园在古店社区附近增设，古店村幼儿园一并纳入市直幼儿园。古店村村办幼儿园成为历史。

（程菊梅　摄　鹿传玲提供）

幼儿活动一瞥　　（路玉国　摄）

学校教育

私塾

1935年，村民鹿淑彬、辛邦仪开设私塾教学，学生少则6~8人，多则8~10人。启蒙阶段学习《百家姓》《三字经》《千字文》《弟子规》等课程，同时偏重习字（毛笔字）并为主要课程之一。有时也教算术，算术以“小九九”为初学者的必学内容。后来依次读“四书（论语、大学、中庸、孟子）五经”（易经、书经、诗经、礼记、春秋），选学《朱子家训》《女儿经》《古文观止》等。作文课，让学生练习作诗和写对联。私塾教学方法呆板，学生偏重于死记硬背。先生相当严厉，学生不会就被打板子。私塾教育虽是封建社会的基础教育，但上过私塾的人读书、识字，接受新生事物快。路印兰、黄培新等人都在村里上过私塾，他们能写会算，在村里积极为群众服务。

私塾先生的工资报酬，一般由学生承担，也有大户人家或主办人支付的。家聘私塾先生的茶饭都由本家人供给，学馆塾师由学生轮流供茶饭。

私塾

小学

抗日战争时期，学校分为两类，一类为抗日小学，一类是日战区日本人改办的新民小学。1938年3月，日军侵占肥城。抗日小学用的是抗日民主政府自编油印的教材。古店村小学采用的是鲁西行署统一编印的抗日教材，学生先后学习《新三字经》《抗日千字文》。《新三字经》开篇为“人之初，性本善，爱国家，出自然。国不保，家不安，卫国家，务争先。”《抗日千字文》揭露了日本帝国主义的狡猾、凶残，歌颂了共产党、毛主席领导抗战的英明、伟大。当时学生除了学习语文、算术外，还学珠算，学习写书信、便条、通知等，积极向学生进行抗日爱国教育，宣传共产党的抗日民主政策和对敌斗争的策略（现在村里八十多岁的老人大多上过此类学校）。形势紧张时，就让学生放学回家或转移到白云山南面的抗日小学（抗日小学遗址2016年还在）。有时，为了躲避敌人的检查，让学生准备两套课本。敌人来，学生就拿出日伪课本作掩护；敌人去，仍学习抗日课本。当时，教员都是上级派来的，有的还是中共地下党员。据村里鹿淑本老人回忆，由于学生接受先进的思想教育，思想觉悟都比较高，接受新生事物快，一般都参加了中国共产党和革命斗争。日本人改办的新民小学，学生使用日伪发放的新民小学教材，宣传“东亚共荣”“日中友善”，对学生进行奴化、欺骗教育。

中华人民共和国成立后，政府为古店村派来了3名教师，鼓励农家的孩子都要上学，学生多达五六十人。学制改为两段六年制（初小4年，高小2年），教材统一使用人民教育出版社出版的教材（简称“人教版”）。1958年，实行合班并校，南军寨、北军寨、白云村的学生都集中到古店小学来上。校舍不够，就借用民房。村民鹿悦新、鹿悦水等人的房子都曾用作教室。1968年，小学由原来的六年制改为“五年一贯制”。并开设初中班，叫“小学戴帽”。初中部招收南军寨、指挥庄的学生。1982年，初中、小学分离。1983年，村里投资20余万元，在古店村东北角建起一座新校舍，能容纳12个教学班。村里购置了新课桌凳，从此告别了黑屋子、土台子。教育教学质量得到了显著提高。1994年5月，小学为迎接“双基”验收，村里又投资8万元，购置教学设备和体育器材，并建立实验室、图书室。学校实验室、图书室经上级教育部门验收，均达到验收标准。小学认真贯彻执行《义务教育法》，学生的入学率、巩固率均达100%。

2012年，市直小学在古店社区附近增建，古店村小学合并到市直小学，从而结束了村办小学的历史。

初中

1949年前，当地没有初中中学可上，读初中要到济南读。村里去济南读初中的只有路印兰一人。

1949年后，国家非常重视教育，在完善每村办小学的基础上，肥城县先后恢复了当地的仪仙高小。1952年8月在县城办起了初级中学，名为山东省肥城中学，招初中6个班，300余名学生。1954年，改称山东省肥城第一中学。古店村的鹿淑云、孙衍贞、孙远喜、黄培祺、鹿淑常、鹿传祥是肥城一中的第一批初中生。1958年，肥城县在湖屯建立五中。1960年，又在王瓜店镇新镇村建立八中，后又改为农中。在王瓜店建立九中、西付村建农中。从此古店村学生上初中班学习方便了，上初中的学生多了起来。村里70岁左右的读书人，一般都是五六十年代初中毕业的。

1968年8月，根据肥城县政府的指示，乡村小学可附设初中班，叫“小学戴帽”。当时招收两个初中班，学生86人，教师7名，有的教师还兼小学课程，学制2年。课程设语文、数学、工业基础知识、农业基础知识、军体、革命文艺等。文化大革命结束后，初中的课程主要有语文、数学（代数、几何）、政治、物理、化学、植物、动物、历史、地理、生理卫生、音乐、美术、体育等。

小学附设初中，教师直接从小学选拔，直接削弱了小学的师资力量。

1982年8月，教育教学实行初中班与小学脱离，古店村学校由白云村、南军寨、指挥庄的学生等组成古店联中，教师也不再兼小学课程。初中学生最多时达到3个班、142名学生，教师达到12人。初中学生毕业率达到95%以上。1987年9月，古店村划归新城镇，古店联中的学生也随之合并到新城联中。

高中

1956年，肥城第一中学开始招两个高中班，为县内第一处完全中学。古店村的鹿淑云、黄培祺、鹿淑常、孙远喜也随之升入高中学习。孙衍贞、鹿传祥初中毕业后，参加教师培训，被泰安市教育局分到东平小学任教。1968年，根据县政府指示精神，全县公办中学下放到公社领导，只招高中班。当时提出“村村有小学，队队有初中，社社有高中”的口号。全县戴帽高中达73处，出现了九年制学校（小学5年，初中2年，高中2年）。古店村也于1974年办起了民办高中一个班，古店学校除了招收本村的初中毕业生外，还招收东付村、西付村、陈刘、南军寨、白云的学生。1976年招收第二级时，王瓜店镇的曹杭、冉庄、聂庄、新镇村和桃园镇的尚里村以及时属其他乡镇的赵庄村也有学生在古店读高中。1977年，公社教育组派张林堂老师由穆庄联中到古店联中担任校长，并随即调来一些高学历的、教学水平高的老师到古店联中任教。古店民办高中办了两届，1978年停办。

高等教育人才输送

古店村自中华人民共和国建立后，经推荐选拔与考试、参加山东省中等专业学校统一招生考试、全国普通高等学校统一招生考试，以第一学历考取中专以上学历的共180人。其中20世纪60年代、七八十年代考入中等专业学校并于1990年前毕业的有10人，2010年前毕业的大专生有47人，2017年毕业的本科生有76人，到2017年仍在读的本科生有24名，本科生共有100人。通过国家研究生统一招生考试、在职研究生招生考试入学就读的有硕士生24人，其中2017年毕业工作的硕士研究生有17人，有博士研究生1人工作，2名博士研究生在读。

1962—2010年古店村中专及大专生一览表

1990年之前中专以上、1991—2010年大专以上

表23

姓　名	学　校	毕业时间	学历	工作单位	职　务	政治面貌	家　长（家人）姓名
辛正盛	泰安市水利学校	1962.7	中专	—	农　民	群　众	—
李庆珍	—	1962.7	中专	济南市中区供销社	经　理	群　众	李庆华
李桂兰	肥城师范	1975.7	中专	山东东营	教　师	中共党员	—
李生图	泰安水利学校	1975.7	中专	肥城市水利局退休	副局长	中共党员	—
鹿秀花	肥城师范	1977.7	中专	东付村小学	退　休	群　众	—
辛晓峰	北京煤炭学院	1980.7	中专	贵州煤矿	矿　长	群　众	辛谦正
鹿传玲	泰安师范	1986.7	中专	王庄镇中心学校	教导主任	中共党员	—
韩来春	山东淄博卫生医士学校	1988.7	中专	肥城市疾病预防控制中心	副主任	中共党员	韩福海
辛　伟	聊城师范	1988.7	中专	肥城查庄矿学校	教　师	群　众	李素英
鹿向华	泰安市电业专科学校	1990.7	中专	泰鹏集团	高级技师	群　众	鹿淑江
黄建华	哈尔滨工业大学	1991.7	大专	肥城石横电厂	员　工	中共党员	黄培旗
鹿　军	山东矿业学院	1993.7	大专	泰安市建设局	副科长	中共党员	鹿淑江
黄甲河	石家庄陆军学院	1993.8	大专	河北沧州卫生和计划生育委员会	科　长	中共党员	黄甲海弟
鹿　营	泰安师范专科学校	1995.7	大专	泰安市工贸有限公司	副主任	群　众	鹿书良
李成栋	泰山师范专科学校	1996.7	大专	肥城市一中	教　师	群　众	李银图
孙衍红	济南大学	1996.7	大专	肥城市技校	职　工	群　众	孙远庆

续表

姓　名	学　校	毕业时间	学历	工作单位	职　务	政治面貌	家　长（家人）姓名
胡庆振	天津纺织学院	1998.7	大专	泰安纺织厂	职　工	群　众	胡忠华
时运祯	哈尔滨理工大学	1998.7	大专	肥城市橡胶厂泰丰公司	副经理	中共党员	时光生
黄鹏飞	河北科技师范学院	1998.7	大专	肥城矿业集团	正　科	中共党员	黄丕明
张　勇	天津财经大学	1999.7	大专	上海集塑科技股份有限公司	职　工	群　众	王风珍
辛　玲	泰安师范专科学院	2000.7	大专	金塔机械有限公司	职　工	群　众	辛德华
毛绪森	山东农业大学	2001.7	大专	个体企业	经　理	中共党员	毛传水
李恒喜	河南电子学院	2002.7	大专	长春长宏电器公司	职　工	群　众	李志全
鹿专禄	济南大学	2002.7	大专	肥城市农业银行	副主任	中共党员	鹿淑亭
辛德勇	潍坊学院	2003.7	大专	个体商业	经　理	群　众	辛见正
孙静静	滨州职业学院	2003.7	大专	—	教　师	群　众	孙远庆
韩来庆	江西大宇职业技术学院	2003.7	大专	台晶(重庆)电子有限公司	副经理	群　众	韩福湖
辛　鹏	青岛滨海学院	2004.7	大专	个体商业	经　理	群　众	辛德华
孙　维	山东省经济干部管理学院	2004.7	大专	济南港洲经贸有限公司	销售经理	团　员	孙衍阳
张东辉	天津体育学校	2005.7	大专	个体商业	经　理	群　众	张丙国
毛绪昌	泰山学院	2006.6	大专	个体商业	经　理	中共党员	毛传银
张公波	山东冶金技术学院	2006.7	大专	个体商业	职　员	群　众	张召连

续表

姓　名	学　校	毕业时间	学历	工作单位	职　务	政治面貌	家　长（家人）姓名
辛永安	临沂大学	2006.7	大专	古店社区	组　长	群　众	辛德民
韩玉	山东化工职业学院	2006.7	大专	个体商业	—	—	韩来付
李　静	莱阳中医药专科	2007.8	大专	肥城市中医院	医　生	群　众	李庆贞
李　青	潍坊学院	2007.8	大专	青岛幼儿园	教　师	群　众	李恒科
辛　超	山东科技职业学院	2008.7	大专	山东道远建设集团有限公司	职　员	群　众	辛德俊
毛平平	滨州职业学院	2008.7	大专	肥城市新城街道计生办	科　员	中共党员	毛传军
毛绪阳	山东商业职业技术学院	2008.7	大专	银联商务有限公司泰安分公司	总经理助理	群　众	毛传水
李　阳	潍坊科技学院专业机电一体化	2008.8	大专	青岛力多海进出口有限公司新产品和销售	经　理	群　众	李恒同
张　云	山东华宇职业技术学院	2009.7	大专	—	职　工	群　众	马衍芬
鹿晨光	山东经济学院	2009.7	大专	个体商业	职　员	群　众	李　敏
毛静静	山东交通职业学院	2009.7	大专	山东全民惠普金融软件服务有限公司	前　台	群　众	毛传金
韩　蛟	湖南冶金职业技术学院	2009.7	大专	山东鲁岳注册安全工程师有限公司	职　工	群　众	韩来生
鹿　凯	牡丹江师范学院	2009.7	大专	浙江省杭州市电动工具有限公司	员　工	群　众	鹿传贞
李家兴	山东大王职业学院	2009.8	大专	泰安泰开互感器有限公司	职　工	群　众	李正玉

续表

姓　名	学　校	毕业时间	学历	工作单位	职　务	政治面貌	家　长（家人）姓名
路　苹	山东协和技术学院	2009.8	大专	济宁骨伤医院	医　生	群　众	路克祥
韩英梅	滨州医学院	2010.1	大专	御景园社区卫生服务站	护　士	团　员	王翠云
李荣玉	山东医学高等学院	2010.7	大专	肥城市医院	护　士	群　众	李庆财
时田田	青岛科技大学	2010.7	大专	新城办事处古店社区	自由职业	群　众	时光海
温洪帅	青岛科技大学	2010.7	大专	泰西珠宝钢球有限公司	经　理	中共党员	温衍岭
温洪伟	山东科技大学	2010.7	大专	肥城市交警队	警　员	中共党员	温衍明
温新新	济南大学	2010.7	大专	泰安、岱宗大街水文局	职　工	群　众	温衍红
鹿　彬	山东工业职业学院	2010.7	大专	莱芜钢材有限公司	职　工	群　众	鹿传勇
孙　青	山东协和学院	2010.7	大专	兴润建设集团有限公司	预算员	团　员	鹿传玲
韩　鹏	青岛港湾职业技术学院	2010.7	大专	山东众瑞新材料科技有限公司	班　长	群　众	韩来生
毛　强	山东省华晨专修学院	2010.7	大专	北京恒昌惠诚信息咨询有限公司	职　工	群　众	毛传琪

1963—2017年本科生统计表

表24

姓　名	学　校	毕业时间	学历	工作单位	职　务	政治面貌	家　长（家人）姓名
黄培祺	曲阜师范学校	1963.7	本科	肥城三中	退　休	中共党员	—
孙远喜	北京矿业大学	1964.7	本科	江苏地质局退休	干　部	中共党员	—
黄　旭	山东农业学院	1982.8	本科	肥城市林业局	副局长	中共党员	—
黄建军	山东矿业学院	1991.7	本科	肥城金塔有限公司	—	中共党员	黄培旗
黄宝华	山东工业大学	1991.7	本科	新泰市小协镇人民政府	正　科	—	黄丕明
鹿传凤	泰山学院	1994.7	本科	王西小学	教　师	群　众	鹿淑江
黄加军	曲阜师范大学	1994.8	本科	肥城市河西小学	教　师	群　众	黄丕府
孙衍臣	山东交通学院	1998.7	本科	山东高速路桥集团	项目副经理	群　众	孙元荣
李卓华	滨州医学院	1998.8	本科	肥城市人民医院手术室	护士长	中共党员	冯庆荣
鹿　平	山东省师范大学	2000.7	本科	肥城市实验幼儿园	副园长	中共党员	鹿传俭
鹿　波	中国人民解放军南京政治学院	2000.7	本科	厦门市海沧区人力资源和社会保障局	科　级	中共党员	鹿传河
李恒利	泰山医学院	2001.7	本科	泰安市中心医院	科副主任	群　众	李志明
张　静	山东农业大学	2001.7	本科	东平县城市管理综合执法局	科　员	中共党员	张兆福
李　焕	西南师范大学	2003.7	本科	河南义马政府建设局	—	中共党员	李付奎
毛绪利	泰山学院	2004.9	本科	肥城师范附小	办公室主任	中共党员	毛传河
李文峰	山东师范大学	2005.7	本科	肥城市高级技术学校	教　师	群　众	李正明
李文樑	山东农业大学	2005.7	本科	山东鲁泰建工集团	工程师	群　众	李正明
鹿　伟	曲阜师范大学	2006.7	本科	青岛市北市区北山二小	教　师	群　众	李　敏

续表

姓　名	学　校	毕业时间	学历	工作单位	职　务	政治面貌	家　长（家人）姓名
孙　鹏	山东理工大学	2007.7	本科	泰安管委会	科　员	群　众	孙允连
李　振	华北电力大学	2007.7	本科	临沂电厂	职　工	中共党员	李春图
鹿　涛	泰山学院	2007.7	本科	莱芜市钢城友谊路小学	职　工	中共党员	鹿传明
辛东梅	聊城大学	2007.7	本科	山东东营市垦利第一中学	教　师	群　众	辛德岩
李甲长	聊城大学	2007.8	本科	中国工商银行总行软件开发中心（珠海）	经　理	中共党员	李正文
辛绪明	山东艺术学院	2008.7	本科	个体商业	经　理	中共党员	辛永平
鹿　峰	青岛农业大学	2008.7	本科	正大集团青岛发展有限公司	职　工	群　众	鹿传乾
李肖庆	山东科技大学	2008.7	本科	淄博绿水务有限公司	财务科长	群　众	李恒忠
李　元	山东农业大学	2008.8	本科	泰山农商银行	职　员	群　众	李正银
李　倩	山东聊城大学	2008.8	本科	北京东城区软件开发	职　工	群　众	李恒科
李韦卓	南京邮电大学	2008.8	本科	东平联通公司	经理助理	中共党员	冯庆荣
李　猛	青岛理工大学	2008.8	本科	广东军区	连指导员	中共党员	李恒坡
王　凯	泰山学院	2008.8	本科	自由职业	个　体	团　员	王　军
鹿道增	烟台大学	2009.7	本科	深圳华远电器有限公司	副经理	群　众	鹿焕伍

续表

姓　名	学　校	毕业时间	学历	工作单位	职　务	政治面貌	家　长（家人）姓名
李庆利	山东轻工业学院	2010.7	本科	肥城市古店社区	出　纳	中共党员	李恒柱
辛亮亮	济宁医学院	2010.7	本科	—	医　师	群　众	辛德俊
张　芝	滨州学院	2010.7	本科	桃都中学	教　师	群　众	马衍芬
张　龙	安徽大学	2010.7	本科	西藏日喀则服兵役	副连长	中共党员	李桂连
鹿传坤	东北财经大学	2010.7	本科	中国石油抚顺石化公司	正　科	中共党员	鹿书仓
辛永超	东北大学	2010.7	本科	个体商贸	总经理	中共党员	辛德怀
鹿　滕	绵阳艺术学院	2010.7	本科	山东泰山新合作有限公司	副主任	中共党员	鹿传禄
鹿　朋	山东科技大学	2010.7	本科	上海贸海软件公司	工程师	群　众	鹿传勇
李喜庆	山东理工大学	2010.7	本科	青岛环山集团	部门经理	群　众	李恒忠
李　青	山东农业大学	2010.8	本科	肥城市人民法院	审判员	中共党员	李庆祥
鹿红岩	曲阜师范大学	2011.7	本科	肥城桃园中学	教　师	群　众	鹿书铭
李　杰	泰山医学院	2011.8	本科	淄博广电医院	医　师	群　众	李庆如
李　辰	山东师范大学	2012.7	本科	北京视点灵动教育有限公司	职　工	群　众	李正国
李　成	上海交通大学医学院	2012.7	本科	上海市宝山区仁和医院	医　师	群　众	李庆轩
孙　燕	曲阜师范大学	2012.7	本科	肥城市泰西中学	教　师	群　众	孙衍亭
牛兆万	青岛科技大学	2012.7	本科	宁阳县堽城镇山东正方轮胎厂	工程师	中共党员	牛增国
鹿向宁	河南许昌学院	2012.7	本科	肥城市体育局	科　长	中共党员	鹿书元
黄新章	临沂大学	2012.7	本科	宁夏电厂	—	群　众	黄建华

续表

姓　名	学　校	毕业时间	学历	工作单位	职　务	政治面貌	家　长（家人）姓名
鹿迎春	西南林业大学	2012.7	本科	昆明市住房公积金管理中心	主　任	中共党员	鹿传铭
李　翠	泰山医学院	2012.8	本科	苏州生物化工厂	职　工	群　众	李庆如
辛　星	南山学院	2013.7	本科	—	—	群　众	辛德文
辛　虎	潍坊学院	2013.7	本科	潍坊昌大建设集团有限公司	项目经理	群　众	辛德俊
路　梅	山东师范大学	2013.7	本科	山东国际贸易公司	职　工	群　众	路　营
黄　凯	青岛理工大学	2013.8	本科	春秋古城物业	职　工	群　众	黄加勇
李　茜	山东交通学院	2014.7	本科	日照中铁十四局	职　工	群　众	李正财
孙霞霞	聊城大学东昌学院	2014.7	本科	济南北硕教育科技有限公司	职　工	群　众	孙绪河
孙秀丽	泰山学院	2014.7	本科	肥城市师范附小	教　师	群　众	孙衍亭
路忠义	西藏佤族学院	2014.7	本科	青岛水产局	职　工	中共党员	路敦奎
李彬彬	泰山医学院	2014.8	本科	青岛市市北区	职　工	群　众	李庆祥
李正言	东北林业大学	2014.8	本科	北京新华三通科技有限公司	职　工	群　众	李庆生
鹿道凯	山东体育学院	2015.7	本科	菏泽曹县仵楼镇中旅庄小学	教　师	群　众	鹿焕其
张公喜	德州学院	2015.7	本科	桃源镇人力资源社会保障处	职　工	群　众	张兆东
张　慧	山东财经学院	2015.7	本科	泰安银行	客户经理	群　众	张召忠
鹿　达	中国人民解放军第二军医大学	2015.7	本科	解放军9489部队医院	医　师	中共党员	鹿传和
李　明	山东财经大学（转学院会计学）	2015.8	本科	青岛服装厂	职　工	群　众	李庆忠

续表

姓　名	学　校	毕业时间	学历	工作单位	职　务	政治面貌	家　长（家人）姓名
温洪丽	山东科技大学	2009.7	本科	肥城市法院	书记员	中共党员	温衍岭
李衍庆	济宁医学院	2009.8	本科	泰安市立华兔禽有限公司	职　工	中共党员	李恒芳
黄利利	山东财经大学	2015.9	本科	新城	职　工	群　众	黄甲柱
姜家炜	山东理工大学	2016.7	本科	—	—	团　员	姜传金
王　钰	海南大学	2016.7	本科	中国中科院	—	群　众	王维成
刘　旭	长春工业大学	2017.7	本科	—	—	群　众	张　红
孙　超	山东交通学院	—	本科	—	—	团　员	孙衍新
韩　明	山东农业大学	2017.7	本科	中铁十局集团有限公司	职　工	群　众	冉秀珍
黄雅茹	哈尔滨剑桥学院	2017.8	本科	—	—	群　众	黄加国
李红岩	锦州医学院	—	本科	在读生	—	群　众	李庆贺
鹿程毓	山东财经大学	—	本科	在读生	—	群　众	程菊梅
李鑫磊	临沂大学	—	本科	在读生	—	群　众	李庆常
张　鑫	青岛农业大学	—	本科	在读生	—	群　众	张公伟
辛张珊	泰山学院	—	本科	在读生	—	群　众	张子元
王凯丽	济宁医学院	—	本科	在读生	—	群　众	张秋连
李家颖	山东交通学院	—	本科	在读生	—	群　众	李　渊
辛永浩	山东艺术学院	—	本科	在读生	—	群　众	辛德勇
鹿子瑾	菏泽学院	—	本科	在读生	—	群　众	鹿　军
路昕月	中医药大学	—	本科	在读生	—	群　众	路敦红
黄宏章	加拿大多伦多大学	—	本科	在读生	—	群　众	黄建军

2017年大学新生一览表

表25

姓　名	家长姓名	录取院校	专　业	入校时间	备注
鹿焕艺	鹿传坤	泰山学院	行政管理(夏季)	2017.9.20	本科
温洪涛	温衍秋	济宁学院	电气工程及其自动化	2017.9.16	本科
时晓彤	时允峰	聊城大学	广播电视编导	2017.9.9	本科
鹿新红	鹿焕军	吉林工程技术师范学院	美术学	2017.9.10	本科
孙绪伟	孙衍国	青岛黄海学院	机械设计制造及其自动化	2017.9.2	本科
李佳旺	李正银	滨州学院	机械设计制造及其自动化	2017.9.2	本科
辛光烽	辛绪岩	聊城大学	植物保护	2017.9.2	本科
路泽民	路　营	烟台大学	机械设计制造及其自动化	2017.9.2	本科
李泽山	李　军	青岛工学院	数字媒体技术	2017.9.2	本科
阴瑞雪	阴振山	滨州学院	法律事务	2017.9.16	本科
鹿玉莹	鹿传有	山东科技大学	金融学	2017.9.9	本科
李方圆	李全图	四川理工学院	广播电视学	2017.9.2	本科

古店村历年研究生博士生一览表

表27

姓　名	学　校	毕业时间	学　历	工作单位	职　务	政治面貌	家长（家人）姓名
黄加寅	曲阜师范大学、北京大学	1987.7	研究生	青岛大学	院　长	中共党员	黄培法
鹿炳辉	北京大学	1997.7	研究生	华盖投资有限公司	副经理	群　众	鹿淑云
鹿焕芹	北京师范大学	2005.7	研究生	莱钢金鼎幼儿园	教　师	群　众	鹿传明
苏立彬	山东农业大学	2006.7	研究生	西藏林芝市	教　师	中共党员	苏德玉
温艳艳	郑州大学	2008.7	研究生	安阳肿瘤医院	主治医师	中共党员	温衍红
李先峰	华东政法学院	2009.7	研究生	上海关天律师事务所	律　师	中共党员	李成阳
毛林林	青岛科技大学	2011.7	研究生	北大先行泰安科技有限公司	工程师主管	中共党员	毛传琪
鹿　兵	厦门大学	2011.7	研究生	厦门国贸法律事务所	工程师	中共党员	鹿书超
李建虎	厦门大学	2011.7	研究生	北京航天信息公司	会计师	群　众	李庆财
李　壮	华南师范大学	2012.7	研究生	广东韩山师范学院	教　师	群　众	李庆俊
李正新	山东中医药大学	2012.7	研究生	肥城中医院	医　师	群　众	李　红
李　丽	吉林大学	2014.7	研究生	歌尔股份有限公司	工程师	中共党员	李庆利
鹿　龙	山东农业大学	2014.7	研究生	肥城市国土资源局	工程师	中共党员	鹿传胜
黄　浩	清华大学	2014.7	研究生	四川成都市发改委	处　长	中共党员	黄　旭

续表

姓 名	学 校	毕业时间	学 历	工作单位	职 务	政治面貌	家长（家人）姓名
鹿 宁	西安建筑科技大学	2015.7	研究生	陕西省建筑设计院	副所长	群 众	鹿焕礼
韩 璐	山东科技大学	2016.7	研究生	流亭机场海关缉私分局	科 员	中共党员	韩来春
李 聪	贵州大学国防生	2016.7	研究生	四川成都	连 级	中共党员	李恒坡
孙 琪	北京工业大学建筑工程学院	—	研究生	在读生	—	中共党员	孙衍军
毛绪范	长春工业大学	—	研究生	在读生	—	中共党员	毛传银
韩鹏程	石家庄铁道大学	—	研究生	在读生	—	群 众	韩福龙
张倩倩	华东理工大学	—	研究生	在读生	—	群 众	张永连
李 云	四川农业大学	2006.7	博士研究生	成都农林科学院	科 长	中共党员	李正云
鹿 迎	国防科大研究院	—	博士研究生	三院七队在读	—	中共党员	鹿书超
黄 彦	香港中文大学	—	博士研究生	在读生	—	中共党员	黄加军

成人教育

1949年后，党和政府非常重视青壮年的扫除文盲问题。1950年，教育部就发出《关于开展农民业余教育》的指示，每年秋后收种完毕，青壮年参加一冬的业余学习，叫“冬学”。1951年，由冬学改为“农民业余学校”，贯彻“以民教民，能者为师”的方针，坚持常年办学。过秋过麦，农民实在太忙，就采取放假的办法。业余学校使用的课本，为教育部统一编写的《农民识字课本》，一般采取晚上和阴雨天上课，村里青壮年上业余学校的90多人。

1955年，为尽快改变中国“一穷二白”的面貌，毛主席发出了扫盲工作的重要指示：“速度要快，规模要大，质量要好。”遵照毛主席这一指示，村里组织以学校承办为主的业余学校。业余学校教学使用（正规）学校教室，教课任务多半由民办教师担任，（正规）学校教师担任教学指导，从而使业余学校的教学质量有了显著提高。村里农民白天下地耕作，晚上进夜校学习。有的年轻妇女，因孩子小实在出不了门，就由当时的在校生上门包教包会。到1958年，有不少青壮年摘掉了文盲的帽子，能阅读通俗的书报，能写便条、书信。1958年上半年，肥城县教育局扫盲办来古店村验收扫盲情况，古店村被授予“扫除文盲先进单位”的称号。当时的民办教师有鹿淑安、辛正富、路桂英等人受到了上级政府的奖励。1958年大炼钢铁开始后，农民业余学校不能正常坚持，1966年文化大革命开始后，业余学校就不复存在了。

改革开放以后，也成立过业余学校，但主要是扫除科盲的教育活动。主要以村民委员会为主成立古店村科普小组，组织村民学习一般科普知识。1990年，古店村成立文化大院，不定期的举办不同类型的学习班，传授果树栽培、大棚蔬菜的种植与管理、家庭养殖、家用电器等知识，教师由上级派来的技术员担任。有时播放科技知识方面的影片进行电化教学。成人教育为全村经济的发展奠定了良好的发展基础。

教育经费及教师待遇

教育经费

明清时代，村内所办私塾的经费全由上私塾的学生家长摊派，也有主办人自己支付的。民国时期，兴办学堂，经费由地方政府承担一部分，学生的家长承担一部分。那时，古店村有2亩庙地，收入可以补充办学经费。

中华人民共和国成立后，党和各级政府十分重视教育，村小学的办公费用和教师的工资全由县人民政府统一拨款。对于修缮校舍，购买体育器材花费大的，由村集体负担。民办班的办公经费，由政府拨一部分，村里承担一部分。民办教师的工资，由村里记一个劳力的工分。

教师待遇

1949年前，私塾先生的工资由学生的家长承担，每月的工资6~8吊钱不等，学生每年交学费4吊钱（1吊钱是50个铜板或500个制钱）。据上过私塾的鹿淑本老人回忆，私塾先生让学生交的学费多少，要看教的学生多少，教的学生多，学生均摊学费少；教的学生少，学生均摊学费多。实在没钱交的，就用粮食（麦子、小米）折价顶学费。抗日战争和解放战争时期，抗日民主政府对教师实行“供给制”，没钱可发，就发给小米。

1949年后，国家百废待兴，先是发小米顶教师的工资。后来，随着经济的好转，就直接发钱了。村里当时有3位教师，每月的工资20~28元，当时的物价很低，足够教师的生活费用。改革开放后，政府几次大幅度提高教师的工资。进入21世纪，中学高级的工资相当于副县级，小教高级、中教一级的工资相当于正科级，教师的经济地位和社会地位都有了显著的提高，现在村里有十几名退休教师，退休金都高于企业退休职工，教师成了人们羡慕的一门职业。

1986年国家颁布的《中华人民共和国义务教育法》，1994年国家颁布的《中华人民共和国教师法》明文规定了教师要受到尊重，工资待遇要略高于同级公务员的待遇，教师的政治待遇和工资待遇提高到一个前所未有的水平。在逐步提高公办教师待遇的同时，民办教师的工资待遇也在逐步提高，原来记一个劳力的工分，1976年以后，在记一个劳力工分的同时，小学民办教师每月补助19元，中学民办教师每月补助22元。1983年，民办教师也实行工资制，由镇统筹（村里把款交到镇财政），其月工资52~58元不等，略低于公办教师。1988年，民办教师工资每月增工资30元，是当地人均收入的1.8倍。1993年，民办教师月均工资又提高到170元。1995年1月，古店村所有民办老师转为公办教师，工资一步到位，月均450元。同年，古店村民办老师退出乡村教学历史舞台。

在提高教师工资待遇的同时，教师的政治待遇也在逐步提高。

校舍改造

民国时期，古店村的私塾校舍大多借用民宅、学堂。学校学生多了，就利用庙宇（古店村的关帝庙，有三间看庙的房子）作为学堂，老师办公、吃、住都在关帝庙里。因而有百姓把过去的教书先生说成是看庙的。1949年前后，没有多大改观。1954年，随着学生的增多，又在庙院里盖起了一口教室。因为当时是复式教学，至少是两个年级的学生挤在一口教室里学习。北军寨是在土地庙院里新盖教室两口。1958年，合班并校，几个自然村（南军寨、白云村、北军寨、古店）的学生实行年级教学，不同年级的学生分别按年级编为班，同一年级的学生编为一个级，同一级的学生，按学生人数分为班，不再复式教学。校舍严重不足，就借用民房。村民鹿悦全、鹿悦新、鹿悦水的房子都曾用作学校的教室。1960年，村里筹集资金，在老校北院里连盖了三口教室、两间办公室。课桌不够用，就用长木条板子支起来当课桌。凳子由学生自带。1978年8月，校舍不够用，就在老校南（大队饲养院），村里

旧村小学　　　　（路玉国　2017年8月摄）

又盖了两口教室，桌凳都是用水泥板做成的。1983年，古店村新村建设规划设计，投资20余万元，在村东北沙滩上盖起了一所新校舍，容纳十二个教学班。小学、初中各占六口。办公室、教师宿舍、实验室、小伙房、仓库一应俱全。新建学校购置了新课桌凳及大部分教学仪器、体育器材，学生从此告别了黑屋子、土台子，乡村中小学的教育、教学质量有了显著的提高。2008年5月，村委又对校舍进行了翻新改造，并增建了图书室、仪器室、音乐室，教学设备教学设施逐渐完备。2012年，市直白云山小学在古店村社区附近建成，学生全部转到市直白云山小学。原来的学校成了新城办事处党校。至此，古店村小学也完成了历史使命。

1940—2012年曾在古店村任教的教师名单

表28

李文甫	鹿淑彬	辛邦义	路印宣	张继辅	郝木清	韩敬珍	李淑敏
李福图	李恒寅	付金甲	邱国瑞	韩兆山	孙业伦	庄仁轩	郝庆祥
辛王富	王绪辅	李恒振	刘子厚	冉明祥	马　吉	雷印德	张林堂
陈孝惠	黄培府	孙衍常	孙衍贞	郝庆霞	马立华	孙厚英	赵传水
鹿印让	邹登庚	鹿悦清	苏继申	鹿传芳	乔学森	尹承森	付振元
何作法	薛立松	鹿悦梅	路桂英	路克玲	李福丁	付荣生	李庆湖
辛德林	辛超凡	张炳友	侯富荣	黄秀旗	孙衍春	孙衍庭	李桂珍
李庆柱	鹿淑信	王顺会	李恒珍	郭庆法	李长吉	李庆法	路敦祥
李承法	李恒顺	毛传河	鹿传义	李银图	鹿淑江	李开印	李庆轩
付志廷	鹿传林	李志明	冉玉祥	周广林	冉凡奎	王洪敏	李庆贞
尹衍学	张厚富	王建国	时光生	孙允海	付春英	陈　勇	程悦美
张悦伦	张悦金	李生图	付家良	唐仁星	程菊梅	辛见正	胡凤兰

续表

田德英	古桂芳	张传奎	李克恒	邱国堂	张秀英	商秀英	张志合
付桂芝	盛齐英	郝本忠	孙玉英	韩　英	李玉英	黄甲军	李福涛
商淑玲	尹承良	吴凤梅	陈　星	李庆刚	车继国	孙玉凤	张新伟
张钦朋	田　猛	冉　娟	王　萍	王桂芝	邱德祥	秦　杰	陈永梅
吴利华	宋　欣	张悦平	罗新华	彭衍华	任立冬	李　振	赵金华
袁凤华	杜善兵	武文国	孙学军	高洪连	于佑超	赵传敏	王公付
郑　燕	韩福明	鹿淑芬	—	—	—	—	—

古店社区学校

肥城市城西区幼儿园

肥城市城西区幼儿园地处白云山脚下，古店社区西邻，2015年建成招生。2017年有26个教学班，1000余名幼儿，教职工121名。

先后荣获山东省学前教育先进单位、山东省师范幼儿园、泰安市教书育人先进单位、泰安市课程与教学工作先进单位、泰安市学生喜欢的幼儿园、肥城市教书育人先进单位等荣誉称号。

幼儿园内设有录播室、多功能室、图书阅览室、桃都乐特色活动室、科学发现室、电子备课室等。幼儿各班均配备一体机设备、亿童区域材料、钢琴等。幼儿园

肥城市城西区幼儿园——“肥城市实验幼儿园” （李庆利 2016年10月摄）

户外配有各类大中型玩具，建有沙地、种植园等。同时设立百米挑战长廊、野战营、交通城、木工坊、民俗街、建构城、篮球场等多个功能区块。

幼儿园教研活动丰富，定期开展观摩课、同桌异构、优秀PPT制作、经典微课、学习故事案例分享等活动，并申报多项省、市级实验课题，形成了教师人人有课题，个个都参与的教研氛围。

幼儿园有山东省教学能手1人，山东省优质课一等奖2人，泰山名师4人，泰安市教学能手10人等。

幼儿园特色凸显，在一日活动中开展“四自”活动——幼儿自主入园、自主游戏、自主取餐、自主评价，培养孩子独立自主的能力。定期开展外出体验活动，比如：桃都采摘、参观德园、敬老院献爱心等。让孩子在游戏、参观、体验中受到教育，促使孩子身心健康成长。

白云山学校

白云山学校坐落于白云山下，与古店社区为邻。

学校建成于2011年，占地面积150亩。现有小学、初中78个班，在校生5000余

肥城市白云山学校　（李庆利　2017年12月摄）

人，教职工230人。建校以来，始终以“弘扬君子文化，打造齐鲁名校”为办学目标，深化改革创新，办学质量继续提升。

学校以“君子文化”为主题，提炼形成“君子文化、雅正教育、智趣课堂”育人主线。君子文化引领发展，发掘君子之邑的文化底蕴。正教风、强校风，使全校师生“养良习，立君子之品。知诗书，成博雅之学。习雅艺，做美慧之人。”

办学以来，有1名教师获省特级教师，2名教师获省教学能手，3名教师获教育部优课奖，40余名教师荣获泰安市优秀教师、泰山名师、学科带头人、教育能手称号。教育教学质量持续攀升，赢得了家长和社会各界的高度认同。

学校先后获得全国卫生城市创建先进单位、科普教育示范基地、中国创新教育学校、百信杯节约性校园、中华文化艺术传承学校、山东省卫生学校、书法教育示范学校、泰安市教书育人先进单位、素质教育工作先进单位、课程与教学工作先进单位、文明礼仪教育示范校等称号。

肥城市第三高级中学

2013年8月肥城市第三高级中学，由桃园镇驻地迁入肥城城区西部教育园区与古店社区相邻，占地210亩，现有教学班60个，学生3000余人，教职工269人。其中，中高级教师110人，全国优秀教师1人，省、级优秀教师20人，市级以上骨干教师、教学能手等56人，泰山功勋校长1人，泰山功勋教师、泰山名师11人。

学校设施齐全，有完备的综合楼、宿舍、餐厅、篮球场、标准塑胶操场、报告厅、机器人实验室、教学探究室、录播室、阅览室、图书馆等。教室安装电子白板及多媒体设备，建立了现代化的校园网络。

学校坚持“为师生生命发展奠基”的办学理念，秉承“德以至和、唯美达真”的校训和“合作进取、勤思笃行”的校风，以“身正垂范、博学善导”的教风、“创新致远、好学唯真”的学风，“和美”为文化核心，“两翼”思想为指导，建设精细规范化管理和高效教学，以及“两张名片”打造多元化发展、“三驾马车”推进精细化、规范化管理，推进以目标达成为引领的课堂微环节，优化研究“三段五步”高效课堂，不断深入完善，强化导师制，建设学习型学校，打造幸福教育。教育教学取得优异成绩，受到上级和社会的广泛赞誉。

学校先后获得山东省教育科学规划重点课题以校为本的课程资源开发研究与实验基地重点实验基地、山东省健康活力大赛团体总分第五名、泰安市课程与教学工作先进单位、泰安市平安和谐校园先进单位、泰安市运动会优秀组织奖、肥城市教学大比武活动团体优胜奖等荣誉称号。

肥城市第三高级中学　　（李庆利　2017年9月摄）

肥城市慈明公学

肥城市慈明公学坐落于肥城城西部，与春秋古城、古店社区为邻。

学校由慈明教育集团2017年4月投资4亿多元开工建设，一期工程占地面积120亩，建筑面积5万平方米。

慈明公学建有幼儿园、小学、初中为一体的正规学籍的全日制教育基地，面向全国招生。实行走读和寄宿两种管理模式。立足“本性教育，唤醒孩子本性具有的善良、智慧和爱”这一办学理念，以“据于德、至于道、依于仁、游于艺”为教学纲领，致力于培养慈爱明德、知行合一，具有民族情怀、国际视野的人才。

学校坚持“以人为本，立德树人”的教育方针，以社会主义先进文化教育为基础，把中华优秀传统文化全方位融入学校教育的各个领域，在 夯实学科教育的基础上，开设国学、才艺、研学、游学等特色课，注重优秀传统文化在生活学习中的落实和力行。

在师资配备方面，肥城市慈明公学致力于“志同道合”的教师，担当起共同的使命，做好本性教育。看重教师的学习态度、人文情怀、团队精神、积极思维意识。慈明学校招聘全国优秀教师260人左右。以“先进的教育理念，温暖的情感关怀，优越的福利待遇”，汇聚天下贤才名师，组建高素质教师队伍。学校有名师导航，名誉校长由孙学策（著名德育专家，教育部原基础教育司德育处处长）、张景浩（全国优秀校长、全国民办教育功勋人物、首都教育七大新闻人物第一名）担任，聘国学大师聂振弢（国际儒联会员、首尔大学国际学术交流大使、联合国教科文组织特邀嘉宾）为特邀教师，顾问分别由魏书生、李毅多、倪敏达担任。

学校建筑以杏坛为中心，整体建筑风格与春秋古城格调基本一致。学校景观致力于打造阳光、生态、人文、活力、寓教于景、以景育人的校园景观。

学校实行小班制，生员不超过36人。学校的体育馆，建筑面积达2万多平方米。内设专门的太极馆、国术馆及其他功能区。慈明公学要求使学生不仅拥有德行才能，更要拥有健康体魄。

杏坛广场后边是四层的行政中心大楼，设有化学、生物、物理实验室，以及书法、国画、舞蹈、乐器、茶艺等多种特色教室。学校定期面向外界举办公益讲座及其他活动，真正的福惠百姓家庭。

古店村志

（1573—2017）

GU DIAN CUN ZHI

文化

WENHUA

文艺活动

古店村历来群众文艺活动丰富多彩，表演形式和表演艺术在邻近村庄比较闻名。其有名的表演形式有戏曲、歌舞表演、民间艺术等。每年春节期间，村里文艺活动纷纷亮相，花样繁多，有踩高跷、玩狮舞、跑旱船、老汉推车、赶毛驴、扭秧歌、唱大戏等。

说书

1949年前后，生活虽然贫困，但人们闲暇之余喜欢玩。夏天人们在外乘凉，常常围在一起听讲故事。村里的孙远庚、鹿悦新、温其辰是人们喜爱的故事大王。《三国演义》《东周列国》《岳飞传》是他们常说的内容。有时他们也讲一些历史小故事、神话故事。他们绘声绘色的讲述、简单的表演，常常使人们听得津津有味，乐不可支。他们的故事来源自己看书所得，像温其辰自己看书以后，再把故事说给大家听。有的来源于集市上听说书的所得，像孙远庚，听上一上午的书，然后再给人们讲起来，还能讲2~3个小时，且人名、地名都能记得一清二楚，真可谓村里的才人。

村戏

村里每年春节期间有唱大戏的习惯。1949年后的五六十年代，村里拿出钱置办戏衣、乐器。秋后收种完毕，就开始排演戏剧，剧种多为“山东梆子”，有时也唱吕剧。剧目是《秦香莲》《打銮驾》《梁山伯与祝英台》《小姑贤》等。村民黄培金的花脸、黄培林的青衣、鹿淑莲的旦角、孙衍营的丑角都是出了名的。从年初二一直唱到正月十五，附近村庄的人们也来观看，有时还应邀到外村演出。

“文化大革命”期间，村里组织以林业队为主的宣传队、毛泽东思想文艺宣传队，文艺活动更是喜闻乐见。山东快书、数来宝、小歌舞、小话剧常常出现在舞台

村戏　　（毛绪忠　2015年2月摄）

上。宣传好人好事，宣传党的政策。有时也演唱豫剧，主要是唱样板戏。孙桂琴、鹿桂兰、李承菊、毛传香、李庆峰、李洪田、路克芬、鹿淑花等人，从唱腔到演技都深受人们赞赏，曾多次到驻肥部队慰问演出。

玩狮舞

1949年前后，本村在元宵节有玩狮舞的习俗。狮子头是用竹披子制作成型后，再用一层层布裱糊，由釉彩描绘而成。狮衣用老粗布制作，把麻或者洋麻缝在狮身上，形成长长的狮毛。狮子都是成对舞的，一对大狮子在前头一左一右，后边跟着两个小狮子。表演节目在夜间最为好看。一人拿火球在前头引路，狮子在后头摇头摆尾，伏、跳、腾、挪，活灵活现、栩栩如生，特别是狮子靠着人当木桩蹭痒痒，引得人们哈哈大笑。

玩舞狮　　（李庆利　2017年2月摄）

跑旱船

跑旱船又叫玩花船。旱船用竹子扎制而成，外罩彩绸或花布，船上插莲花、莲蓬，表演者男女皆宜。用条布将船系在腰部，双手握船梆，船前部装上假腿，盘放在船头，船顶支架凉棚用彩绸围饰。旱船表演一般为2人，1人扮演渔夫，1人扮演渔妇。渔夫划船，渔妇坐船。旱船忽高忽低，忽左忽右，表演人动作生动夸张，演艺节目妙趣横生。本村的牛志法、鹿悦新玩花船表演细腻，动作娴熟，观看的人们赞不绝口。

踩高跷

踩高跷是一种双足踩着木跷进行表演的一种艺术形式。高跷高低不一，高的70~80厘米，低的50~60厘米。其表演重在踩和扭，一般都是多人排队踩着锣鼓节拍出踩、扭、舞等动作。表演者大多扮演《西游记》中的戏剧人物。也有扮作媒婆、丑八怪等人物。此项活动有一定危险性，表演时得有人扮相在表演队伍外做保护。

秧歌

大秧歌　　（于　伟　2016年2月摄）

秧歌亦称大秧歌，是有多人参与表演的一个大型节目，不限男女，不限老少。参演人员着统一服装，腰里系上大红或大绿的绸子，两手甩出1~2米长，锣鼓打出秧歌调，扭秧歌者随锣鼓节拍舞动。有时为了吸引人，还有人扮一个丑角穿行在秧歌队伍中，既壮观又风趣。

街道广场活动

新时代带来新变化，新环境产生新做法。为发挥文体广场的宣传引领作用，村里明确一名干部负责文体建设工作，推选文体带头人，并制定了专项管理制度，以“群众参与、活动经常、规范管理、健康身心”为目标，突出活动引领。在每年的元旦、春节、“五一”和国庆节期间，都组织相关的文艺演出活动。村委组建了60人的文艺演出队，建有腰鼓、舞蹈、秧歌、器乐四支队伍，配备了统一的服装。节日期间，由村里统一购置礼花、鞭炮，在步行大街燃放。村委文艺演出队做专场表演。演出时，文艺演出队集合于广场，村民不约而至。大家尽情跳跃欢乐，分不出演出队和村民。干群同唱一支歌，同跳一曲舞，不仅为节日增添了快乐，而且密切了干群关系。

初一早晨，村委统一组织春节团拜活动，两委干部、村民集合于广场，大家互祝春节愉快、阖家幸福，显示出和谐、祥和的良好氛围。

广场舞　　（于　伟　2016年6月摄）

广播电影电视　图书报刊　档案

广播

20世纪60年代初期，村里群众生活还处于暂时困难的时候，村民就充满着对文艺生活的向往。当时，大队里给户里安小喇叭，由县广播站传送节目。当时小喇叭数量少，达不到户均1只，只能是8口人以上的才给安1个。1970年，各家各户才都安装了小喇叭，共安装了420余只。一到傍晚广播时间，一家人围在一起，收听国家大事和文艺节目，街上的行人都很少。1972年，古店大队购置了3只大喇叭、一台电唱机等广播器材，设立了广播室。大队里专门1人负责开广播。每天下午，晚上定时开机广播，转播中央人民广播电台的节目，把党和政府的路线、方针、政策及时转播给群众。有时大喇叭里播放戏剧，人们便早早地收了工，坐在大喇叭附近听。

电影放映

电影既是一种宣传工具，更是一种文艺表现形式。1949年前，村民很少知道电影是什么。1949年后，县里的电影放映队一年下来两次放映电影片。20世纪60年代初期，村里还没有电，放映队就用地排车拉个汽油机临时发电以供放电影。每逢放映队来古店村放映电影时，村民就早早的吃了晚饭，等候在放映场地看电影。后来，公社里有了放映队，老百姓每个月都能看上一场电影。1978年，村里先后购置了8.75毫米和16毫米放映机，每周播放一两次电影，村民每星期就能看上一两场电影。如今，随着电视的普及，家家户户安装了彩电，对电影就不怎么青睐了。

电视收看

20世纪80年代中期，随着科学技术的发展，电视机作为一种新事物开始落户古店村。李庆昌是首个有电视机的户。夏天，他把电视机搬到户外宽敞的地方，村里的大人孩子前去观看。随后不久，电视机走进各家各户。电视机起初是黑白的，没过几年，彩色电视机取而代之。时至今日，有90%以上的农户看上了大彩电，不少户安装了数字宽带收看互联网“宽带”电视节目。有的家庭购置多部电视机，年轻人爱看时尚、流行大片，就自己选看电视节目，独自享受一台电视机节目。老年人爱看戏剧节目，有的就在自己的卧室里放置一台电视机，收看自己喜爱的戏剧等节目。

古店社区建立后，村委也同时建起了微机室，购置了20台电脑，村委、村民既可网上收看“网络电视”节目，也可上网查阅资料，并可随时前往使用。

图书阅读

1949年前，村内书籍收藏爱好者多为文人。收藏书刊多半是诗词、戏曲、古典著作、四大才子书、天文地理等。中华人民共和国成立以来随着社会的发展，人们把读书视为摆脱贫困的重要途径。人们越来越重视读书学习了。随社会发展，人们阅读科技书知识、法律知识、养生学一类的书多了起来。人们把购书、存书、看书当成生活中的一部分。

“文化大革命”期间，不少书籍视为“四旧”销毁。毛主席著作、诗词深入到各家各户。《毛主席语录》成为人们当时携带、阅读的主要书籍。现在各家各户存书不是很多了。

新社区建立后，图书室、阅览室也同时建立，购置图书3000多册，极大地方便了人们的阅读和查阅资料及学习。

报刊订阅

1949年前后，村里无人订阅报刊。1948年初期，人们到区里、县里办事，可在街上随手买份报纸看看。人民公社化以后，大队订阅 《大众日报》《人民日报》《红旗》《支部生活》《农业知识》杂志各一份。20世纪90年代，又增订了《大众日报农村版》《半月谈》《泰安日报》《科技报》等。进入21世纪之后，订的报刊就更多了，《大众日报》《人民日报》《泰安日报》各6份，《联合报》《法制报》《支部生活》《求是》《科技报》各3份，这些报刊成了丰富干部群众的文化生活的精神食粮，也是干部群众了解党的方针、政策、探视外面世界的窗口，也是干部群众学习先进的农业科技知识，勤劳致富的有力助手。

档案管理

人民公社化后，根据肥城县政府、人民公社指示精神，大队也开始建立档案。大队的财会账目凭证、村里的重大活动、民兵工作、党团工作都要记录存档。1990年之后，村委又专门设置了档案室，档案橱增加到3个。2010年之后，档案橱又增置到10个，分别设有财务档案、党务档案、户籍档案、宅基档案、土地档案、农业档案、村办企业档案、民兵工作档案、计划生育档案。后又建起民政档案。档案室有专人管理，有专门的管理制度。

文物古迹

古店村自立村以来，先后建有几处庙宇，供人们用以祭祀神灵、祈求平安。以前，科学文化不发达，人们的思想受到局限，就把美好的愿望寄托在自己塑造的偶像上。每逢有什么灾难，就到庙宇里烧香磕头，祈求神灵保佑，这种做法祖辈相传。然而随着时代的变迁，村里的庙宇有的已不复存在。

关帝庙

关帝庙位于古店村村西头，据考证始建于清乾隆元年（1736），庙院占地约2亩，内有大殿3间，塑有关公神像。关公神像位居正中，“关公”右手持大刀，威风凛凛。右边是关平，左边是周仓。周仓的身边还塑着一匹高头大马。每月初一、十五，人们都去烧纸、烧香、磕头，祈求风调雨顺、五谷丰登。

过去十年九旱，旱情一出现，人们就到关帝庙烧香、磕头、祈求下雨。有时也把关公的牌位取下来抬着，围着街转，祈求赶快下雨。农历五月十三是关公诞辰，也是关公磨大刀的日子。因此，人们把这一天定作是下雨的日子，说在这一天 求雨很灵验。庙的左前方有一钟楼子，内悬挂一口大钟，遇有大事要事就敲钟为令，提示人们警惕。此庙年久失修，后来人们捐款修之。

关帝庙　　（路玉国　2017年7月摄）

菩萨庙

菩萨庙建在古店村东头，该庙宇3间，塑有观音菩萨神像，“观音菩萨”端坐正中，金童玉女站立两侧。一般已婚妇女求子心切，或求福、求财、求平安，都前来烧香、磕头、许愿。后来此庙年久失修，不复存在。

土地庙

土地庙位于北军寨西头，庙不大，塑有土地爷爷的神像。在封建迷信色彩浓厚的旧社会，一旦家有老人去世，其孝子二人抬半桶水前去泼汤，以示向土地爷爷报道，有入土为安、一路走好之意。此项活动文化大革命中被废止，此庙也因年久失修倒塌。

饮食　服饰文化

饮食文化

1960年前后，由于恰逢国民经济困难时期，苏联又紧迫逼债，极左思潮的影响，国民经济处于困难时期，人民的生活水平普遍较差。本村村民基本以地瓜、地瓜干为主食，白面很少吃。过年过节来了客人，才偶尔吃白面做的水饺、馒头或薄淡饼。但古店村民苦中有乐，善于粗粮细做，细粮精做。人们在长期的生活实践中逐渐创造了一种食品文化——地瓜面煎饼。煎饼的制作经历了摊煎饼和滚煎饼两个发展阶段。进入20世纪60年代后，人们逐渐由摊煎饼的时代进入到滚煎饼的时代。

滚煎饼的原料以地瓜面为主，也有的掺上些玉米面。20世纪80年代后，有的全用玉米面，掺上点黄豆面。滚煎饼的制作方法是：先把磨细的面子在水里浸泡，浸泡透后装在袋子里，扎紧袋口放在石板上，上边再放上木板，木板上边再压上石头，直到把水沥尽成为“沫糊”。然后将煎饼鏊子放在锅头上，一人烧火，一人待鏊子烧热后，擦上点豆油，接着将压好的沫糊揉成面团。在鏊子上面一圈一圈的滚严、滚实。然后再用煎饼耙子把疙瘩摊平，即可制作完成。摊完后再把煎饼一个一个叠成长方形。吃时，卷上大葱或咸鱼，嘴咬煎饼香脆可口。

古店村人善于烹调，过年过节，来了客人，把椿芽、荷香、茄子、藕用油炸成待客食品。说起来还有一个小故事，春秋古城一云南人来村里某家做客，主家炸了椿芽鱼、荷香鱼、茄合鱼、藕合鱼，云南人边吃边开玩笑说：“饭菜真是太丰盛了，上了一桌子鱼，可一块鱼也没吃着。”

服饰文化

千层底布鞋

是村民祖代传承的用手工制作而成的鞋子，分单鞋、棉鞋和松紧鞋三种。单鞋鞋底是用旧布一层一层粘起来，再用麻线细密的纳起来，周围裹上白沿条。棉鞋鞋底比单鞋鞋底更厚，周围裹着的白沿条内，大都装有棉花或羊毛，所用白沿条的布，也比制作单鞋的布厚。个别富裕人家，还用羊毛等缝制鞋垫，鞋白布沿内也缝上毡毛。有的用带着狗毛的狗皮作鞋布沿内衬，俗称毛棉鞋。松紧鞋，有的用旧布一层一层粘起来的厚布做鞋底，有的是用橡胶皮做鞋底，然后在其上面缝上用布做的薄鞋底衬为鞋底，然后在鞋底上面用厚布围成“鞋布沿”，前面布沿较薄，中间留鞋口，鞋口与前鞋沿间缝上用松紧带做的鞋扣，做为穿在脚上的“鞋子系带”，由于这种鞋子的“鞋带”是用松紧带作的，穿鞋、脱鞋不用解鞋带，只需用手抓住鞋帮或鞋底，使劲蹬蹬脚就可脱下鞋来，称为松紧鞋。做好一双鞋，挺费功夫。但鞋子穿在脚上轻便、舒适、透气、养脚。过去农村人不长脚气，跟穿千层底布鞋有很大关系。随着社会的发展，这种鞋子很少有人做了。许多村民都买工业化机器生产的商品鞋子穿了。

绣花鞋

绣花鞋的历史由来已久，21世纪初还能看到有的老年妇女穿着绣花鞋走在大街上。绣花鞋有的绣有菊花，有的绣有荷花，工整美丽，不显俗气。现在集市上，有卖小孩虎头鞋的，绣着虎头图案。绣花鞋分插花、割花两种。绣制前先把所需图案粘贴在鞋帮上，用七彩线根据图案所需要，进行逐针逐线精心绣制。少年儿童、老年妇女穿绣花鞋走在路上，不仅是走路顺脚，也是一种自我的艺术享受。

民间歌谣

村内民歌源远流长，且在生产和生活实践中不断充实，日臻完善，更加形式多样，丰富多彩，更具有浓郁的时代气息。村内流传至今的有儿歌、生活歌、情歌、劳动歌和时政歌等。

儿歌

《小麻雀》

小麻雀，尾巴长，娶了媳妇忘了娘。把娘背到山沟里，把媳妇抱到炕头上。擀油饼、熬肉汤，媳妇媳妇你先尝。我到山沟找咱娘，咱娘变成屎壳郎。推小车、贩红粮，吱由吱由到市场。只要媳妇不要娘，一头撞到南墙上，好日子过不长。

《吃馍馍》

东打场，西打场，下来麦子喝面汤（面条）；
南打罗，北打罗，下来麦子吃馍馍。

《小老鼠》

小老鼠，上灯台，偷油喝，下不来。
叫奶奶，一个巴掌拍下来。

《推小车》

推小车，贩柴粮，只想媳妇不要娘，
吱吆吱吆撞西墙，一下撞到石头上

《新年到》

新年到，新年到，闺女要花儿要炮。

儿媳要块香肥皂，老头要顶小毡帽。

《老爷爷》

老爷爷，毒毒的，上山给你磕头去。

老爷爷，稀稀的，上山给你作揖去。

磕一磕，拜一拜，飞到高山再回来。（老爷爷：太阳）

《蝎子爪》

二月二，炒蝎子爪，大娘婶子给一把。

二月二，炒料豆，蝎子不到你炕头。

蝎子爪，不给尝，蝎子爬满你家墙。

《小木碗》

小木碗，圆悠悠，我在姥娘家住三周。

姥娘疼，妗子扭，还说外甥是个狗。

妗子妗子你别扭，石榴开花俺就走。

《小白菜》

小白菜，地里黄，三岁两岁没了娘。

娶个后娘三年整，生个弟弟比我强。

弟弟吃面我喝汤，弟弟吃米我吃糠。

弟弟穿棉我穿单，弟弟上学我放羊。

端起饭碗泪汪汪，放下筷子想亲娘。

《打南来了个小哥哥》

打南来了个小哥哥，穿着红鞋打裹脚。腰里掖着货郎鼓，手里拿着小铜锣。敲一下，喊一声，媳妇姑娘都来听。家里剩下个老奶奶，趴着墙头看分明。

《打箩箩》

打箩箩，吃馍馍，吃不够，找你舅。没在家，找舅妈。舅妈赶集去，找你二姨去，你二姨摊煎饼，最后找到当天井。

《田二小》

田二小，你别吵，饿了你就吃个枣。

田二小，你别闹，困了你就去睡觉。

田二小，你别哭，大了送你去读书。

田二小，没出息，哭着闹着要媳妇。

生活歌

《小麦粒》

小麦粒，两头尖，磨了面，白鲜鲜，包了饺子两头弯。

金勺舀，银碗端，端到院里敬老天。老天吃的心欢喜，一年四季保平安。

《青秫秸》

青秫秸，扎大车，上面坐着花大姐。心又灵，手又巧，两把剪子把花铰。左手剪个莲花瓣，右手剪个灵芝草。

《婚姻法》

花喜鹊，叫喳喳，上级颁布婚姻法。

男二十，女十八，欢欢喜喜成了家。

《孝顺祖辈传扬》

儿子孝顺爹娘，孩子站在一旁。

将来他要模仿，孝顺祖辈传扬。

《凭良心》

良心不论斤来不论两，指望着孩子往上长。

《小女婿》

十八的大姐九岁的郎，提起奴家好悲伤。要说是丈夫他太小，要说是儿来不叫娘。不等奴家来睡觉，他那里困成泥巴汤。哈腰俺把他来抱，尿了俺的花衣裳。

情歌

《小柏树》

小柏树，耷拉枝，上头坐着花大妮。

搓麻线，纳鞋底，扎裹扎裹小女婿。

《石榴树》

石榴树，开红花，我的婚姻我当家。

谁要包办想强迫，坚决斗争不依他。

《送情郎》

二月里才寻奴，三月里参军走。你要是走了留也不用留，你要是走了留也不用留。

抓住丈夫的手，送到大门口。有两句知心话记在你心里头，有两句知心话记在你心里头。

走路走大路，可别走小路。大路上人多问路也好问路，大路上人多问路也好问路。

坐船么坐船厢，可别坐船头。船头上风大怕栽到水里头，船头上风大怕栽到水里头。

《石榴花》

石榴花，红骨朵，小二娶了个好媳妇。

也会走，也会摇，也会擀饼切面条。

擀得薄，切的细，小二喝了挺如意。

《花大姐》

青秫秸，扎大车，上面坐着花大姐。

头戴花，穿红袄，托媒忙把婆家找。

抗日谣

《日本鬼》

日本鬼，喝凉水，打了罐子赔了本。坐火车，轧断腿；坐轮船，翻了底；上战场，挨枪子。

《小日本真疯狂》

小日本，真疯狂，恶狼是他爹，狐狸是他娘，满肚里全是坏心肠。

《狗汉奸》

小日本，狗汉奸，二者本是柳棒子串。狗汉奸，街上走，他是东洋一条狗。

《叭勾打日本》

八路军，打得强，肩上扛着机关枪。机关枪，打得远，身上带着千里眼。千里眼，照得明，怎么造的洋飞艇。洋飞艇，飞得高，腰上挂着洋刺刀。洋刺刀，风风快，腰里扎着洋皮带。洋皮带，装枪子，叭勾叭勾打日本。

《六杯茶》

石榴开花胭脂红啊，二十的青年去抗战啊。第一杯茶啊，敬我的爸啊。儿去抗战你当家啊，儿去抗战你当家。

第二杯茶啊，敬我的娘啊。儿去抗战你别挂心肠啊，儿去抗战你别挂心肠。

第三杯茶啊，敬我的哥啊。弟去抗战你多干活啊，弟去抗战你多干活。

第四杯茶啊，敬我的嫂啊。弟去抗战你妯娌们好啊，弟去抗战你妯娌们好。

第五杯茶啊，敬我的妹啊。哥去抗战你陪嫂睡啊，哥去抗战你陪嫂睡。

第六杯茶啊，敬我的妻啊。丈夫抗战你少哭啼啊，丈夫抗战你少哭啼。

勤纺棉来多织布啊，烧锅做饭敬父母啊，烧锅做饭敬父母。

敬兄嫂啊，帮妹妹，多学习来参加会，支援前线跑头里。

时政歌

《给人民带来好福气》

共产党，毛主席，革命战争打红旗；共产党，毛主席，给人民带来好福气。

《社会主义政策好》

太阳出来阳光照，社会主义政策好。喝牛奶，吃面包，老太太笑弯腰，老头恣得直跳高。

《我的家乡美如画》

我的家乡是古店，高楼大厦一大片。

走进像个大花园，细看设施都齐全。

《政策对头人喜欢》

天改变，地改变，政策对头人喜欢。住高楼，看彩电，顿顿炒菜吃白面。

鹿陈作品简介

鹿陈，简介见《人物·人物简介》。

小说

长篇小说《黑色子弹》

写一个作恶多端、隐藏30多年的老牌特务终被挖出的惊险破案故事。

中篇小说

《紫草莓》描述了一香港超级杀手潜入大陆后被我武警战士擒获的惊险故事。《魔山》写一个落后荒僻的小山村里所发生的一起奇怪的谋杀案的侦破经过。该小说情节曲折惊险，悬念迭出，可读性很强。

电视剧

《浴血男儿》在南疆海滨落日里，友情、恋情和敌情，忠诚、背叛和死亡，都在这殷红而又神秘的瞬间里全部爆发了。英雄与杀手、正义与恶、纯真与阴谋在这场缉毒大战中聚集、冲撞、毁灭、再生。本电视剧通过缉毒队长与国际杀手之间的生死搏斗，热情讴歌了当代公安民警的英雄气概和阳刚之美，深刻揭露了国际贩毒集团之间相互倾轧的惊人内幕。由台湾演员赵文暄、原华等著名影星演绎的这段现实而又浪漫的故事，呈现在电视屏幕上与全国观众见面后，好评如潮。

民间传说

过年的传说

民间把过春节叫做“过年”，这件事有一段有趣的传说。

相传古时候，有一种凶残的怪兽，人们叫它“年”。每到365天的晚上，“年”就出来伤害人畜，人们对其十分恐惧。一次，这只怪兽到了一家门口，看到这家人都穿着红衣服，火盆里的木柴烧的“啪啪”地响，“年”怕响、怕红、怕火，于是吓得急忙逃窜。这家人立即将这一喜讯告知全村，并敲锣打鼓的进行祝贺。之后，每到年末岁首，人们就贴对联、放鞭炮来驱邪消灾，相互拜年表示祝贺，祈祝来年五谷丰登，全家幸福美满（贴红对联代替穿红衣服，放鞭炮代替烧木柴“啪啪”作响）。古店村人逢年沿袭过年传统。

元宵节的来历

农历正月十五，是我国人民的传统节日——元宵节。民间正月十五闹元宵，是农历新年的高潮，也是一年之中最热闹的时候。

元宵节起源于汉代。汉惠帝刘盈死后，吕后篡权。吕后死后，周勃、陈平等人协力扫除诸吕，拥立刘恒为汉文帝。因为扫除诸吕的日子正好是正月十五，所以每到这天晚上，文帝就微服出宫与民同乐，以示纪念。古代“夜”同“宵”。挂彩灯、耍龙灯、耍狮舞、踩高跷、划旱船、吃元宵等，热闹非凡，一直延续至今。

清明节插柳条忌烟火的传说

历史上，清明节插柳，寒食节禁忌烟火。寒食节为清明节的前一天，民间寒食节与清明节习惯上并过。清明节为何插柳忌烟火，有一段生动的故事。

相传春秋时代，晋献公的儿子重耳，为了躲避后母骊姬的迫害，由介子推等大臣陪同流亡到卫国境内。一天，重耳饿得昏倒在地，介子推从自己腿上割下一块肉，煮了给重耳吃了。十九年后，重耳回国即位，称晋文公。晋文公执政后，封赏有功之臣，但忘了介子推。介子推不愿争功，就和母亲隐居绵山。晋文公知道后后悔不已，亲自到绵山寻找，但介子推避而不见。晋文公知道介子推是个孝子，便下令放火烧山，以为介子推会为了母亲，会下山受封。谁知大火连烧三天，仍踪影未见。上山寻找，只见介子推背着老母，靠在一颗烧焦的柳树上死去了。重耳放声痛哭，将介子推和其母葬于柳树下，并在绵山建立祠庙，以示纪念。从此，把这天定为寒食节，禁忌烟火，寒食一日。

翌年寒食节，重耳率群臣常服到绵山祭奠，只见烧焦的柳树死而复生，且绿枝千条，为示敬重，重耳编柳条圈戴在头上，群臣亦效之，重耳即把这天定为“清明节”。

自此，清明节民间在门上插柳条，并忌烟火一日，对死者进行扫墓，表示对故去先辈的悼念。

2006年5月20日，“清明”这一民俗节日被列入国家非物质文化遗产名录。如今，国家又将“清明节”定为全国法定节假日。古店村民传承传统，每年清明节，有的人家就会“上坟”扫墓。

端午节的传说

农历五月初五，是我国传统的端午节。这天民间有插艾条、吃粽子的风俗。其起源有段传说。

相传战国时期，楚国有一个爱国诗人名叫屈原，曾任楚国的左徒等职。当时，楚国屡遭秦国的侵略，为使国家免于灭亡，屈原上疏，主张联合齐国对抗秦国。楚怀王不允，被骗到秦国软禁至死。屈原又上书新即位的顷襄王，劝其为怀王报仇。顷襄王仍拒谏，并将屈原削职流放。之后，秦国灭亡了楚国。屈原极端怨愤，于农历五月初五投汨罗江而死。当地老百姓为使屈原尸体免遭鱼虾之害，在岸上敲锣打鼓，并纷纷将粽子、鸡蛋投入江里喂鱼虾。后来，便演变成端午节吃粽子、吃鸡蛋的风俗。这天，人们将艾篙插于门前，以避毒虫、蚊蝇叮咬。历代沿袭，成为今天的民间风俗。

中秋节的传说

农历八月十五日，是我国传统的民间节日——中秋节。

我国自古至今，因农历八月十五居秋季之中，故称为“中秋节”。

自唐代起，中秋节就有祭拜月神、赏月、吃月饼的习俗，以示祝福、喜庆团圆。到了清代，此风俗更加兴盛，流传至今。之后，人们在月饼和盛月饼的盒子上，绘制了“嫦娥奔月”的图案，这也有一段美丽的神话传说。

相传，月亮中美丽的“嫦娥”，是古代传说中后羿的妻子。后羿得到长生不老药，被嫦娥偷吃，飞到了月中，这就是“嫦娥奔月”的传说。

重阳节

农历的九月初九为重阳节，有长久之含义，是我国的传统节日之一。人们在这一天，常常登当地高山，瞪望远方，怀乡抒情，抒发想念家乡亲人的情感，有的地方则以喝酒畅谈友情为主要内容。现在的重阳节又被赋予了新含义。1989年，我国把每年农历的九月九日定为“老人节”，传统与现实巧妙的结合在一起，成为尊老、爱老、敬老、助老的节日。

十月初一上坟祭祖烧纸

农历十月初一，是我国民间传统的祭祖节。说起祭祖节的来历，还要从汉朝的蔡伦造纸和蔡莫的烧纸说起。

东汉时期，蔡伦利用树皮、麻头、破布和旧鱼网造出纸来，从此代替了笨重的木简及竹简。

蔡伦造出的纸，人们争相购买，赚了很多钱。蔡伦的兄嫂蔡莫夫妇非常眼红，也学着造纸。但造出的纸粗糙，像“火纸”一样，堆在屋里卖不出去，二人十分发愁，蔡莫的妻子慧娘就心生一计——装死。真是两口本事不大，鬼心眼子不少。

一天深夜，蔡莫痛哭妻子死去，街坊邻居赶来问其原因。蔡莫就说因造的纸卖不出去，妻子就上吊死了。人们帮着把“死人”装进棺材，蔡莫就说：“我造的纸不好，让你寻了短见，要这些纸何用?”说着，把纸一捆一捆的烧掉。谁知棺材里的人又活了，闹着要出来。人们壮着胆子打开棺材，看到慧娘睁开了眼睛，并从棺材里坐起来，慧娘出来说：“多亏我丈夫烧了那么多纸，阴间以烧纸为钱，我把钱分给阎王、判官、小鬼，他们就把我放回来了。”人们信以为真，认为烧纸能通鬼神，争相抢购蔡莫的纸，不久，被抢购一空。因慧娘还阳之时，正好是十月初一，因此，人们便都在这天祭祖、上坟、烧纸，以示对先辈的怀念。

随着时代的变迁，人们环保意识的增强，城市里不再烧纸，而用敬献鲜花替代。农村这样做也为期不远了。

喝腊八粥的来历

相传，朱元璋小时候家中贫穷，只好到财主家放牛。一天，一头老牛滑到山涧摔断了腿。财主十分气恼，把他关在屋里三天三夜不给饭吃，饿得他头昏眼花。这时，他在屋里墙角发现了个老鼠洞，就挖了起来。只见老鼠洞里有老鼠的粮仓，里面有大米、小米和红枣等，他把这些东西洗了洗，熬成一锅粥，喝起来香甜可口。

朱元璋当了皇帝后，山珍海味吃腻了，忽然想起喝过的那顿香甜可口的杂粮粥。就叫御厨仿照着煮了一锅，又尝出了当年的味道。那天正好是腊月初八，因此叫做“腊八粥”。文武百官亦个个效仿，后来，传到民间，“腊八粥”延续至今。

民间工艺

古店村在1949年前后有不少艺人。现在有些老年人提起他们来，称赞他们是心灵手巧之人。

剪纸

剪纸是古店村富有地方风格的工艺美术作品之一。此工艺比较普遍，确实受到人们喜爱。由于剪技有高低，作品优劣差异很大。村里剪纸最好的要数石凤兰老人（鹿悦英之妻)、吴士英（张立合之妻)、赵寿兰（李志庚之妻)。村里每逢过年，办喜事，都邀请她们用红纸剪成各种各样的吉庆图案。什么“对腚石榴”“麒麟送子”“鸳鸯对舞”“龙凤呈祥”“双喜字”等。有的户里给老人做生日，她们就剪个“仙女献桃”“老寿星”送上，户主要珍藏很久。几位老人剪纸技艺很娴熟，裁好的纸几经折叠，左几剪、右几剪、中几剪一个个剪纸作品就迎剪而出。剪纸心有所出，剪完的纸，打开一看，个个形象逼真，栩栩如生。可惜的是老人去世后，她们的手艺没有流传下来。

纸扎

村里鹿悦新老人、李洪禄老人的纸扎也是古店村很有名的。鹿悦新老人扎的八角灯笼，纯粹是高级的艺术品。他和李洪禄老人都会扎扎彩，但不以此为生计，只是给邻居百姓等帮忙而已。村里有的老人去世了，户主买好材料请他们扎扎彩，他们欣然答应。扎铺柜、摇钱树、金山、银山、元宝、纸马一类样样拿得出手。他们手艺熟练，扎出的成品美观、大样，很受邻里百姓称赞。

刺绣

1948年前后，古店村的妇女多半都会刺绣，她们穿的绣花鞋，拿着的绣花手帕，戴的绣花帽子，枕的绣花枕巾一般都是自己的作品。小女孩很小就学刺绣。她们绣的荷花、双蝶飞舞、喜鹊登梅、蟋蟀相斗等，看上去形象很逼真，她们把自己的刺绣作品拿到市场上去卖，人们爱不释手，争相购买。

进入21世纪之后，搞刺绣的人多了起来，而且不分男女。有些人退休后在家搞刺绣。他们在商品店里买来图案和各色花线，刺绣大型的《牡丹图》《八骏图》《万里长城》《旭日东升》等，有的一绣就是一两年，绣好的绣品在市场上能卖到几千元到几万元不等。

葫芦彩绘

李庆吉，从小喜欢绘画，摆弄物件。古店村办玩具厂时，聘请他当技术厂长，他为玩具厂创作的许多作品里面都有他绘画基础的影子。晚年，他在自己地里种葫芦，待收获葫芦后，就把葫芦放在半透阳光的地方晾干，然后用工具在葫芦上雕刻或涂画上各种图案，由此使得原本呆板的葫芦变得很“萌”，颇具文化艺术价值，博得人们的喜爱。

葫芦彩绘（辛德华　2017.9摄）

齐鲁名村志

QI LU MING CUN ZHI

古店村志

（1573—2017）

GU DIAN CUN ZHI

习俗方言

XISUFANGYAN

传统节日习俗

1949年前的中国农村，按农时几乎每个月都有节日，其中不少节日掺杂着迷信落后的东西。中华人民共和国成立后，历经60余年破除迷信和移风易俗的洗礼及强大变革，一些消极、落后的习俗逐步消失淡化。然而，随着近年民俗文化的复苏，许多有意义的古老、传统的节俗又开始复活，并日益成为民间文化的一个重要组成部分。

春节

从农历正月初一至初三为春节。人们习惯的称为“过年”。自古至今，春节为民间最古老、最隆重、最受重视的传统节日。从内地到海外华侨，从城市到乡村，从机关到工厂、学校，一般都要放假过春节。在外打工的人们也千里迢迢回到家乡，同家人一起欢度春节。

一进腊月，集市上便日益繁忙起来，日用百货、布匹服装、食用物品、鞭炮香烛一应俱全。人们便开始忙着赶集上店置办年货。腊月二十以后，节日的气氛更加浓厚，杀猪宰羊、割肉买鱼，象征着年年有余；碾米磨面、蒸馍馍，用黄米、红枣蒸成多层年糕，寓意年年登高；用黄豆做豆腐，寓意“年年都富”；添置新碗筷，寓为增人口，人丁兴旺；清扫庭院、房舍，添加新衣，以示辞旧迎新；买鞭炮、烟火，表示欢乐吉祥。过去，村民多以赶王瓜店集市买东西，买的多以普通蔬菜为主。现在一般都到新城去买，买什么有什么，一应俱全。单说服装，上百元有之，几百元有之，上千元亦有之。农村人春节期间的穿戴有的比城里人还时髦。

腊月二十三

俗称过“小年”，亦为辞灶日。旧俗为送“灶王爷上天”见玉皇大帝的日子。人们将灶王爷图像从灶台上方请下来，换上新请的“灶王爷”像，以糖果为贡品，焚香烧纸。将原“灶王爷”的嘴抹上糖稀粥，求“灶王爷”上天言好事，“回宫降吉祥”，保佑来年五谷丰登，全家平安幸福。是日，出门在外或住娘家的媳妇，前一日均须回家，以免被“辞”在外面。解放后，特别是现在，此风俗已渐除。

年三十下午

是一家人最忙、最欢乐的时候，男的打扫卫生、张贴对联、挂灯笼。迎门墙上贴上大“福”字。妇女忙着整理各种菜肴，包水饺等。傍晚时，男人们还要在大门外朝着埋祖坟的方向请家亲，请已故老人回家过年。

除夕之夜

一家团聚，一般通宵不眠，谓“守岁”。午夜时分，祭拜天地，燃放鞭炮，叫做“发码子”，象征着进入新的一年。分居者，到父母身边，同喝“辞年酒”。父母去世者，到长兄家中。午夜饭，除了吃各种炒菜外，还要吃水饺。水饺是素馅的，形状像元宝，象征一年平安、素静、招财进宝。现在一家人早早的吃年夜饭，饭后一家人在一起观看中央电视台播放的春节文艺晚会，不再墨守彻夜不眠之陈规。

大年初一

别看睡得晚，可起得都挺早，大年初一吃过早饭后开始大拜年活动。大街小巷成群结队的人们，穿着艳丽的服装，在街上碰见互祝新年快乐，其乐融融。旧时给长辈拜年要行跪拜之礼，长辈要给晚辈磕头钱，谓之“压岁钱”。解放前，穷人过年如过关，年年难过年年过，出外躲债不敢在家过年。但旧时有个约定俗成的风俗，除夕只要请了家亲，贴上春联，债主就不再登门讨债。

大年初二至十四为走亲访友，小辈看望长辈的时间。走亲戚也有几分讲究，多为“初二姥娘初三姑，初四看望岳丈母。”小辈看望长辈后，长辈也要派子女携礼回访，谓之“礼尚往来”。每年的此时，走亲串友比比皆是，中国大地上城乡之间、乡村之间人来人往，车水马龙。

元宵节

农历正月十五，是我国人民的传统节日之一，全国上下有挂彩灯的习俗，民间有“正月十五闹元宵”之说，是过年的高潮。午饭后，人们忙着做灯。一是做面灯，二是做萝卜灯，各做十二盏，表示一年中的十二个月。有时还在每盏的边沿捏一至十二个角，一个角代表一个月。屋里点面灯，院内点萝卜灯。面灯、萝卜灯现在完全被各种彩灯、蜡烛所替代。过元宵节更热闹了，各乡镇、机关扎制各种彩灯、彩车陈列于肥城市新城主要街道或春秋古城。从下午开始，玩龙灯的、耍狮舞的、打腰鼓的、踩高跷的各展技艺，直到晚上十点多，人们一直沉浸在欢乐之中。

二月二

农历二月初二，素有“龙抬头”之说，雨水逐渐增多，农忙即将开始。旧时有“正月不剃头，剃头死舅舅”之说。因此，男子均在这一天以图“龙抬头”之吉理发。这天清早，家人还围绕院墙撒草木灰，称“围宅”，意为惊蛰已过，各种毒虫不得爬入院里。二月二还有在堂屋、院子“打囤”之说，放上硬币、谷粮，意为钱粮丰满。

端午节

农历五月初五是我国传统的端午节。这天民间有插艾条，吃粽子、鸡蛋的风俗。以此纪念我国战国时期颇具爱国情怀的楚国大夫屈原。

六月六

六月初六为闲节。此时，庄稼已收种结束，有“六月六，挂锄钩”一说。媳妇们可以回娘家多住些日子。若天气好，有晒衣服、被褥的习俗。

八月初一

传说八月初一吃鸡能驱寒强身，预防冬天的各种疾病。八月初一前一天将老母鸡宰杀、洗净装入罐中，加佐料和猪食菜后封口，文火焖煮一夜，翌日早晨食用。

八月十五中秋节

参见《文化·民间传说·中秋节的传说》。

婚姻习俗

通俗婚姻

婚姻是人一生中之大事。自古“男大当婚，女大当嫁”。1949年前后，婚姻凭“父母之命，媒妁之言”，讲究门当户对，男女双方没有自主权，完全以父母包办为主。结婚前，双方都不知对方长得高矮和丑俊。订婚时，媒人携男方“敬请金诺”的红帖，换回女方的“谨遵台命”的复帖，称“换帖”。之后，择吉日“换柬”。换柬是媒人把装有男方姓名、生日、时辰的红柬，送至女家。女家根据双方的生辰八字，定下结婚的日期、时辰等事项。结婚的前三天，男方要把装有首饰、粉袋、梳子的盒子送到女家，并送公鸡、红袄，俗称“送红袄”（此俗延续至今）。

1949年前后的六七十年代，结婚一般在夜间举行。新娘上轿前要“绞面开脸”

“盘发髻”“穿红袄”，还要盖“蒙头红子”。临上轿时，要抓“福”，即用麸子、铜钱拌和后，嫁女用手抓。根据抓的多少，判断一生的福气，老人也要抓一些添上，名曰“添福”。上轿时，嫂子和姑不准在场，俗谓“姨不迎，姑不送，嫂子要送穷光腚”。女方除安排人抬嫁妆外，还要有两个长者“送客”。总人数（包括嫁女在内）为双数，谓“去双回单”。行进中，逢庙过桥，说给嫁女要扔钱一对。

花轿到男方门前，要按约好的时辰进家。男方在大门前高悬大红灯笼，贴喜联、“喜”字，门外贴“出门见喜”，门内贴“迎门见喜”。娶亲前一晚，大伯哥为新人铺床，谓“大伯哥铺新炕，一养一大帮”。铺完炕打个滚，谓“大伯哥打个滚，当年养个小胖子”。新房的窗台放葱与艾，谓“夫妻婚后和睦相爱，生的孩子聪明”之意。枕头内放七个栗子八个枣，意为“立子要早”。

新娘下轿前，由男方“娶女客”手执点燃的谷草把，绕轿转圈，称“燎轿”，口中念叨“右边燎、左边燎，当年生个白胖小”。新娘在娶女客的搀扶，进入院中。在礼宾的主持下，夫妻先拜天地，后拜高堂，夫妻互拜后送入洞房。新郎用秤杆挑去新娘“蒙头红子”，夫妻才第一次相见。继之夫妻同喝“宽心面”“交心酒”，晚辈“闹洞房”“听房”嬉闹打逗。是日，盛宴招待女方宾客及亲朋好友。是时，有新娘“三天不下炕”之说。三天后，由嫂子陪同新娘到本族各家磕头认亲，老人须付见面礼。拜完祖家，新郎新娘回女方娘家，谓之“回门”，亦称“认亲”，也是新郎第一次到岳父家。为防差错，须有本族长者陪同前往。是时，新娘乘独轮车，所带礼品一般为鸡、鱼、肉、点心四样，外加一捆粉条，“以礼不断”之意。岳家盛情招待，请“新姑爷”上座，酒席多为“两大件”或“四大件”。“两大件”，就是有用整鸡、整鱼做的两样“大菜”，俗称两大件；“四大件”，就是有整鸡、整鱼和猪肘子，以及猪肉做的肉丸子（一般称为“四喜丸子”），四样“大菜”。整个结婚还包括“会亲家”“搬叫客”等礼俗。

1949年后，婚姻制度得到彻底改革。1950年中央人民政府颁布《婚姻法》，人们的婚姻观念逐渐改变，男女双方有了自主权，废除了“换帖”的旧习俗。订婚时，双方交换手帕，男方设宴招待女方家陪同来的客人，还要买些礼品带回去。进入21世纪后，村民受机关影响，男女双方父母也参加儿女订婚。男女自由订婚，双方父母又满意，真是越改越好了。

自20世纪60年代起，结婚迎娶新娘（也称“新媳妇”）取消了花轿，一般以马车、自行车、地排车迎娶新娘。文化大革命期间，还以锄、镰、镢、锨“四大件”

作为嫁妆。婚典取消跪拜式，改用鞠躬。70年代用马车，80年代、90年代用拖拉机，迎娶新娘，进入21世纪之后用轿车接新娘，个别家庭经济条件好的，或是喜欢“显摆”的人家，常常是动用6辆或10辆轿车组成车队接新娘。接新娘的车队在路上一排就是“一条龙”，引得许多人好奇的观赏。过去娶新媳妇，接新娘，一般都是在夜间。20世纪之后则改在白天。娶亲当日的婚宴，由在家设宴请宾朋，改为在饭店宴请。来喝喜酒送礼钱的少则几百元，上千元者有之。

车队

特殊婚姻

招赘婚

俗称招养老女婿，也就是现在所说的女娶男。女娶男与男娶女的婚礼一样办。举行婚礼时，女方把男方迎接到家里。1949年前后，父母只生有女孩，没生育男孩的家庭为传宗接代，就指定其中一女儿招婿上门。是时，养老女婿受到家族歧视，得不到应有的尊重，在社会上也显得地位低下，特别是在1948年前，男子到女方家后，跟着姓女方的姓，直到三代后，方能复姓归宗。因此，养老女婿多为贫穷之家，多子而无能力为儿子娶亲的人家。中华人民共和国成立后，新《中华人民共和国婚姻法》明文规定：上门女婿是国家承认的一种婚姻形式，在家庭和社会上应受到尊重，享有其他家庭成员同等的权利。

娃娃亲

娃娃亲即在孩子幼小时，双方父母因为爱好，就将儿女的婚事定下，待孩子长大后再举行婚礼。还有更荒唐的是指腹为婚，孩子没出生，便由双方父母为胎儿定下婚事。待孩子出生后，如都是男孩，可结为干兄弟；若都是女孩，可结为干姊妹。若果然是一男一女，孩子长大成人后便结为夫妻。这两种婚姻酿造了不少婚姻悲剧。《中华人民共和国婚姻法》实施后，两种婚姻即被废除。

童养媳

在1949年前，同样是一种不合理的婚姻。女孩的家庭因贫困无力抚养几个孩子长大，就将其中的一个或几个幼女，以有限的钱粮，寄养在婆家。男方一般不是年龄大，就是身体有缺陷。等女孩长到十五六再和男方圆房。童养媳地位低贱，似侍女。新中国成立后，此种婚姻没再发生。

妇女改嫁

丧夫或离异妇女再婚称为改嫁。1949年前，妇女改嫁是受到歧视和阻挠的。讲究什么“好马不配双鞍，好女不嫁二夫”，这实际是套在再婚女子身上的枷锁。在这种封建礼教约束下，村里有好几个老年妇女，年轻丧夫，守寡几十年。实际上是过着一种痛苦的生活。新中国成立后，改嫁已成为正常婚姻，受法律保护。但现在的现实情况阻力不是来自社会，而是来自家庭。关键是子女有时百般阻挡。想嫁或另娶她人的，做子女的不应阻拦，实在不想再另嫁他人的，家族成员也不能相逼。

婚姻禁忌

结婚忌甲子年，1949年前认为甲子年是寡妇年。

忌一年有两个立春结婚，也忌讳年内无立春结婚，说什么“一年两个春，死了丈夫断了根”。

结婚时，忌怀孕妇女、戴孝的妇女去看新媳妇。忌怀孕妇女坐新媳妇的炕，说什么“双身不压炕”。

结婚时，新娘的花轿（花车）不能见磨、见碾，实在避不开，可用红布遮盖一下。

水果按礼送，不能送梨。“梨”“离”谐音，不吉利。

结婚做被褥，忌用“不全人”(如寡妇，儿女不全者，服孝不过三年者)，如娶亲，姨、嫂子忌送亲，民间有“姑不娶，姨不送，嫂子送了穷光腚”的说法。

礼仪习俗

婴儿出生

妇女生孩子，当地称“坐月子”或“占房”。临产前，娘家母亲带上红糖、挂面、鸡蛋等，来看望闺女，谓之“催生”。

孩子出生后，亲朋邻里送鸡蛋、挂面、红糖、小米等，叫“送助米”。出生第六天、九天、十天或十二天后要摆宴席候客，名曰“吃面”。参加“吃面”的主要以娘家人为主，接生婆必须请到，参加吃面。产妇的母亲要向接生婆赠送“洗手钱”。

孩子出生一个月叫“满月”。此时，产妇要吃老母鸡一只“卧床出汗”养身子，随后娘家人将产妇接回住“满月”。

1948年前后，产妇生的男婴有留“八十毛”的习俗。即在满月给孩子剃头时，于后脑勺留下一缕毛发，谓之“八十毛”。有祝愿健康长寿之意。“八十毛”等到八岁零八个月，方能剃掉。

祝寿

祝寿也叫“上寿”“过生日”，一般在66岁以后开始。“六十六，吃块肉”（看来过去人很少吃肉，现在谁还拿肉当稀罕之物）。每到老人生日这天，子女、亲朋携礼品前来祝寿。现在直接拿钱作为寿礼，主人设宴款待。

乔迁

乔迁意指人搬到一个新地方去住，亲朋好友前来祝贺，也叫“温居”。

饯行

饯行，即对将要出远门的人设宴欢送，也叫“送行”“发脚”，祝其一路顺风平安。

接风洗尘

接风洗尘，是对外出远道归来的人或对外出多年荣归故里的人设宴款待的一种表达方式，即表示欢迎之意，以慰其旅途劳累，以表亲近、尊重、关心之情，称为“接风”或“洗尘”。

店铺开张

店铺落成后开始营业，称为“开市”“开业”或“开张”。邀请亲朋好友及同行人士前来参加庆典活动，参加者一般带长幅贺联及钱物作为贺礼，店主设宴款待以表谢意。

丧葬习俗

净身

老人病重时，子女须守在身边。病危时，为老人洗脸、洗脚、剃头、穿寿衣。无论什么季节，都要以穿棉衣为主，表示以棉（眠）为安。忌穿缎子，因谐音“断子”，犯家庭大忌。气绝后，以火纸盖脸，烧“倒头纸”，蒸“倒头饭”，家人失声痛哭。为死者净面、整装后，将尸体移入棺内，叫做“入殓”。如死者为女性，由长子到姥娘家磕头，称“跪门”，以告知娘家人，等娘家人来看后，方能盖棺。

叫魂

去世人入殓后，族人敲着犁铧为其叫魂，连呼三声。然后用水桶盛上米汤，携带招魂幡去土地庙烧纸敬香，名其曰“泼汤”。

服孝

父母去世，子女为其披麻戴孝，穿白布长衫，谓之“孝服”，腰系麻绳，谓之“孝绳”。孝子（孝女）穿白布鞋，脚后跟踩鞋帮，拖拉着走路。手拄用白纸剪成的条状缠过的柳木棍，俗称“哀杖”。中华人民共和国成立后，父母去世后，子女一般不再穿白孝衣，但是戴孝的仍有，拄“哀杖”的几乎没有了。时下又有恢复。父母去世，子女要服孝三年，孙辈要服孝一年。这期间不能穿红着绿，过年不能贴红对联，不能办喜事。

是时，死者入殓后，第二天一早，孝子抱一只公鸡要去墓地“点穴”。烧纸后，破土挖穴，富裕人家多以请风水先生选择墓穴。墓室多以砖石砌成，亦称“葬子”。走向以东北、西南或西北、东南。此风俗2017年前后仍延续存在。

出丧

又称“送殡”“出殡”。一般在死者死后第三天举行，也有当天举行者。出殡前，要在死者盖的被子上扯下一幅，名曰“扯福”，意思是把福留给子女。1949年前，较隆重的出丧，须雇“吹鼓手”。出丧时，“擎重夫”将棺材抬至街头，由孝子和亲友“拜路祭”，亲友祭奠时，孝子要磕头谢客。路祭完毕后，宣布起灵时，孝子

（一般是长子）将“老盆”摔掉，并且一次摔碎，越碎越好。

下葬

装殓死者的棺木或骨灰盒下葬，孝子们绕坟顺转三圈，逆转三圈，称“游坟”。领头的孝子手拿小饼一小口一小口转着咬，咬一口扔在葬穴里，剩下的小饼盖在下水罐子上，填满坟土，堆起坟头后，抓一把坟上的黄土带回家洒在墙角处。晚间，还要去送“盘缠”，用黑豆包与死者年龄同等数量的小包子，至午夜埋至坟前，称“复三”。丧后过“一七”“三七”。“二七”不上坟，“五七”时，亲友皆至。如死者在春节前辞世，一三五七赶在春节后，可将五七提到春节前过，节后就不再过七了。在之后的三年内，“百日”“忌日”都要上坟祭祀。

生产习俗

1948年前，村民过着小农经济兼自然经济的生活。生产劳动以家庭为单位，黎明时分下坡，早饭由家人送到田间地头，这叫“趁凉快”。用牛耕地时，上午下午各休息一次，叫做“歇晌”，等到牛“嚼沫”后再耕。

老庄稼把式干活讲究技艺，例如割麦子有“上搭镰”“下搭镰”，锄地时要“倒务”（换架式）。间苗要留“三角”，挑担要换肩。抬东西，物体离地面越近越好。有些农活更是讲究技巧，如扬场、上垛、摇楼播种、扶犁耕地等，需专人去做。

人民公社化后，社员下地以打点为号，到固定地点集合，然后由生产队长分派农活，村民一块下地干活。实行土地大包干以后，村民耕种自行做主，再也没有统一的生产习俗可循。

称谓礼仪

华夏古国，礼仪之邦。界定社会各色的人等名分，乃是关系到治国安邦，保证社会有序、发展的大事。对于称谓，我们的祖先是十分讲究的，丝毫不能马虎，如不谨慎，便会贻笑于人。今天，我们仍要慎重行之，搞清楚亲属、师友、上下级及同志间的称谓，实在是很有必要。

从宏观角度观察，中国的称谓体系如下：

“九族”“五服”称谓

“九族”，就是以本人为轴心，上推到高祖，下推到玄孙的九代血统亲属，也就是高祖、曾祖、祖父、父亲、本人、儿子、孙子、曾孙、玄孙共九代人的血统关系和称谓。

由于这一体系是从本人开始上推四世，下推四世，包括本人共九世，所以他和“五服”密切相连。古代丧服制，按照关系的亲疏程度分为五种丧服。即斩、齐、大功、小功、缌麻。穿不同的丧服举哀，表示与亡人关系之远近。所以“五服”制就是“九族”制的体现。不出“五服”，就不出“九族”，就是近亲血统。

称谓详列：

高祖父：称老老爷爷

高祖母：称老老奶奶

曾祖父：称老爷爷

曾祖母：称老奶奶

祖父：称爷爷

祖母：称奶奶

父亲：称爹、爸爸、大大

母亲：称娘、妈、妈妈

伯父：依次称大爷、二大爷等

伯母：依次称大娘、二大娘等

叔父：依次称二叔三叔等

婶母：依次称二婶子、三婶子等

姑母：依次称大姑、二姑等

姑父：依次称大姑父、二姑父等

姑之子女：称表哥、表姐、表弟、表妹

兄：称哥哥或大哥、二哥等

嫂：称嫂子、大嫂、二嫂等

弟：称弟弟、兄弟或大兄弟、二兄弟等

弟媳：称弟妹或妹妹

姐姐：依次称大姐、二姐等

姐夫：依次称大姐夫、二姐夫或哥哥

妹妹：依次称大妹妹、二妹妹

妹夫：依次称大妹夫、二妹夫或弟弟

外曾祖父：称老姥爷

外曾祖母：称老姥娘

外祖父：称姥爷

外祖母：称姥娘

舅父：依次称大舅、二舅等

舅母：称妗子或舅妈

舅之子女：称表哥、表姐、表弟、表妹

姨母：称大姨、二姨等

姨夫：称大姨夫、二姨夫等

姨之子女：称表哥、表姐、表弟、表妹

岳父：与妻同称，或称大爷、大叔，对外称岳父、丈母爹，现称爸爸

岳母：与妻同称，或大娘、婶子，对外称岳母、丈母娘，现称娘、妈

妻兄：与妻同称，对外称舅子哥

妻嫂：与妻同称

妻弟：与妻同称，对外称内弟，小舅子

妻弟媳：与妻同称

妻姐：与妻同称，对外称大姨姐

妻妹：与妻同称，对外称小姨妹

连襟：与妻同称，对外称两侨，侨兄弟

公公：与夫同称，对外称老公公

婆婆：与夫同称，对外称老婆婆

夫兄：与夫同称，对外称大伯哥

夫嫂：与夫同称

夫弟：与夫同称，对外称小叔子

夫弟妹：与夫同称

夫姐：与夫同称，对外称大姑子姐

夫妹：与夫同称，对外称小姑子

父亲的姑：称姑奶奶

父亲的姑父：称姑爷爷

父亲的姨：称姨奶奶

父亲的姨夫：称姨爷爷

父亲的舅：称舅老爷

父亲的舅母：称舅姥娘

母亲的姑：称姑姥娘

母亲的姑父：称姑姥爷

母亲的姨：称姨姥娘

母亲的姨夫：称姨姥爷

母亲的舅：称舅姥爷

母亲的舅母：称舅姥娘

公婆对儿媳的称呼：1948年前后一般不称呼名字，而叫“大小家”“二小家”或以儿子的名字加“家”，比如“某某家”，现多呼名字。

对丈夫的称呼：1948年前后称“当家的”“掌柜的”“小他爹”“劳力”。现直呼姓名。

对妻子的称呼：1948年前称“俺家里”“做饭的”“孩子他娘”。现直呼姓名。

对晚辈的称呼：对女儿称“闺女”。兄弟的子女则称其为侄、侄女。

对姐妹的子女则称其为外甥、外甥女。

对友人的称呼：则根据年龄、性别称大爷、大娘、大哥、大姐、兄弟姐妹或称先生、老师、师傅等尊称。

婚姻年龄的称谓

一周年称纸婚，最初结合薄如纸；

五周年称木婚，已经同木质一样坚硬；

十周年称锡婚，像锡器柔韧不易破碎；

十五年称水晶婚，透明清澈而光彩夺目；

二十年称搪瓷婚，光滑无暇但需要防跌；

二十五年称银婚，婚姻恒久第一大庆；

三十年称珍珠婚，美丽珍贵使人羡慕；

三十五年称珊瑚婚，嫣红而宝贵；

四十年称红宝石婚，更名贵难得；

五十年称金婚，婚姻恒久第二大庆；

五十五年称翡翠婚，如同无价之宝；

六十年称钻石婚，人生难得最隆重庆典。

身份别称

正面人物：好人、老实人、忠厚、长者、君子、圣人、贤人、仁人志士、万世师表、无名英雄、爱国人士、标兵、突击手、积极分子、功臣、元老、泰斗、忠臣、光明磊落等。

反面人物：坏人、歹徒、帮凶、地痞、坏分子、败类、畜生、小人、笑面虎、泼皮、凶手、魔鬼、阴谋家、狗头军师、奸臣、变色龙、泼妇、淫妇、破鞋、刁钻、老不正经、官迷、财迷、两面派等。

中间人物：好好先生、直性子、慢性子、炮筒子、马大哈、愣头青、老古董、碎嘴子、穷光蛋、叫花子、孤寡、固执、阴阳人、呆傻等。

有钱有势人物：权贵、豪绅、地主老财、首富、阔佬、富豪、资本家、暴发户、寡头、纨绔子弟、浪荡公子等。

交际礼节

交际自古以来是人们进行社会交流、交往的重要方面。古店村人历来受儒家思想影响，待人接物诚实、信义、豁达、宽容、谦恭、礼让、重道。交际中彬彬有礼，举止落落大方，言语温文尔雅，馈赠礼尚往来。中华民族的优良传统，社会应该继承、弘扬，以示社会和谐有序。

相见礼节

相见 古代人相见礼节主要有跪、拜、拱、揖、万福等。晚辈见长辈，先站好双臂下垂，两脚并拢恭敬问候；妇女见长者要低头拱手，并脚轻声问候。师生相见，学生先向老师施鞠躬礼。解放后，学生见老师改行少先队礼（指小学生），相邻相见相互问候“吃了么”“家来吧”“干么去”等。

21世纪后的社会交往中，虽没有过去那么多礼节，但必要的招呼要打，最简单的点头示意还要有，不能视而不见，听而不闻。

途中问路 途中问路视性别、年龄、职业等，先称呼后问路，然后说声“谢谢”或者“给你添麻烦了”等客气话。

串门 串门时，一般先敲门或在院中问一下“有人吗?”主人答话后方可进屋。串门者走时，主人送至门外。客人或朋友来访时，主人迎至门外，热情问候。客人进屋后让之上坐，冲茶、递烟，然后开始拉呱，客人告辞时要婉言相留。

串亲 俗称“走亲戚”或“传篮子头”。一般是每年两次，第一次是春节期间，第二次是麦后（渐除）。不定期的串亲多了起来，如“接风”“送行”“温居”“起病”及孩子上大学、参军等，亲朋好友欢聚在一起庆贺一番。

交谈及体态礼节

在人际交往中，人的目光、手势、坐姿等体态都能表现出人的内在修养，传递着交往意向。体态这一无声语言运用得体，则能更有效的表达自己。提高举止神态的文明程度，有利于促进人们之间的交往。

与人交往时，眼睛里要放射出宁和、亲切的目光。与人谈话时，眼睛要看着对方，不能用手指指点点。交谈时思想要集中，不能做一些与交谈无关的动作，要善于倾听对方的谈话。也不要随意打断对方的谈话。对晚辈说话要平易近人，温和友善。男女间交谈要文雅，注意掌握分寸。对不熟悉的人，不要随意开玩笑，与人在一起谈话时，不要随便议论他人，更不能轻易下结论。

宴席礼节

自古以来，古店村人有好客的习惯，对客人的招待很上讲究。过去一般都用八仙桌子，当你站在席口对着八仙桌子时，右边是上座，左边是陪座。要把客人让至上座，主人或晚辈坐在上菜的方位，负责接菜、倒茶、斟酒等应酬活动。另外，如果主要客人没有吸烟的习惯，其他人特别是主人或晚辈最好是不要吸烟，实在憋不住可离开宴席到室外去吸烟。

做客赴宴礼节

在做客或赴宴时，礼仪的讲究也很重要。一般来说有以下几种做法：应邀出席宴会，遵守赴宴时间是最基本的礼节。一般是按约定的时间提前几分钟，过早过晚都不好，牵涉到对主人的态度。

入席时，要听主人的安排就坐，就坐时客人之间可以相互礼让一番，坐姿要端正，与客人交谈声音要低，不能声音太高或指手画脚。

吃菜时，在同席的人都未动筷之前，自己不要抢先动筷，更不能边吃边谈，唾沫四溅。

主人敬酒时，要起立回应，饮酒时要注意自己的酒量，要留有余地，不能喝的酩酊大醉，口出秽语，有失人格，伤及身体。

散席时一般不要早早离开，即使自己吃饱了也要等等其他人，吃完了一同离席。离席时要对主人家热情款待表示谢意，也不能抓住主人的手谈起来没完没了，以免影响主人招呼其他客人。

交际语言

语言是交际的工具。在社会交往中，文雅、活气、谦虚的运用语言，将能更好地发挥语言的交际功能，从而更有效的促进人们的交往，这对建设和谐社会是十分有益的。在现实的人际交往中，要注意使用敬词和客气话。

请问——请求对方解答问题

请——希望对方做某件事

赐教——给予指教

高见——赞人见解

高论——赞人言论

高寿——问老年人的年龄

贵庚——询问别人的年龄

奉还——归还

贵姓、尊姓——询问别人的姓名

奉告——告诉

奉送——赠送

奉劝——劝告

告辞——告别

奉陪——陪伴

拜访——访问

拜望——探望

拜托——托人办事

光临——宾客来到

恭候——等候

久违——好久不见

恭贺、恭喜——祝贺别人的喜事

有劳——用于拜托、答谢别人代自己做事。

失敬——向对方表示歉意，责备自己礼貌不周。

雅正、斧正——自己的作品送别人时，表示请对方指教。

久仰——仰慕已久，用于初次见面的人。

指教——请人对自己所做之事或作品指出批评指正意见

包涵——请人原谅

劳驾、费心——请别人代为自己做事

借光——请别人给自己方便

留步——主人送客时，客人请主人不要再往前送了。

书面交际主要用于书信交往传情达意。书面交际用语文饰典雅，讲究谦恭、委婉。开头、结尾、思念、问候、邀约、商谈各有特定的文辞饰语。运用恰当能使书面语言、交际礼仪规范。

开头语：喜接来函，别来无恙。　惠书敬悉，甚以为慰。　别不通函，至以为念。

思念语：分手多日，别来无恙。　别来良久，甚以为怀。　久疏问候，多多见谅。

钦佩语：奉读大示，向往尤深。　大作拜读，钦佩之至。　倾读惠书，如闻金玉良言。

问候语：阳春三月，燕语雕梁，想必心旷神怡。　秋高气爽，希善自为乐。　气候多变，希自珍卫。

问病语：闻君欠安，甚为悬念。　贵体新痊，唯自珍重。　欣闻贵体康复，至为慰藉。

自述语：贱躯如常，眷属安健，聊可告慰。　我微恙已愈，现顽健仍如往日，免念。　大示读悉，奖饰过分，实不敢当。

祝贺语：欣闻……谨寄数语，聊表祝贺。　喜闻……由衷快慰，遥祝前程似锦。倾闻喜讯，再祝宏图大展。

祝新婚：欣闻你们喜结良缘，无限欣慰。 喜闻足下燕尔新婚，特申祝贺。祝贺你们喜结百年之好。

贺生育：弄璋之喜，可庆可贺（贺生子）。 弄瓦之喜，遥以祝贺（贺生女）。 闻育祥麟，谨此恭贺。

贺寿：遥祝寿比南山，福如东海。 恭祝延年寿千秋。 喜贺福寿双全，恭祝阖家安好，寿星高照。

致谢语：来示读悉，十分感谢。 承蒙见教，获益甚多。 如此厚赠，实深惶悚。

致歉语：惠书敬悉，甚感盛意，迟复为歉。 托付之事，未能尽如人意，尚请多多包涵。 前事有逆尊意，不胜惭愧，万望海涵。

致哀语：惊悉某某不幸逝世，不胜哀悼。 惊悉某某作古，家失柱石，悲痛万分。 死者已矣，生者恳请多保重。

请托语：所恳之事，若蒙慨允，将不胜感激之至。 至此情形，望您能尽心相助。

承诺语：但有见示，愿效犬马之劳。 有何要求，请尽早示之，切勿客气。承嘱各事，皆一一照办，尽请放心。4.有蒙见托，敢不尽心尽力。

婉辞语：托付之事，因……不便应命，祈获谅解。 能力所及，仅此而已，无法奉命，尚悉见谅。 前信所言，实爱莫能助，容日后再行设法，请谅。 我情况不明，已无主张，请自行酌定为盼。

请教语：倘蒙见教，没齿难忘。 拙作幼稚，恳请大加斧正。 所言之事，尚希拨冗见示为幸。

赠物语：寄上薄物若干，尚望笑纳为幸。 千里鹅毛，聊表寸心。 所奉礼品微不足道，望勿嫌弃。

邀约语：何日来此，愿得晤读为幸。 若蒙光临寒舍，当不胜荣幸之至。

催促语：如蒙速复，不胜感激。 尊意如何，请即示之。

结束语：情长纸短，不尽依依。 书不言尽，余言后续。 匆此草就，不成文理。

吉祥风俗

吉祥是中华民族特别注重的一种心理感受，也是世俗人生追求、憧憬美好的象征。它源于先人“万物生灵”的观念和神鬼信仰，充满着浓厚的现实生活气息，构成了人们趋吉避凶的普遍心理，形成了博大精深的民族文化。从古至今，流传在古店村的一些吉祥与禁忌的说法，既有着一定的文化积淀，又有传承之意向。

吉祥物纷繁多样，以其寓意或含义来满足人们心理期待与所求。常见的有民俗吉祥物，家庭种植吉祥物，动物崇拜演化出来的吉祥物，祈财吉祥物，延年益寿吉祥物．期盼团圆吉祥物，贺新婚嫁娶吉祥物等。在此略举一二。

宅院中堂屋一侧或两侧种石榴树，有“榴开百子”“子孙满堂”多子多福之寓意。

院子外种槐树，民间有“门前一棵槐，银子滚滚来”之说。

举行喜庆宴会，必须有鸡、鱼，意为“喜庆有余”“大吉大利”。

祈子果实吉祥物有枣、栗子、石榴、花生、莲子、桂圆等，取其早生贵子、连生贵子、子孙满堂之意。

祈子动物吉祥物主要有麒麟，麒麟是人们幻想中的瑞兽，古人视其为生殖象征物，故有“麒麟送子”一说。

象征发财的吉祥物有摇钱树、铜钱、元宝、聚宝盆等。

自古以来人们总把燕子跟春天联系在一起。燕子春天回归后，在谁家垒窝，就预兆着谁家兴旺发达，人财两旺。

民间盖房上梁，梁上要贴“紫薇高照”“上梁大吉”字样，还有的写有“鲁班问梁可日上，太公答曰此日吉”字样，以起到镇宅趋吉作用。

1949年前后女子出嫁，陪嫁品一般要有铜镜或铜盆，鞋等物，寓意为“同心偕老”之意。

家人或客人出门远行，一般讲究“出门饺子还家面”。走时吃水饺为其饯行，水饺形若元宝，预祝出门人发大财，盼望早日归来之意。家人或客人出远门回来吃面条，有情义绵长之寓意。

陋习流弊

算卦相面

1948年前后，老百姓因缺乏科学知识，又受条件限制，遇有病灾和疑难事，就占卦算命，以求逢凶化吉。占卦算命者，几乎村村都有，他们大多走街串巷，以“黄雀叼卦”“抽签”“相面”“拆字”迷惑群众。算卦相面时，占卜先生先察言观色，诱人表现心事，然后询问占卜者的生辰八字、语言表现，推测其目的用意。先编出一套赞美之词，使占卜人高兴，然后再说你近期凶吉，最后再道出缘由及破解办法，以达到骗人钱财之目的。

看风水

1948年前后，村民修建房屋，选坟地建墓，多请风水先生看风水，当官的、富裕之家更看重此事。现在，社会上看风水的人又多了起来，成了一种挣钱发财的职业。

巫婆神汉

1948年前后，村民无钱求医问药，家有病人时，就请巫婆神汉，祈求神灵保佑，赶走瘟神。行巫者，以“跳大神”等巫术骗取钱财，因此而贻误病人生命的事故时有发生。

求雨

求雨是围绕农业生产，祈求丰收的巫术活动。1948年前后，久旱不雨，便有一伙寡妇、姑娘（一般为七个寡妇九个姑娘）沿街扫土、扫坑，也到菩萨庙里去扫，念叨："扫扫菩萨奶奶的脚，下的雨没处泥；扫扫菩萨奶奶的脸，大坑小坑都下满。"也有的各家各户敛点钱，做上几样贡品，烧纸上供，祈求老天下雨，旧时称娶雨。还有的在农历五月十三这天，抬上关公塑像或牌位，敲锣打鼓遍游街巷。相传，此日为关公诞辰，每逢这天关公在天上磨大刀，故而这天求雨灵验。

缠足

缠足是中国妇女特有的一种陋习，相传这种陋习起源于南唐后主李煜。他在东宫内造七尺高莲台，令宫女以帛缠足作新月状，着素袜行舞于台中，回首有凌云之态，从此开始了妇女缠足之风。宋朝时，妇女缠足更盛行，女人的脚越小越好，成了美人的标志。女孩从六七岁开始缠足，致使足骨变形，长大后脚又尖又小，形似棱角（俗称三寸金莲）。缠足陋习严重损害了妇女的脚板原始功能，致使妇女走不快、跑不动。辛亥革命后，此陋习才革除。

亲上亲

1948年前后，由于人们不懂生育科学，以姑表、姨表兄妹爱好做亲，并以亲上亲为美。随着婚姻法的贯彻实施，科学生育知识的普及，此陋习在20世纪80年代根除。

出嗣

也叫出过继。就是没有儿子或无子女者，要招同胞兄弟的儿子立嗣，继承自己的家产，以防自己年高无人赡养，故后无人送终。如果近支人丁不旺或没有合适人选，也可以过近门支系或隔儿过孙。过继需双方自愿，要立过继单为凭证。

认干娘

就是男孩稀少或立不住男孩的家庭，为使自己的孩子长命或健康生长，就在村内或朋友之间选一户为人正派、心地善良的多子女家庭的主妇认做干娘，把自己的孩子带起来，使自己的孩子长命百岁。如找不到干娘接受干儿，可认砺柱为干娘，旧时称砺柱娘。

禁忌习俗

禁忌源于迷信，人们相信通过一些禁忌可以避免灾祸，借此求得心理上的安慰，略举一二说明。

过年时忌说“死”“完”“破”“断”“光”“坏”等不吉利的语言。包饺子忌说“馅、面用完了”，下饺子有的皮破了，说“挣了”；年夜饭忌吃光，有“初一剩馅，十五剩面”之俗；拿器物要小心，不要摔碎了，一旦不慎打碎，忌讳打骂，要说“碎了好，岁岁平安”。

正月里忌空锅，饭后要向锅里舀水或放一个馒头，预祝一年不断粮。

新媳妇不超过三年的，不能在婆家过腊八和正月十五，有“腊八不摸勺，摸勺死婆婆”“十五不看灯，看灯死公公”之说。

忌下午看病人，下午属阴，说下午看病人有加重病人之嫌，也有日落西山之说。

每月初一、十五忌走亲访友，看病人。

父母去世三年内，儿女不能穿红着绿，过年不能贴红春联，不过“五七”儿子不能理发。

屋前忌栽桑树，屋后忌栽柳树，院里忌栽杨树。当地有“前不栽桑，后不栽柳，院里不栽拍打手”的说法。

室内安床的位置忌讳迎门放置，因民间人死后尸体是迎门放置的，所以床位不能迎门放，不吉利，主凶。

20世纪90年代后，随着社会文明的进步，科学知识的普及，一些陈规陋习日渐消除。但历史遗留下来的一些优秀民间文化风俗，至今在民间流传着。

方言

古店村方言的特点

古店村方言是人们日常生活及社会语言交流中的通俗言辞，属汉语官话方言中的北方官话。在山东省方言中，属山东西区方言中的西齐方言区。本村的方言虽然接近北方官话，但与普通话（北方官话）还有一定的差距。

古店村方言日常用语中，有不少特殊词，有的使用频率很高，例如称谓母亲叫“娘”（音：niang或nia去声）；父亲叫“大大”（音：da阴平）或叫“爹”（音：die阴平）。姑娘叫客（音：kei）家子。祖母叫“奶奶”（音：nai或nan）。其他的常用特殊词如那个“窝”（地方），“收烟”（吸烟），“行”（hang）（泛指果园，如“果行”“桃行”“杨树行子”）。

个别词的独特含义：如“可是”一词。除与普通话中含转折的意思相同外，还含有肯定、赞同的意思。如老张说：“这场雨下的真及时”，老孙接茬说：“可是”。这里的“可是”就没有了转折之意，完全是肯定、赞同的意思。又如“能”这个形容词，意指有能力有本事。但在古店村人的口语中却反其道而行之，完全成了否定之意。如甲：今天上午，我一口气刨了二亩地，乙：“能”！这里的“能”是否定的意思。

词汇

天时地利方位

老爷爷儿——太阳

老爷地儿——太阳地儿

呱啦——霹雷

饭不拉子——雪粒

冻冻——冰

星雨儿——小雨

煞风了——风停了

头晌午——上午

及门——今天

mie儿——昨天

待两天——过两天

月黑头——漆黑的夜晚

春上——春天

一霎——一会儿

旮旯儿——角落里

日常生活用语

揍饭——做饭

下腰——弯腰

擀汤——擀面条

舔腚——长舌头

烘杭——晚上

娇待——娇惯

迂磨——拖拉

胡啦八——不说正经话

胡二马约——做事马虎

格没声地——悄悄地
露头青——办事莽撞
上茅子——去厕所
摆古——摆弄、修理
胳拉拜——膝盖
如贴——舒服
一起眼——开始
甭价了——不用了
不沾弦——不中用
当不着——可能是
烧包——骄傲
洋兴——娇里娇气
噘人——骂
目量——估计
扎煞——张狂
小九九——小主意
花花肠子——没好心计

房屋、生活用品

宅子——整个房院
当天井——院内
锅坯——锅盖
电棒子——手电筒
油炸果子——油条
鬼子肉——驴肉
卷子——方形馒头
长果油——花生油
大油——猪油
薄障子——篱笆
电驴子——摩托车
戳子——印章

豆枕——枕头
洋灰——水泥
胰子——肥皂
爆仗——爆竹

动物、植物

牤牛——未阉割的公牛
氏牛——母牛
叫驴——公驴
草驴——母驴
牲口——牛、驴、骡、马
牙豹——配种的公猪
皮子——狐狸
老鸹——喜鹊
黑老鸹子——乌鸦
泞泞勾——泥鳅
波罗柚子——蜗牛
蚁蛘——蚂蚁
蛐里船——蚯蚓
场园花——向日葵
长虫——蛇
洋柿子——西红柿
妈虎——狼
餐打木子——啄木鸟
棉条户子——蝙蝠
恶鄉蛛子——蜘蛛
棒子——玉米
地豆子——马铃薯

红白事

红事——喜事的统称
白事——丧亡之事

坐月子——女人生孩子

老娘婆——接生员

二婚头——指再婚的妇女

带犊子——随母亲改嫁带来的孩子

前窝儿——前妻或前夫的儿女

老达了——去世

伤了——指婴儿夭折

林地——坟地

老林——祖坟地

亲属称谓及其他

大大——爸爸

大爷——大伯

娘娘——亲伯母

妗子——舅妈

公母俩——夫妻俩

客家子——姑娘

先生——医生、教师

神妈妈——巫婆

戏子——演员

叫花子——要饭的

咿——呼唤牲口左转

喔——呼唤牲口右转

花花——唤猫

咾咾——唤猪

叭叭——唤鸡

俗语谚语

俗语也叫俗话，它是一种通俗易懂，并广泛流行在人民群众中的定型的语句，是人民群众在生产劳动和社会生活实践活动中创造出来的。是人民群众成功的经验，失败的教训，科学知识、生活感受的总结。它不仅数量多，而且语言精练、生动形象、表音准确、说理深刻、比喻恰当。在古店村民中的口语中被大量使用，起到了指导生产、生活、工作、学习的作用。

谚语

生产谚语

刮下春风下秋雨

六月六，看谷秀；七月七，割谷吃。

三秋不如一麦忙，三麦不如一秋长。

端午有雨是丰年，芒种打雷雨连连。

种豆喜欢五月里冷，一棵豆子打一捧。

立秋下种白露栽，小雪前后出白菜。

霜降不收葱，一天一天空。

该冷不冷，不成年景；该热不热，五谷不结。

清明玉米谷雨花，立夏之前栽地瓜。

过了夏至节，锄地不用歇。

台下韭，花下藕，不落花的黄瓜纽。

春锄深，夏锄浅，秋天锄地似刮脸。

麦捆根，谷捆稍，芝麻捆在正当腰。

人哄地皮，地哄肚皮；人哄地一季，地哄人一年。

三分种，七分管，十分收成才保险。

庄稼一枝花，全靠肥当家；种地不上粪，等于瞎胡混。

麦收九成熟，玉米歪了头。

地是聚宝盆，就看手脚勤不勤。

金山银山，不如绿水青山。

生活谚语

吃不穷，喝不穷，盘算不到就受穷。

勤上坡，少赶集，无事不要走亲戚。

严是爱，宽是害，不管不教出祸害。

人正压百邪，一孝遮百丑。

事忙先上账，免得后思想。

人过留名，雁过留声。

从小看大，当年不成驴，到老是个驴驹子。

宁可人穷，不可志短。

众人眼里有杆秤

过秋过麦下下腰，强似冬天转一遭。

百里不同风，千里不同俗。

吃饭穿衣量家当，勤俭节约好风尚。

饿了给一口，强似饱食给一斗。

娶起媳妇管起饭，置起车子买起襻。

三巴掌打不倒人，三句话说倒人。

当面教子，背后教妻。

骡大马大值银元，人大不值钱。

犯病的不吃，犯法的不做。

一个好汉斗不过一个赖蛋

君子报仇十年不晚，小人报仇从早到晚——别惹小人。

你敬我一尺，我敬你一丈。

活不到九十八，别笑话人家瘸和瞎。

良言一句三冬暖，恶语伤人六月寒。

话多不如话少，话少不如话好。

经商不欺人，不用敬财神。

远亲不如近邻，近邻不如对门。

好心虽无见报，存心自有天知。
人无千日好，花无百日红。
人有三件宝，丑妻近地破棉袄。
要吃还是家常饭，要穿还是粗布衣，要好还是结发妻。
好儿不如好媳妇，好闺女不如好女婿。
书到用时方恨少，是非经过不知难。
宁吃老实亏，莫得欺人利。
脑子怕不用，身体怕不动。
林大自有歪歪树，族大自有不正人。
常将有日思无日，莫到无时想有时。
生容易，活容易，生活不容易。
为人可正而不足，不可邪而有余。
为人不做亏心事，不怕三更半夜鬼叫门。
恶有恶报，善有善报，不是不报，时候未到。
国家兴亡，匹夫有责。
活到老，学到老，活到九十还学巧。

气象谚语

燕子低飞蛇过道，大雨不久就来到。
早蛙阴，晚蛙晴，半夜蛙叫到不了明。
清明刮了坟头土，旱到来年五月五。
初一阴，初二下，初三初四雨嘀嗒。
东虹咕喽西虹雨，南虹出来卖儿女。
早上烧，晚上浇。
朝霞不出门，晚霞行千里。
八月十五云遮月，正月十五雪打灯。
先下牛毛无大雨，后下牛毛不晴天。
一场春雨一次暖，一场秋雨一场寒。
早上立了秋，晚上凉飕飕。
灶火憋烟，雨在当天。
泰山顶上戴帽，小干活的睡觉。

不吃端午粽，别把小袄扔。

不刮南风不下雨，不刮北风不晴天。

正月十五不收灯，二月初二刮大风。

雨水赶水泡，还有大雨到。

石头出汗，大雨不断。

夜里起风夜里住，五更起风刮倒树。

泥鳅翻湾，就要变天。

大雾不过三，过三十八天。

六月北风当时的雨。

云彩向东，一阵风；云彩向南，雨连连；云彩向北，一阵黑；云彩向西，放牛小子披蓑衣。

傍晚火烧云，明天晒死人。

秋分天气白云多，到处欢歌好晚禾。

一场秋雨一场寒，十场秋雨要穿棉。

民间四最谚语

四大喜：久旱逢甘霖，他乡遇故知，洞房花烛夜，金榜题名时。

四好听：大闺女笑，画眉叫，夜弹琵琶，二黄调。

四最热：铁匠炉，开水壶，开了锅，入了伏。

四最涩：新凿的磨，木匠的锉，拉拉秧子，豆秸垛。

四弯弯：秤钩子，牛鼻锯，轱辘把子，筲提细。

四难听：猫叫猫，老驴嚎，抢锅铲子，锉锯条。

四最白：小白鞋，踏白雪，羊肚子手巾，出笼的馍。

四最红：庙宇门，杀猪盆，关公脸，火烧云。

四难舍：黎明觉，半路妻，羊肉丸子，清炖鸡。

四难忍：栽赃陷害，子不孝，坑人钱财，毁青苗。

词缀

名词词缀，除了肥城方言或普通话都常用的“老”“小”“子”“儿”“头”以外，还有许多普通话较少用且在当地常用的前缀和后缀词语。如，大高高，精短短，大粗粗，精细细，老胖胖，溜尖尖，溜薄薄，黏糊糊，酸溜溜，苦吟吟，热乎乎，黑乎乎，香喷喷，硬梆梆，甜丝丝，干巴巴，明光光，溜浅浅，精瘦瘦，溜窄窄，黄焦干，精潮潮，臭烘烘，酸不拉机，傻儿巴叽，横儿吧叽，驴儿吧叽。

歇后语

歇后语又叫"坎子"，是人们在实际生活中创作的一种语言艺术。它最大的特点是婉转、含蓄、诙谐、幽默、生动，具有浓郁的生活气息。运用起来妙趣横生，韵味无穷。现将古店村村民世代常用的部分歇后语采摘如下：

小葱拌豆腐——一清二白

狗咬刺猬——无处下嘴

阎王爷贴告示——鬼话连篇

咸菜缸里放石头——一盐（言）难尽

孔夫子搬家——光书（输）

裁缝掉了剪子——光剩下尺（吃）了

要饭的牵着猴——穷乐哈

老九的弟弟——老十（实）

八仙桌子盖井口——随方就圆

猪八戒照镜子——里外不是人

胸膛上长草——心荒（慌）了

砸开核桃扔了皮——图的就是个仁（人）

抱着孩子拜堂——双喜临门

秃子打伞——无发（法）无天

豆腐炖骨头——有软有硬

炒面捏个泥娃娃——熟人

李双双哭丈夫——没喜望（希望）了

光着腚作揖——没那样的礼（理）

黄连水洗头——苦脑（恼）

老和尚的木鱼——天生挨揍的货
和尚庙里借梳子——走错门了
两个哑巴亲嘴——好的没法说了
澡堂子关门——不叫人洗（喜）
死人欠账——活该
床底下放风筝——起不来了
戴着礼帽偷鸡——文明人不干文明事
琢木鸟找虫子——专挑毛病
一层布做夹袄——反正都是里（理）
文状元挎军刀——能文能武

宣传广告栏 （李庆利　2017年6月摄）

齐鲁名村志
QI LU MING CUN ZHI

古店村志

（1573—2017）

GU DIAN CUN ZHI

人物

RENWU

人物传略

鹿冠民（1931.8—1987.10）

肥城市古店村人，中共党员。1946年山东省长清一中（原冀鲁豫第四中学）读书时参军。1949年4月加入中国共产党。历任战士、班长、排长、连长等职务。先后参加过山东梁山歼灭战、湖北黄冈沙河头攻坚战、河南固始潜伏战等大小十余次战斗，为中国人民的解放事业作出了贡献，曾获“解放奖章”一枚。1950年6月，鹿冠民同志随所在部队参加了抗美援朝战争。他作战机智勇敢，不怕牺牲，多次受到部队的表彰，荣获“朝鲜人民军奖章”一枚。

鹿冠民解放奖章

1953年朝鲜战争结束，鹿冠民回到原来所属部队武昌军需司令部，任政工员、团参谋等职。

1959年转业到地方，分配到广东省佛山市专属机电局任副科长，后又转到南海糖厂工作，先后任劳资科、保卫科、财务科科长，后任党委办公室主任、书记、工会副主任职务。

革命軍人證明書

茲有　　同志係一九　　年　　月參加人民解放軍現在　　工作其家屬得按人民政府軍屬優待條例享受軍屬榮譽與優待

此證

司令員 林彪
政治委員 羅榮桓 鄧子恢 譚政
政治部主任 陶鑄

一九五　年　月　日

鹿冠民革命军人证明书

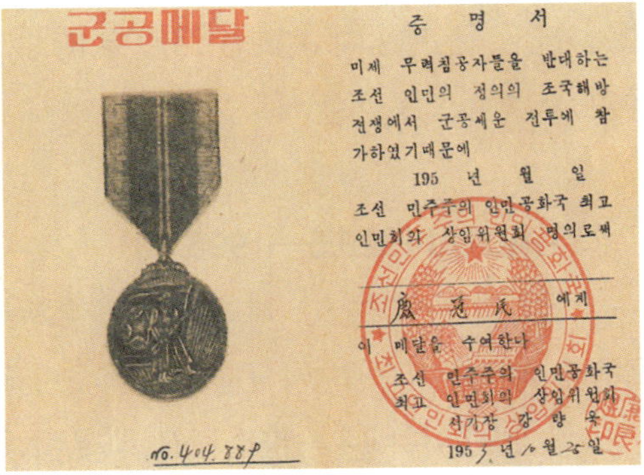

군공메달

증 명 서

미제 무력침공자들을 반대하는 조선 인민의 정의의 조국해방 전쟁에서 군공세운 전투에 참가하였기때문에

195 년 월 일

조선 민주주의 인민공화국 최고 인민회의 상임위원회 명의로써

鹿冠民 에게

이 메달을 수여한다

조선 민주주의 인민공화국 최고 인민회의 상임위원회 서기장 강 량 욱

195 년 월 일

鹿冠民荣获朝鲜人民军纪念章

李恒振（1922.12—1995.4）

肥城市古店村人，中共党员。1942年参军，1946年6月火线加入中国共产党。在抗击日本帝国主义和国民党反动派的斗争中，他作战勇敢，多次受到部队领导的表彰，曾荣获多枚军功章。

1950年复原回到家乡，积极投入社会主义建设，有较高的群众威信，担任了建国后古店村第一任村支部书记。在党和政府的正确领导下，他积极带领群众建立互助组、初级社、走集体富裕的道路。在这项工作中，他深入各家各户，宣传党的政策，宣传组织起来的优越性，在他的鼓动带领下，全村没有一户走单干的道路，顺利地完成了党在农村的社会主义初级阶段的任务。

路克金（1934.6—1995.7）

肥城市古店村人，初中文化，中共党员。在部队当过卫生员，1960年退役后，看到村里缺医少药，就当了一名村医。他买来医书，刻苦钻研，为学习掌握针灸医术，常常在自己身上做实验．并经常跑医院虚心向老中医学习，提高医治技术。村民鹿传炳1988年6月份突患脑血栓，口吐白沫，四肢无知觉，家人赶紧送卫生室。路克金先输液后针灸，治疗月余，病人完全恢复了健康。新城镇西付村村民张秀兰，患精神分裂症多年，多次治疗无效果，其丈夫失去信心。其姐不甘心，就把她送到古店卫生室，路克金一方面给她靠针灸，一方面给她施药治疗。每天只用几角钱的脑灵素、安定片，几个疗程后治好了她的病。张秀兰又能料理家务下地劳动。

行医30多年来，经他治疗的有8万多人。每年治好约20个患脑血管病的人。泰安、长清的，东平、平阴的．有患头疼、腿疼、腰疼、脑血管患者来找他针灸治疗。一位宁阳来的退休工人患腿疼病多年，经路克金针灸治疗近一个月，扔下双拐，能自己走路时，握住路克金的手说："有你这样的医生，是老百姓的福气。"1995年7月，路克金不幸去世。

毛德成（1929.5—1996.10）

肥城市古店村人，中共党员。年轻时就追求进步，向往革命，1946年就参加了人民军队。他对敌斗争坚决，作战机智勇敢，很快当上了地方部队苏晋西指导员的通讯员。一天晚上部队转移杨庄一带，不料，与敌人相遇，苏指导员腿部负伤，不能动弹，毛德成年纪虽小，硬是把苏指导员背出三里多地，苏指导员脱离了危险，并得到了救治。后来毛德成在战斗中负伤，1950年复原回家。苏晋西指导员后来当了山东省检察院院长，多次来看望毛德成。

1951年，毛德成担任了古店村民兵连连长。后来，他积极组织成立了互助组、初级社，并任初级社社长。1956年7月，毛德成加入中国共产党。10月，古店村为乡时，毛德成出任乡长。1958年成立人民公社时，他被调到北山公社林业所工作。1961年，根据需要，回村担任支部委员。1966年5月，任古店村支部书记，直到1992年退休。

毛德成任支部书记期间，大力发展农业生产，他首先根据古店村十年九旱的实际，大搞水利建设，先在北坡挖大井10余眼，使北坡1400余亩土地机灌全覆盖。在古店村南打深井5眼，大部分旱田变成水浇地，大幅度提高了粮食产量。

改革开放后，他带领支部一班人与时俱进，发展经济，调整种植结构，发展果木。建立石料厂、白灰厂、砖厂、饲养场，组建建筑队、运输队，壮大集体经济，村民的存款率逐步提高。

1984年，毛德成和"两委"成员多次研究和考察，第一次提出了古店村建设新村的规划，到1990年有460多户住进了规划的新房。他所带领的古店村党支部连年被镇里、市里评为先进党支部，到古店村参观的人络绎不绝。1987年2月毛德成当选为肥城市第十七届人民代表大会代表。1990年，先后被评为肥城市劳动模范、泰安市劳动模范，并被授予肥城市优秀党支部书记称号。1996年10月去世。

毛德平（农历1918.7—农历1996.12）

肥城市古店村人，中共党员，大学文化。12岁就随同别人到黑龙江省富拉尔机电厂当锅炉工，后任领班。1948年8月，北京和平解放，到北京石景山发电厂工作。1949年初，被厂领导举荐到人民大学学习并获得大学文凭，期间，在国家华北电力总局为刘英源当过秘书。1954年3月，响应党和国家的号召，赴山西太原筹建第一热电厂，任锅炉厂分厂主任、生技科长。1958年9月，经审查合格奔赴兰州第二机械工业部四0四厂工作，任该厂动力处803电厂总工程师、副处长，直至1980年2月离休，享受司局级待遇，旧历1996年12月去世。

路印兰（曾用名：路新坡）（1920.2—1997.11）

肥城市古店村人，中共党员。在济南读初中时就秘密接受中国共产党先进的思想教育，1938年9月就加入了中国共产党。抗日战争时期，他原来在本地区积极宣传抗日，组织群众进行抗日活动，后转到鲁西南一带工作。1949年6月，他随军南下，首任南京市第十二区区委宣传科长，后调任郊区工委组织部干事，又相继任上海市高山区人民法院刑事庭庭长、上海邑届区人民法院副院长职务。1960年后，又相继任上海市金山县廊坊下公社书记、金山县人民法院院长、金山县人民防空办公室主任、金山县委机关党支部书记等职。

黄培庚（1928.9—2004.4）

肥城市古店村人，中共党员。出身贫寒，性情耿直，青年时，思想进步，1949年6月就加入了共产党。1950年党中央号召走组织起来的道路，他积极的组织起互助组。1955年2月，他又积极的成立了初级社，被群众推选为初级社社长。11月担任古店村党支部书记。1957年10月，古店村成立了高级社，他又担任了高级社社长。人民公社化时期，他曾任公社党委委员。他积极谋划发展农业的措施，打大井3眼，购买锅驼机，使部分旱田变成水浇地，提高了粮食产量。为国家多交粮，交好粮闻名全县。1959年肥城县召开群英大会，古店大队受到重奖，奖励给古店大队大马一匹、6马力汽油机一部。1959年11月，肥城县人民政府授予其劳动模范称号。1964年组织全队劳力，修建了两村之间大石桥。大石桥长120余米、宽8米（古店的土地主要在河之北），方便了两村之间村民的来往和运输（50余年过去了，大石桥还完好无损）。文化大革命后期，王瓜店公社安排他到公社砖厂担任厂长、支部书记职务，直到退休。

鹿传玺（1957.12—2004.9）

肥城市古店村人，高中文化，中共党员。1977年1月参军服兵役。1980年退役后，在家务农。1981年到大队管委会工作，1984年3月任西付村乡团委书记、武装干事。1986年1月又回到村担任支部副书记。1992年3月至2004年9月任古店村支部书记。在此期间，他狠抓经济工作，大搞筑巢引凤工程，发展古店村的民营企业，仅钢球一项就发展到30多家。古店村成了远近闻名的钢球村，受到泰安市领导的高度赞扬。他根据古店村靠近新城的优势，积极调整种植结构，变粮食作物为经济作物，带领“两委”成员和古店村民建起蔬菜大棚200余个。承包大棚的村民钱袋子鼓起来了。1993年2月和1998年2月，鹿传玺当选为第十三、十四届肥城市人大代表。被肥城市委、市府授予“劳动模范”称号。2004年9月在泰安遭遇车祸身亡，年仅47岁。

鹿悦玲（1927.8—2005.3）

肥城市古店村人，中共党员。1948年11月参加革命工作，曾参加县党校培训班。1949年1月，加入中国共产党。1949年2月，在王瓜店工作组工作。1949年8月，调到宁阳县葛石区委任宣传干事，随即参加该地区土改工作队。1951年12月调肥城县整党工作队工作。1954年7月，任湖屯区委组织委员。1955年9月又调至肥城县水利局工作。1957年12月，在仪阳乡担任管区书记直至退休。1987年8月离休，享受副县级待遇。

毛德明（1919.10—2006.12）

肥城市古店村人，1946年参军（地方七团），同年加入中国共产党。1948年9月，毛德明参加过解放济南的战役，后编入华东野战军，参加过淮海战役、渡江战役、解放上海的战役。期间任班长。

毛德明淮海战役纪念章

毛德明渡江胜利纪念章

毛德明抗美援朝纪念章

1950年10月入朝作战，在中国人民志愿军铁道兵工团直属桥梁团任排长。他作战勇敢，不怕苦不怕死，曾三次荣立三等功。

1953年从朝鲜回国后，先后到北京电力部、安徽变电站工作。他从不居功骄傲，为党的事业，奋斗终身。

王兴俊（1929.4—2009.9）

肥城市古店村北军寨人，1956年7月加入中国共产党。1958年人民公社化后，任古店大队、生产大队长、支部副书记。领导村民积极兴修水利，建设大寨田，发展农业生产。改革开放后，负责村里计划生育工作。1984年退休。

李志德（1921.12—2013.2）

小学文化，肥城市古店村人，中共党员。

李志德1947年参军，当了一名铁道兵。他工作积极，肯吃苦，1949年9月加入中国共产党。1950年朝鲜战争爆发，他随所在部队参加了抗美援朝战争。美帝国主义为了阻断交通运输线，铁路经常被炸毁，铁路兵常常冒着敌人的炮火抢修铁路，李志德不怕牺牲，冲锋在前，曾多次受到部队的表彰。1953年，抗美援朝战争结束后，李志德复原回到家乡，积极从事农业生产。他响应党的号召，积极参加互助组、合作社。1958年成立人民公社后，担任生产队长，带领本队村民早起晚睡出色地完成各项生产任务，年年受到生产大队的表彰。2013年2月，李志德逝世，家人在整理他的遗物时，发现在箱底有李志德当年在部队时获得的数枚荣誉奖章。

黄培新（1927.4—2015.3）

肥城市古店村人，中共党员。早年在山东省长清一中（原冀鲁豫第四中学）毕业后，在谷阳章丘镇参军，随部队在大别山一带从事革命斗争，后转入云南、贵州、四川、西藏。西藏解放后，留在西藏工作了8年。此时他加入了中国共产党。参加平定西藏叛乱后，先后调到四川后坝钢铁厂、六旺矿务局任党委书记。1987年离休。

孙远玺（1940.5—2012.10）

肥城市古店村北军寨人，大专学历，中共党员。1962年，孙远玺由肥城一中考入北京矿业学院地质物理勘探专业。担任学生会主席、北京市学生联合会主席。同年，他加入了中国共产党。1966年大学毕业后，分配到江苏省煤田勘探地质公司工作，任高级工程师，后担任煤田地质勘探地质二队支部书记、煤田地质公司宣传处长、政治处主任。后升任江苏省煤田地质勘探公司党委副书记、党委书记之职（厅局级单位）。孙远玺用自己的学识，高度的事业心为党的煤矿事业奋斗一生。

韩敬财（1940.8—2015.3）

肥城市古店村人，1958年8月加入中国共产党，12月参军，先后在22师97团任战士、班长、代理排长之职。1964年5月，任山东军区独立一师一团四营机炮连连长。1978年8月，转业到山东冶金总公司韩旺铁矿武装部任干事。1979年9月，任该公司铁矿选矿车间机修工段任党支部书记。1985年1月，调山东莱钢集团鲁南矿业有限公司运修车间任党支部书记、政工师。

孙业发（1911.10—2016.2）

肥城市古店村人，中共党员。17岁就随古店村人闯关东，曾先后干过石匠、木匠、铁皮工、建筑安装工。在东北金属安装结构安装厂一干就是15年。

1949年10月，中华人民共和国成立了，孙业发在铁路有了正式职业，后来被调到沈阳铁路桥梁工厂。任桥梁起运、安装队长。他吃苦耐劳，工作出色，1954年被评为“全国铁路系统先进工作者”。1956年调到北京，光荣的加入了中国共产党。1959年4月被北京市委、市人民政府评为“北京市劳动模范”。

1959年8月，苏联在北京帮助中国建立起了展览馆，展览馆高120米，要把重一吨的红五星起吊到展览馆的顶端并安装好。当时是一项非常艰巨的工作，因为当时中国还没有大型的起重机，难坏了当时的中国、苏联的建筑工人，就连苏联专家也一筹莫展。最后国家把任务交给了铁道桥梁起运安装公司。孙业发和他所带领的桥梁起运安装队接受了这项任务，他们吃住在工地，具体研究施工方案，把脚手架搭建到130余米高，用“笨法”硬硬的把一吨重的红五星吊装到展览馆的顶端。苏联专家和工人无不赞扬中国工人了不起，受到了党和国家领导人的高度赞扬。组织征求他同意，延长了他的工作年限，到65岁他才退休。在北京市丰台区颐养天年。2016年2月25日去世，享年105岁。

鹿淑常（1937.8—2017.1）

大专文化，肥城市古店村人，中共党员。1956年肥城一中毕业后，考入沈阳军事学院化学系，毕业后即到沈阳军工厂工作。1968年，调到四川省华江机械厂工作。华江机械厂是一所军工企业，专门从事炮弹的研发与制作。鹿淑常忠诚党的军工事业，潜心学习和研究本职业务，成为一名高级工程师，多次受到上级的表彰，被授予四川省华江市“劳动模范”称号。

鹿海昭（1928.12—1948.5）

1946年7月参加中国人民解放军，属冀鲁豫军区独立旅。先后任战士、班长。1948年5月，鹿海昭所在部队参加解放泰安的战役。在泰安南李家庄消灭外围敌人的战斗中，他勇敢地跃上寨墙，先是用机枪向敌人扫射，后又向敌人投掷手榴弹。此时，敌人射来的子弹打中了他，鹿海昭壮烈牺牲，年仅20岁。人民解放军取得了外围作战的胜利。当人们用担架把鹿海昭抬下来时，发现他的裤子挽在膝盖以上，袖子挽在胳膊肘以上，所有在场的部队干部、战士和群众，无不为他与敌人血战到底的气概所动容，也为党有这样的英雄儿女而自豪。后被追认为革命烈士。

李俊远（1922—1947）

出生于贫困家庭，1922年生人，是当时古店村模范班骨干民兵，1947年8月的一天，还乡团一帮人从老城到古店村搞突然袭击，敌人越过康王河时，被村里人发现，边跑边喊“还乡团来了，赶快往南山跑。”李俊远也和群众一块向南山跑，但他前后一看，村里跑出来的群众太少了，发现有些村干部也没跑出来，他立即转身又跑回村里，这时，还乡团已经进了村。他奋不顾身地敲起钟来，群众和村干部听到钟声，迅速撤离。群众得救了，有些村干部得救了，而李俊远却落在了敌人手里。敌人把他五花大绑带回老城，严刑拷打要他投降。李俊远宁死不当叛徒，最后被敌人杀害，年仅25岁。后被追认为革命烈士。

路印海（生年不详）

先后任古店村模范班班长、自卫队队长。由于他对敌斗争坚决，敌人把他视为眼中钉、肉中刺。1948年4月，行将灭亡的反动派做垂死的挣扎，更加疯狂地捕杀革命者，自卫队和村干部只好到南山石屋里过夜。不知怎的，被老城的还乡团知道了这一情况，还乡团趁夜间直扑南山石屋子，将路印海逮捕了。并在陈刘村南残忍的将路印海杀害。后被追认为革命烈士。

鹿淑华（生年不详）

1946年7月参加中国人民解放军 ，曾先后任战士、班长、排长，1950年10月随所在部队赴朝鲜作战，同年12月牺牲，被追认为革命烈士。

人物简介

为彰显现实工作中人物事迹，特设“人物简介”。

行政副科级以上、部队正连级以上、专业技术人才高级教师及其它高级职称以上人员及部分行政事业单位知名人士、硕士学历工作人员等按出生先后为序。2017年在任村党支部委员会、村民委员会（以下简称“两委”）成员按职务排序。

“两委”成员

毛传军

1967年12月出生，肥城市古店村人，大专文化，中共党员，中共古店村支部书记、村主任。

改革开放后，毛传军在古店村搞运输和多种经营。2002年3月，进入村委班子，担任村委委员。2004年8月加入中国共产党，同年10月，任古店村村主任职务；2007年10月至2017年，担任中共古店村支部书记兼村主任，负责全面工作。期间，在国家开放大学农村行政管理专业学习三年。2010年借肥城市西扩之机，他和班子成员审时度势，抢抓机遇，建起了居民楼新社区。他带领班子紧跟不断发展的新形势，根据古店村优越的地理位置，打造乡村旅游项目，建起“迷你农乐园”和“水岸花田”两处旅游景点，古店村被大众日报社、山东旅游协会评为“2015年山东最美旅游风情小镇”，被泰安市委、泰安市人民政府表彰为“市级文明村镇”以及“生态文明乡村建设工作先进村”。2011—2016年曾四次获得肥城市委授予的优秀党支部书记称号。2012年被泰安市委授予泰山先锋称号，2016年3月政协肥城市委员会授予优秀政协委员。2017年4月荣获肥城市劳动模范。随后当选泰安市人民代表大会代表出席泰安市第十七届人民代表大会。

辛德华

1957年11月生人，古店村北军寨人。高中文化，中共党员，中共古店村支部副书记。1976年7月高中毕业后即进入古店大队管委会，1978年7月，担任团支部副书记、民兵连副连长、治保副主任职务。改革开放后，曾担任古店村玩具厂厂长、古店村企业主任等职。1999年5月加入中国共产党。期间，曾在山东省党员电化教育中心培训学习。1992年5月，负责种植结构调整，发展露地蔬菜。发展露地菜椒、菜花200余亩，三膜棚西瓜、西红柿100余亩。1999—2000年负责建冬暖式大棚200余个。2003年4月，当选为村党支部委员。2007年7月，任中共古店村支部副书记，分管古店村居民楼建设和手续办理、绿化工作、农业生产以及乡村旅游—南山“迷你农乐园”建设等工作。在居民楼建设中，他和其他支部成员积极协调，严把质量关、进度关，让群众住上放心楼。古店村获得2015年度肥城市委、肥城市人民政府颁发的桃都美丽乡村示范村居、精品村，同时受到泰安市委、市政府的表彰。2016年古店村被表彰为省级文明村，2016年度获得办事处一等奖。从2008—2013年，辛德华连年被办事处党工委授予优秀共产党员称号；2007—2016年连年被办事处授予先进工作个人称号，2007年、2008年连续两年被市总工会授予肥城市优秀工作者荣誉称号。

毛传水

1958年3月生人，肥城市古店村人，中专文化，中共党员。1976年高中毕业后，被安派到王瓜店公社水利站工作任职员。1979年回村担任第四生产小队会计，1983年在古店大队工作，担任村企业会计。1985年6月加入中国共产党。1992年3月，任古店村“两委”委员、村会计，分管党建工作、合同结算。迁入居民楼新社区后，负责老年公寓管理。期间，曾在中国农业函授学院会计专业学习两年。账目做到了日清月结，张榜公布，自觉接受群众监督。他负责的党建工作、档案、管理均受到上级的褒奖，连续几年被办事处、肥城市委评为先进党支部，他本人也多次获得优秀共产党员称号。2007年7月至2017年10月任古店村党支部副书记。

张丙国

1965年9月生人。肥城市古店村北军寨人，高中文化程度，2017年在任村“两委”委员。1983年担任古店村电工队长。2000年1月，在古店村国强钢球公司担任公司经理；2004年1月，进入村委工作，担任企业主任。同年8月，加入中国共产党。2007年10月，担任村两委委员，分管宣传、招商引资、规划等工作。他负责的规划、招商引资工作多次被办事处评为先进单位。他负责组织起来的古店村民间文艺团体，丰富了群众的文艺生活，很受群众欢迎。在2016年度办事处设的综合性文化服务中心建设先进单位中，古店村名列榜首，他本人获得2015年度泰安市百名优秀志愿者的称号。

辛永平

1968年11月生人。肥城市古店村北军寨人，高中文化程度，中共党员，古店村支部委员。改革开放后，他先后从事蔬菜销售及钢球生产。成立永昌工贸有限公司后，他担任经理职务。2004年1月，进入古店村村委。2008年10月，加入中国共产党。2011年10月，任古店村支部委员，分管组织、治保、调解、物流园建设以及北河整治。他负责的北河整治工作，2017年已初步建成“水岸花田”景点，连同南山“迷你农乐园”被市里定为肥城市乡村旅游重点建设项目。2016年度，被办事处评为一等奖。他负责组织建设工作，多次被办事处、肥城市委评为先进党支部。他负责的治保、调解工作也卓有成效，维护了社区的安定、团结，促进了精神文明建设。古店村连续被办事处、市文明办评为精神文明村，辛永平获得2015年度肥城市司法局全市人民调解工作先进个人称号。2016年度在办事处设的信访、执法、平安建设、工会工作中均获得个人先进称号。

孙庆刚

1979年12月生人，古店村支部委员，中专文化程度。1997年11月入伍，在武警四川省总队乐山市服兵役，任武警战士、班长职务，多次受到部队嘉奖，评为优秀士兵、士官称号。2001年10月加入中国共产党。2002年12月复员后在古店村务农。2004年10月进入村支部，分管纪检、民兵、共青团等工作。他负责的民兵、共青团工作多次受到上级主管部门的表彰，2014年民兵干部集训实弹射击考核中成绩优异，获得肥城市人民武装部的表彰奖励。2012年度古店村获得肥城市先进团支部。他本人在2013—2015年度获得肥城市优秀团干部、青年志愿者先进个人、新长征突击手等荣誉。

程菊梅（女）

1968年10月生人，肥城市王庄镇尚任屯村人，1995年嫁入古店村，大专文化，中共党员。古店村“两委”委员。1988年8月至1998年3月曾先后在王庄镇花园村、东焦村和新城办事处古店村小学任民办教师。1998年3月，进入古店村委。2003年10月加入中国共产党。2006年8月，在肥城市委党校行政管理大专班学习，取得毕业证书。2007年10月，任古店村“两委”委员，担任妇女主任、计生主任等工作。她负责的计划生育工作，多次受到表彰。2009年至2011年连续被肥城市委命名为计划生育模范村、群众自治模范村、计划生育红旗村。2007年10月，古店村被泰安市计生委命名为模范村居计生协会；2008年3月，泰安市计生委授予古店村泰安市三自模式示范村。她本人也获得2004年、2008年、2011年肥城市三八红旗手、优秀计生主任、先进工作者称号。2001年度，曾出席泰安市妇女第九次代表大会，并被推选为执行委员会委员。

鹿淑军

1968年9月生人，中专文化程度。古店村村民委员会委员，1987年7月，在古店村养殖场担任技术员兼保管员。1997年3月，担任古店村第六生产小组组长。2006年11月，加入中国共产党。2014年12月，担任村民委员会委员。主要分管户籍、残联、民政、合作医疗、物业等工作。他耐心、细心、热心为群众服务，多次受到上级表彰。他负责的几项工作在办事处2016年度奖中，古店村均获得先进单位。

古店藉社会人士

黄培祺

1937年4月生人，肥城市古店村人，大学文化，中共党员。出生贫寒之家，初中毕业后，1956年8月，以优异成绩考入肥城市一中高中班。因家庭经济拮据而辍学。后来，随同别人到鞍钢碎铁厂工作，又因身体不适，回到老家务农。后来，经区委研究同意安排他到泰安农校学习，希望他毕业后回来当农业技术员。1959年，他参加了大学招生考试，被曲阜师范学院数学系录取。

1963年7月，黄培祺曲阜师范学院毕业后，即分派到邹县三中任教，曾被表彰为又红又专的青年教师。此间，他加入了中国共产党，被调到邹县师范任教。

1972年12月，黄培祺调回肥城任教。1973年春，在肥城教育局教研室任数学教研员。1978年5月，任肥城九中教导主任。1982年，在肥城三中先后任教导主任、副校长之职；1986年，任肥城四中校长，后调肥城职教中心调研员（因患冠心病，退居二线）。1997年12月退休。

鹿淑焕

1941年6月生人，肥城市古店村人，小学文化，中共党员。1959年参军，历任战士、副班长、班长、排长、副连长、连长、副营长之职。1962年加入中国共产党。1978年8月转业，任肥城桃园机床厂党支部副书记。1979年，调至二轻局金属制品厂任副书记。1983年，调二轻局木器厂任厂长、书记。2001年6月退休。

鹿淑信

1943年6月生人，肥城市古店村人，大专文化，中共党员。1963年在古店学校任民办教师。1978年9月，转为公办教师。1981年任王西联中教导主任。1988年，任西付村中学副校长。1991年任刘庄联中校长。1998年任新城联中校长，负责建新城联中教师公寓楼。1985年，荣获肥城县教师园丁奖。1990年评为肥城市模范班主任。1993年被晋升为中学高级教师。2003年6月退休。

李庆淮

1943年出生，肥城市古店村北军寨人，大学学历，中共党员。1958年考入济南农业大学。1962年在校入伍。在中国人民解放军第三十八军某师团，历任战士、班长、排长、炮兵参谋、营长等职务。1976年唐山大地震时，随所在部队赴唐山大地震现场抢险救灾荣获三等功一次。1982年转业到河北省保定市北市区人民法院工作，历任政工科科长，执行庭庭长职务，多次获得保定市政法系统个人优秀奖，并受特别奖一次。2003年退休。

鹿淑江

1945年10月出生，肥城市古店村人，大专文化，中共党员。1960年6月，高小毕业。1962年6月，应征入伍，在北京航空学校服兵役。1968年4月退伍后，回村当过助征员，出过伕。1969年1月，被生产大队分派到学校当民办教师。1980年5月考取泰安师专函授班，1984年7月毕业后，即转为公办教师。同年10月加入中国共产党，任古店联中教导主任。1988年任东大封联中教导主任。1992年，任新镇联中校长，学校党支部书记。1994年撰写论文《课堂教学，不可忽视对学生的思想教育》获泰安市二等奖。1994年3月，被肥城市党政机关岗位责任制考评委员会给予记功奖励。1996年3月，被评为肥城市文明教师。1999年4月，肥城市委、市府给予嘉奖奖励。1999年12月，晋升中学高级教师职称。2003年3月，肥城市委、市府给予记三等功奖励。2005年退休。

鹿传俊

1947年9月出生，肥城市古店村人，小学文化，中共党员。1965年参加工作，担任生产队长，由于积极肯干，带领本生产小队社员由落后转变为先进生产小队。1976年4月加入中国共产党，同年8月，任支部副书记。1984年1月任村主任。2002年6月因身体不适退休。

时光生

1952年5月出生，肥城市古店村北军寨人，中专文化，中共党员。1970年1月，在古店学校任民办教师。1975年10月，调至王瓜店公社农业学大寨工作组，曾先后在张屋、麒麟村驻过队。1978年10月，回村担任信用社会计、大队副业会计，1981年1月担任生产队长、生产队会计。1983年3月任古店村村委委员、村委副主任，负责计生工作。1987年2月任古店村支部委员、副书记、村委副主任。2004年11月任书记职务。为发展集体经济，他组织建起多个钢架结构车间。2007年11月退休。

李生图

1952年5月出生，肥城市古店村北军寨人，大学学历，中共党员。1971年，在古店学校担任民办教师，后被推荐上大学。1975年毕业于山东水利学校，毕业后在湖屯镇任水利站站长。后担任镇农委总支书记、公社管委会委员。1993年、1994年连续两年评为山东省水利先进工作者。1996年8月调至肥城市水利局，任副局长、党组成员兼肥城市打井队队长、党支部书记。1996年9月，被山东水利专科学校聘任为兼职副教授。在工作期间，多次被肥城市委、市府给予记功奖励，曾三次被评为泰安市水利先进工作者。2012年6月退休。

李恒俊

1956年1月出生，肥城市古店村人，大专文化程度。1975年10月，于新汶矿务局良庄煤矿参加教育工作，任学校团支部书记。1980年，调到肥城矿务局陶阳矿职工子弟学校任教，任中学语文教师。1985—1987年，在泰安师专函授中文专业学习2年。

李恒俊曾多次被矿务局两级评为先进工作者，1995年曾初评为矿级劳模、局先进教师。1996年3月，发表论文《积极营造课堂气氛，激发学生兴趣》，被评为山东煤炭系统教研室一等奖。1998年，被评为集团公司首批学科带头人。2000年1月，被晋升为中学高级教师。2016年2月退休。

孙远慧

1956年生于北京，原肥城市古店村籍人，博士。清华大学工程力学系学士，美国莱斯大学土木工程系硕士、博士，美国注册工程师。曾任美国—中国旅美专家协会主席；美国美南地区中国旅美专家协会联合会创立人之一，并任总秘书长和顾问委员会主席。2017年任美国—中国旅美专家协会资深顾问。

孙远慧1982年于清华大学毕业后直接留校任助教。1985年赴美国莱斯大学攻读硕士及博士学位，1991年成为就读于该校土木工程系首位来自中国大陆并获得博士学位的留学生。中国"国家千人计划"专家；山东省"泰山学者"特聘专家；美国注册工程师；山东海洋工程装备有限公司首席执行官兼首席技术官、董事；蓝色海洋国际钻井有限公司董事长；中国海洋学会《海洋工程》分会常务理事；中国造船工程学会《船舶工程》编委会副主任委员；中国山东省页岩油气开发专家委员会委员；上海市船舶与海洋工程学会《船舶与海洋工程》副理事长；中国船舶工业集团黄埔文冲船舶有限公司专家顾问；中国工业和信息化部《第七代超深井半潜平台（船）》创新专项项目指导委员会委员；1999年1月，被北京市人民政府聘为海外顾问。

孙远慧博士在海洋工程、工程力学领域特别是深海钻井领域有着长达近30年的工作经历，系早期就职于美国世界500强国际深海钻井公司，具备技术、市场和项目管理能力的极少数美籍华裔高级管理者。

他曾先后任美国国际海洋工程公司高级工程分析师；美国诺贝尔国际海洋钻井集团公司的首席工程师，亚洲区市场总监和大中国区首席代表；集团控股公司集团副总裁、集团首席技术官和集团设立在中国的海洋工程装备研究院院长、（美国）总经理，负责集团全球工程技术运营、整合、海洋工程领域新型产品的研发及协助集团公司的全球市场运营和项目开发。

他自2012年起筹备和启动“山东海工”板块并于2014年出任山东海工首席执行官，并于同年作为主导人之一组建了境外合资子公司“蓝色海洋国际钻井有限公司”并任董事长；2015年8月作为主导人之一领导管理团队成功完成了山东海洋工程装备有限公司对境外上市公司北方国际海洋钻井有限公司的收购工作，同时出任新收购公司的董事长，此海外并购是业内为数不多的成功国际案例。

1999年2月，孙远慧博士受到江泽民主席的接见。孙远慧博士曾多次回国讲学。

黄家银

1956年5月出生，肥城市古店村人，研究生，中共党员。1974年9月，在古店村联中任民办教师，1976年9月推荐上大学，在曲阜师范大学物理系学习，1978年6月毕业后留校任教。1985年9月在北京大学物理系读研究生。1987年7月毕业后回曲阜师范大学物理工程学院任教，先后担任教研室主任、物理工程学院副院长、院长、党委书记。

2002年6月，作为青岛市重点引进人才，调入青岛大学工作，先后担任物理科学院副院长、青岛大学实验室与设备管理处处长、书记。

鹿　陈

1956年10月出生，肥城市古店村人，大学学历，中共党员。1975年12月参军入伍，先后在烟台边防检查站任战士、文书、宣传干事之职。1978年7月加入中国共产党。1980年调至山东省武警边防总队政治部工作。1985年又升调公安部边防总局政治部、组织部工作，任主任之职，正团级。期间，先后到公安部厦门大学英语系、解放军艺术学院、中央党校研究生班学习。部队服役期间，先后出版长篇小说《疯狂追梦人》《黑色子弹》《浴血男儿》，中篇小说《紫草莓》《魔山》等，电影《毒草莓》《魔山》等，电视剧《女警司》《天地英雄》《浴血男儿》《小城交警》等。曾获全国侦探小说奖、中国电视剧飞天奖等。先后被聘任为中华全国青联委员、中国作家协会会员。

2000年10月转业到北京市宣武区委组织部、宣传部，先后任副部长、政策研究室主任等职，正处级。

鹿　兵（女）

1963年10月出生，肥城市古店村人，大学学历，中共党员。1979年考入山东省人民警察学校。1982年毕业后即在肥城市公安局参加工作，曾在户籍科、治保科任科员。2003年7月，调至泰安市公安局工作，先后任出入境管理局副主任、副大队长等职，正科级。2004年，在中央党校法律专业本科班学习两年，取得大学文凭。

韩来春

1966年3月出生，肥城市古店村人。中共党员，大学学历。1988年7月淄博卫生医士学校毕业后，分配到肥城市卫生防疫站工作。期间，先后参加青岛医学院、山东医科大、滨州医学院在职函授培训，逐渐成为单位的业务骨干学科带头人。2005年1月任单位总支委员。2011年5月升任肥城市疫病预防控制中心副主任兼肥城市卫生局卫生监督所副所长。经常深入矿企事业单位职业病危害作业一线，检测职业病危害因素浓强度，指导企业采取综合措施防尘、防毒、降噪，改善工人作业环境，预防急性职业中毒和职业病的发生，使肥城市的职业病的防治工作在山东省名列前茅。他被聘为山东省预防医学会劳动卫生职业病分会委员、泰安市职业病防治专家库成员。2008年5月12日汶川大地震，他带领肥城第一批救助人员到四川省平武县南坝镇抗震救灾。他先后在国家刊物发表论文5篇，出版论著2本，被聘任为副高级职称。2000年3月评为山东省卫生先进个人，记三等功。2006年被肥城市委授予百名优秀共产党员；2008年评为山东省抗震救灾先进个人，记三等功；肥城市道德模范；2009年3月获第三届感动肥城年度人物特别奖；2011年被授予肥城市桃乡先锋。

鹿　鹏

1966年7月出生，肥城市古店村人。大学学历，中共党员。1988年12月，在肥城市公交公司参加工作，2000年1月调肥城市建设局工作。2002年9月，调至泰安市国土资源局岱岳分局工作。2004年参加中央党校政法系函授班学习三年，取得毕业证书。现任土管科科长（副科级）。

鹿传军

1968年5月出生，大专文化，肥城市古店村人，中共党员。1990年7月，毕业于山东广播电视大学。1990年12月，参加工作，在新城镇教育办公室负责党建和学校安全工作。2002年6月加入中国共产党。2007年1月，被评聘为中学高级教师职称。

黄加河

1968年11月出生，肥城市古店村人，大学文化。1987年7月高中毕业后，同年11月参军服役。1990年8月至1993年8月，在石家庄陆军学院学习，毕业后任武警8632部队排长。1999年9月转地方工作，在河北省沧州市卫生和计生委工作。2013年7月升任科长职务。

李　云（女）

1975年1月生人，肥城市古店村北军寨人，博士研究生。2000年9月至2003年6月，就读于四川农业大学作物遗传育种专业获得硕士学位；2003年9月至2006年6月，就读于四川农业大学作物遗传育种专业获得博士学位。2006年10月即在成都市农林科学院参加工作，副研究员。2012年曾赴美国水稻研究中心进修半年。

李　明

1975年3月出生，肥城市古店村人，大学学历，中共党员。1994年7月大学毕业后，分配到肥城市王庄镇政府，先后担任人大办公室、农业办公室秘书、花园管区主任、尚庄管区、闫屯管区书记。2005年5月，任为王庄镇副镇长。2007年11月，任湖屯镇副镇长。2011年11月，任新城街道办事处党工委委员、副主任。2016年12月，任市纪委派驻第三纪工委、监察分局副书记、副局长。

辛永波

1976年2月生人，肥城市古店村北军寨人。大学学历，中共党员。1994年12月，参军入伍。1995年12月，加入中国共产党。先后任战士、班长、伞训教官。1997年考入济南军区陆军学院，历任班长、模拟连长、营长等职；2001年8月，先后任济南军区第一通讯总站排长、副连长、连长、兼政治指导员，后任副营长、营长；2009年、2010年两次记三等功。2012年8月，被济南军区司令部直属工作部表彰为优秀政治教导员、优秀党员，被济南军区司令部、政治部表彰为优秀基层干部、优秀共产党员。2012年10月，任济南军区第一通讯总站团政治处副主任、主任。2015年11月，晋升副团职务。

鹿 波

1977年8月出生，肥城市古店村人，大学本科学历，中共党员。1995年12月，在肥城参军入伍，任武警厦门支队市政府警卫中队战士、文书。1998年9月，在武警福州指挥学校学习。1999年7月，加入中国共产党。2000年7月，担任武警厦门支队警通中队排长、司务长。2001年9月，先后赴解放军西安政治学院、解放军南京政治学院学习6年，后升任副中队长、政治指导员、中队长、警务参谋、武警厦门支队司令部机要股、司令部管理股股长，少校警衔。

2012年12月，转业到地方。2012年至2017年在厦门市海沧区人力资源和社会保障局工作。副科级。

在部队服役期间，曾2次荣立三等功，有6年获优秀干部、优秀军事教练员称号。

李甲长

1985年12月生人，肥城市古店村人，硕士学位，中共党员。2003年9月，考入聊城大学。2007年7月毕业后，又考入中山大学，学习应用数学专业。2009年7月毕业后，进入中国工商银行软件开发中心，从事工商架构设计相关工作。2017年任三级经理 （相当于正科级）。上学期间，曾获得中山大学研究生全额奖学金、大学英才优秀毕业生等奖项。参加工作后，被评为工商银行信息科技骨干人才、软件开发中心技术带头人。并荣获人民银行科技发展一等奖、工商银行科技创新三等奖等诸多奖项。

李 青（女）

1986年11月出生，肥城市古店村人，硕士学位，中共党员。

2006年9月至2010年7月在山东农业大学法学专业学习，获得学士学位。同年9月，经国家司法考试合格，授予法律职业资格。2013年4月被肥城市第十七届人民代表大会常务委员会第九次会议任命为人民法院审判员。2014年3月考取烟台大学硕士研究生。

李　猛

1986年12月出生，肥城市古店村人，大学学历。2011年加入中国共产党。2008年7月，青岛理工大学毕业后参军服役，历任战士、班长、排长、副连长、指导员，现为正连级。2009年12月，被评为优秀士兵。2010年6月，提干，在中国人民解放军特种作战学院学习。2012年5月，被评为广东省优秀共青团干部。2015年被评为优秀基层干部。2016年12月，记三等功。

李　丽（女）

1989年1月出生，肥城市古店村人，硕士研究生，中共党员。2008年9月，考入山东理工大学，2012年7月，毕业后考入吉林大学企业管理专业。获硕士研究生学位。2014年9月至2017年10月在歌尔股份有限公司任人力资源管理工程师。

李　聪

1989年10月15日出生，肥城市古店村人。2014年12月加入中国共产党。2013年6月，泰山学院毕业后，到贵州大学读研。2014年6月，成为中国国防生。自2016年9月，在西安通讯学院进修一年。上大学期间，曾评为优秀班干部，读研后曾获得优秀教官。2016年12月，被西安通讯学院研究生管理大队评为优秀个人。2017年任某战区信息通讯团正连级助理工程师，上尉军衔。

鹿传禄

1966年9月出生，肥城市古店村人，大专文化。1983年参军，1987年退役后，即在农业银行肥城支行参加工作。1997年1月任肥城支行董庄铺营业所副主任，后任肥城支行储蓄所主任。1999年9月至2002年7月在济南大学财务会计专业函授学习，取得大专文凭。2009年3月，任农业银行肥城市支行现金调拨中心副主任。2011年4月，任农业银行肥城市支行运营财会部经理。

黄宝华

1972年2月出生，肥城市古店村人，大学学历。1994年7月毕业于山东工业大学。1994年8月参加工作。2017年在新泰市小协镇政府工作，任科长。

鹿凤玲（女）

1973年9月出生，肥城市古店村人，大专。1995年，毕业于烟台财政学校。2017年在南京信息工程大学任讲师。

鹿焕东

1974年11月生人，肥城市古店村人，大专文化，中共党员。1994年7月，肥城市技工学校毕业后，即在肥城市设备安装公司参加工作，任技术员。1996年8月，调肥城市燃气公司，任办公室主任。期间，就读于中国政法大学三年。2006年，晋升为工程师。2008年11月，任肥城泰然天然气有限公司安全科科长、党支部书记。2009年7月晋升政工师。2008年至2013年，连续被泰安市燃气集团评为先进工作者。1996年至2016年，连续被评为肥城市建设系统先进工作者。

黄鹏飞

1975年8月出生，肥城市古店村人，学士学位。1998年7月，在肥城矿业集团公司中心医院参加工作。2006年11月加入中国共产党。2006年2月至2009年1月，在南京审计学院会计学专业学习（大学）、管理学学士。2017年任职肥矿集团公司纪委检查科长。

韩　彬

1976年4月出生，肥城市古店村人，中专文化，中共党员。1994年毕业于淄博冶金学校，分配到肥城报社工作。2004年调至肥城市管理局工作，任科长。

李先峰

1981年3月出生，肥城市古店村北军寨人，硕士研究生，中共党员。2004年9月至2007年6月在华东政法大学法律硕士专业学习，获得硕士研究生学位。2012年在上海关天律师事务所参加工作，2017年任关天律师事务所主任。

鹿焕芹（女）

1981年8月生人，肥城市古店村人，硕士研究生。2007年6月至2009年6月在北京师范大学硕士研究生课程进修班学完规定的全部课程，获硕士研究生学位。2017年在莱钢金鼎幼儿园任教师。

苏立彬

1983年3月出生，肥城市古店村北军寨人，硕士研究生，中共党员。2007年9月至2009年6月，在兰州交通大学环境工程学科修完硕士生规定的全部课程，获得硕士学位，2017年在西藏农牧学院任教师。

李　壮

1984年10月生人，肥城市古店村人，硕士研究生。2005年9月考入山东理工大学体育学院。2009年7月毕业后考入华南师范大学体育科学院深造，获硕士研究生学位。2017年在广东潮州韩山师范学院专任教师。

鹿　龙

1984年12月出生，肥城市古店村人，大学学历，农业推广硕士。2004年6月肥城一中毕业后，考入山东农业大学资源与环境学院。2008年7月，获得学士学位。2010年12月，在肥城市国土资源局工作，任湖屯所副所长。2012年2月参加在职研究生学习，2014年7月取得农业推广硕士学位。

鹿　宁

1985年12月出生，肥城市古店村人，硕士研究生，中共党员。2010年陕西省普通高等学校毕业，2012年9月入西安建筑科技大学，2015年6月毕业，获硕士研究生学位。上学期间，曾获国家奖学金、国家励志奖学金，以及大学颁发的一等奖学金。国家英语竞赛二等奖。2015年分配到陕西省建筑设计研究院工作，任工程师，项目经理。

鹿　兵

1985年12月出生，肥城市古店村人，硕士研究生。2011年6月在厦门大学攻读民商法学专业，并获得硕士研究生学位。2017年任厦门国贸法律事务所律师。

毛林林（女）

1986年1月出生，肥城市古店村人，硕士研究生，中共党员。2008年9月至2011年6月在青岛科技大学材料专业学习，获硕士研究生学位。2017年在北大先行泰安科技有限公司工作，任工程师主管。

温艳艳（女）

1986年1月出生，肥城市古店村北军寨人，硕士研究生，中共党员。2009年9月至2011年7月在郑州临床医学硕士专业学习，获硕士研究生学位。2017年在任河南省安阳市肿瘤医院主治医师。

李建虎

1986年2月出生，肥城市古店村北军寨人，硕士研究生学位，中共党员。2008年9月至2011年6月在厦门大学研究生院学习，获硕士研究生学位。2017年在航天信息股份有限公司，任中国注册会计师。

鹿迎春（女）

1989年8月出生，肥城市古店村人，学士学位。2014年7月毕业于西南林业大学，经济学专业获学士学位。毕业后即参加工作。2017年在昆明市住房公积金管理中心工作，任技术部主任。

韩　璐（女）

1990年10月出生，肥城市古店村人，硕士研究生，中共党员。2009年9月—2013年6月，山东科技大学经管系工商管理专业学习。2013年9月—2016年6月，山东科技大学文法学院学习毕业，获硕士研究生学位。2016年7月，通过公务员考试参加二作，2017年在青岛海关流亭机场缉私分局侦察科任副主任科员、青岛海关新媒体团队成员、二级警司。

人物表

古店村因公牺牲人员统计表

表29

姓　名	职　务	牺牲时间
李正新	战士	1989年8月
李　盾	战士	1989年4月

注：此表摘自1991年肥城县志资料。

肥城市、泰安市代表委员统计表

表30

时　间	届　次	各级代表会议名称	出席代表姓名
1987.2	第十一届	肥城市第十一届人民代表会议	毛德成
1993.2	第十三届	肥城市第十三届人民代表会议	鹿传玺
1998.2	第十四届	肥城市第十四届人民代表会议	鹿传玺
2013.1	第七届	肥城市第七届政协委员代表会议	毛传军
2017.4	第十七届	泰安市第十七届人民代表会议	毛传军
2001.9	第九届	泰安市第九届妇女联合会代表会议	程菊梅
2001.11	第三届	泰安市青联、学联代表会议	程菊梅

荣誉表

古店村集体荣誉表

表31

荣　誉	颁发单位	颁发时间
2003年度市级文明单位称号	中共肥城市委肥城市人民政府	2004.2
2006年度市级文明村称号	中共肥城市委肥城市人民政府	2007.3
2009年度先进党组织	中共新城街道工作委员会	2010.1
2010年度科学发展优胜单位	中共新城街道工作委员会肥城市人民政府新城街道办事处	2011.1
新农村建设30强称号	中共肥城市委肥城市人民政府	2012.1
新农村建设工作先进村居	中共泰安市委泰安市人民政府	2012.3
尊师重教先进单位	中共新城街道工作委员会肥城市人民政府新城街道办事处	2012.9
尊师重教先进单位	中共新城街道工作委员会肥城市人民政府新城街道办事处	2012.9
全市新农村建设30强称号	中共肥城市委肥城市人民政府	2013.2
肥城市道德评议活动十佳案例	肥城市精神文明建设委员会	
2013年度科学发展先进单位	中共新城街道工作委员会肥城市人民政府新城街道办事处	2014.1
肥城市强村固基“五比”竞赛百优村	中共肥城市委肥城市人民政府	2014.2
2014年度科学发展优胜单位	中共新城街道工作委员会肥城市人民政府新城街道办事处	2015.2
2014年度新农村建设工作二等奖	中共新城街道工作委员会肥城市人民政府新城街道办事处	2015.2

续表

荣　誉	颁发单位	颁发时间
2014年度招商引资工作三等奖	中共新城街道工作委员会肥城市人民政府新城街道办事处	2015.2
2014年度服务城市工作三等奖	中共新城街道工作委员会肥城市人民政府新城街道办事处	2015.2
新型城镇化建设一等奖	中共新城街道工作委员会肥城市人民政府新城街道办事处	2015.2
桃都美丽乡村示范村居	中共肥城市委肥城市人民政府	2015.2
肥城市强村固基“五比”竞赛百优村	中共肥城市委	2015.2
泰安旅游协会十佳乡村游景点	大众日报社山东旅游行业协会	2015.12
山东省社会科学普及示范村(社区)	山东省社会科学界联合会	2015.12
2015年度新农村建设工作一等奖	中共新城街道工作委员会肥城市人民政府新城街道办事处	2016.1
2015年度新型城镇化建设三等奖	中共新城街道工作委员会肥城市人民政府新城街道办事处	2016.1
2015年度旅游工作一等奖	中共新城街道工作委员会肥城市人民政府新城街道办事处	2016.1
2015年度招商引资工作二等奖	中共新城街道工作委员会肥城市人民政府新城街道办事处	2016.1
肥城市强村固基“五比”竞赛百优村	中共肥城市委肥城市人民政府	2016.1
2015年度桃都美丽乡村精品村	中共肥城市委肥城市人民政府	2016.1
生态文明乡村建设工作先进村(社区)	中共泰安市委泰安市人民政府	2016.2
省级卫生村	山东省爱国卫生运动委员会	2016.3
2015年度“五化五星”服务型党组织创建“三星级党组织”	中共泰安市委组织部	2016.3
平安小区	肥城市社会治安综合治理委员会	2016.4
全国综合减灾示范社区	国家减灾委员会民政局	2016.12
省级文明村	山东省精神文明建设委员会	2016.12
2016年度科学发展优胜单位	中共新城街道工作委员会肥城市人民政府新城街道办事处	2017.1

续表

荣　誉	颁发单位	颁发时间
泰安先锋红旗党支部	中共泰安市委	2017.6
桃都先锋红旗党支部	中共肥城市委	2017.7
市级文明村	中共肥城市委肥城市人民政府	—
市级文明村镇	中共泰安市委泰安市人民政府	—

荣获县、团级以上表彰人员统计表

表32　　单位：人

序号	姓　名	称　号	颁发单位	获奖时间
1	李海东	优秀士兵	中国人民解放军69007部队政治部	2003年11月20日
2	鹿焕成	三等功	中国人民解放军防化学第二十九团政治部	2008年11月21日
3	毛绪忠	三等功	中国人民解放军第一八一团政治处	1999年11月28日

注：已收录“人物简介”的，此表不再入。

毛绪忠立功受奖证书、奖章

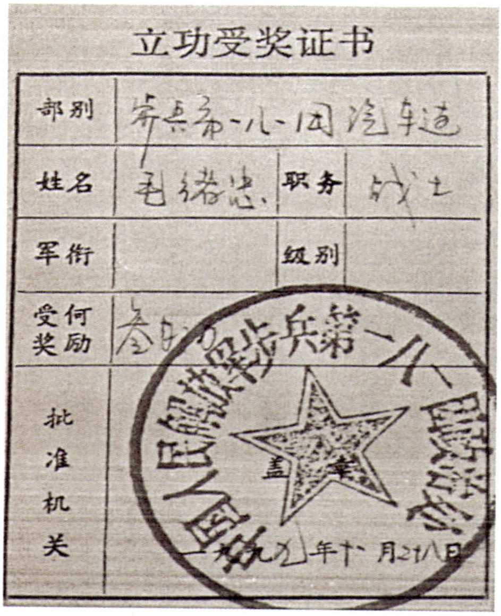

毛绪忠立功受奖证书、奖章

计划生育荣誉证书登记表

表33

荣誉证书证明	颁奖单位	颁奖时间
村民自治示范村	泰安市计生委	2000年3月
村民自治模范村	泰安市计生委	2002年3月
计划生育红旗村	泰安市	2010年3月
计划生育模范村	肥城市委员会肥城市人民政府	2003年3月
肥城市模范村协会	肥城市委员会肥城市人民政府	2004年3月
计划生育先进单位	肥城市委员会肥城市人民政府	2006年3月
计划生育先进单位	新城办事处党委新城街道委员会	1999—2016年
计划生育一等奖	新城办事处党委新城街道委员会	2001—2016年

齐鲁名村志
QI LU MING CUN ZHI

古店村志
（1573—2017）
GU DIAN CUN ZHI

附录

FULU

文献辑存

古店村人民调解工作制度

在村两委的领导下，做好村内调解工作，化解民间矛盾，调解民事纠纷，防止矛盾激化；

宣传法律法规，教育村民遵纪守法，维护社会公德；

及时向村委会汇报民间纠纷和调处结果，定期向司法部门反映调解工作情况；

依法治村，村民自治，制定村规民约，做好遵纪守法户评定工作。

调解工作的三项任务

深入持久的开展普法教育活动，将国家法律法规渗透到村民生产、生活的各个角落，提高全民守法意识，预防和杜绝青少年违法犯罪，减少民事纠纷的发案率；

及时调解民事纠纷，快速化解民间矛盾。

定期向村委会、街道办事处司法部门反映社会稳定动向，汇报民事调解的工作情况。

民事调解的权限范围

轻微的侵犯人身权利的纠纷；

婚姻纠纷与家庭纠纷；

产权纠纷和经济纠纷；

生产经营性纠纷；

宅基地纠纷和耕地界线纠纷；

轻微伤害等民事赔偿纠纷；

发生在公民与公民之间，公民与法人和其他社会组织之间，涉及民事权利，义务争议的各种纠纷。

人民调解员工作纪律

不得徇私舞弊；

不得对当事人压制，打击报复；

不得侮辱处罚纠纷当事人；

不得泄露当事人隐私；

不得吃请受贿；

不得偏向调解民事纠纷；

不得因调解不当而引发当事人投诉或上访。

人民调解委员会主要职责

立足本职，努力抓好调解委员会政治建设，协助调解人员提高政治意识，大局意识，核心意识和保驾护航主意识；

强化调解队伍整体素质建设，定期组织岗位业务培训，不断提高调解员的工作技能和业务水平；

及时向上级组织请示、报告、汇报调解工作；

积极组织带领调委会全体成员，在积极完成本职工作的同时，努力完成村两委会、地方政府、司法部门临时下达的各项任务；

开展争先创优活动，弘扬正能量，倡导时代新风。

村调解委员会在民事调解工作中，始终坚持尊重历史，注重现实，依照法律，讲究道德，实事求是的工作原则，评判纠纷的对与错，以理服人，苦口婆心地说服、劝解，使其当事过错方认识到自身错误。以化解矛盾增进团结为目的，尽量将民间纠纷大事化小，小事化了，消除隔阂。广泛深入的开展普法教育活动，扫除法盲，努力使村民知法、懂法、学法、用法、遵纪守法，并学会运用法律武器来维护自己的合法权益，促进村风民风的好转。

新城街道办事处古店村民委员会

1985年4月

居民楼安置规定

根据本村实际情况，对古店居民楼安置作出具体规定。

安置条件

（1）宅基地有合法房权证或土管所批文的，确实是一套完整宅子，按村里规定时间拆除后（包括地上一切附属物）经拆迁领导小组验收合格后，安排一套居民楼住房；

（2）户口在本村，有一套住房，且有两个男孩以上；

（3）家有房产，属城镇户口或常年在外居住，按实际造价安置居民楼一套；

（4）按拆旧顺序排号登记指定楼号的楼层。

优惠政策

（1）居民楼（11+1）楼价，本村村民均价在1230元/平方米；

（2）拆除后一套完整的宅基地，补助3万元，购楼时优惠3万元；

（3）户口在本村，有两个或两个以上男孩的购楼时，新增加的户优惠三万元；

（4）一户多宅，不再享受老年房安置。

未尽事宜，请向村民委员会咨询。

本规定自2012年5月1日起执行。

新城街道办事处古店村民委员会

2012年5月1日

古店社区老年房安置方案

安置老年房条件

（1）农业户口，老年人顶名安置，已安置一处居民楼住房的，再安置第二套房（老年房）；

（2）一户多宅，已享受两套居民楼房的，不再享受老年房安置；

（3）一处旧房子，已分户安置了两套楼房以上的（一户为农村户口，另一户为非农户口的），不再享受老年房安置；

（4）农业户口，两代以上，在家常住的村民，才能享受古店村第二套房（老年房）安置。

结算方式

（1）凡符合第二套房（老年房）安置条件的户，按预交房款的方式排列分房顺序号，90平方米左右的预交10万元，110平方米以上的预交15万元，为使排序合理，此套楼房价不找楼层差价。预交款每月公示一次，晚交一个月加收预交款的

1%，预交款的期限为半年，超过半年视为自动放弃第二套房（老年房）安置；

（2）第二套房（老年房）成本价每平方米2000元；

（3）本安置方案自2015年元月1日起执行。

古店村村民委员会

2014年12月16日

古店村《村规民约》

总则

第一条 拥护党的领导，拥护和执行党的各项方针政策，热爱中国特色社会主义。在遵循党领导制定的《中华人民共和国宪法》《中华人民共和国村民委员会组织法》及国家、省地市其他法律法规前提下，为提高本村村民自我管理、自我约束的能力，促进社会主义新农村物质文明和精神文明建设，特制定本村村规民约。

村民的权利和义务

第二条 古店社区村民享有以下权利

（一）依照《中华人民共和国宪法》规定，公民应享有的一切权利；

（二）对村委会的工作有提意见和建议及监督的权利；

（三）在村委会组织的村民代表大会上，讨论村委会的重大事项，有充分发表意见的权利；

（四）人人都有对本村委会的政务、财务进行质询、监督、评议和参政议政的权利；

（五）人人都有享受“养老保险”“大病统筹”及其他福利待遇。

第三条 古店社区村民应承担的义务

（一）依照《中华人民共和国宪法》规定，公民应承担的义务；

（二）自觉接受村党支部、村委会的领导，执行村民代表会议的决定、决议；

（三）自觉维护本社区安全和集体荣誉、集体利益，坚决同一切违法犯罪行为作斗争；

（四）自觉执行计划生育政策。

土地及社区管理

第四条 村民在自己承包的土地内不得挖沙取土、乱搭乱建以及修建固定设施。

如有违反，村里有权进行制止或拆除清理，情节严重者或阻挠村里拆除造成重大影响者，可报上级有关部门处理。

第五条 村民不得在拆除的老村或道路旁、河道旁开荒种地及植树。如有违反，村委有权随时清理，所有损失违者自负。

第六条 村民不得在田间或道路旁焚烧秸秆。如有违反，轻者批评教育，重者由上级有关部门处理。

第七条 村民不得在市政道路上、社区街道上晒粮食及其他作物。

第八条 村民应按照规定按时缴纳水费、电费、燃气费、暖气费及其他费用。不按时缴纳的，按其该事项所规定的处理。

第九条 有需要维修的设施，户里可到物业办公室说明或登记，需要收费的，应先缴纳而后物业办公室派人维修。

第十条 村民应爱护社区内的花草树木，爱护一切公共设施。损坏者不仅追究责任，而且限期照价赔偿。

第十一条 村民应自觉维护好社区内的公共卫生。生活垃圾要倒入固定的垃圾桶内，不得随意乱扔或堆放。不得随意大小便。

第十二条 不准在社区内或楼梯口、地下室、楼顶烧穿心壶，不准在公共场合晾晒被褥及衣服，不准乱写乱画、乱张贴。

第十三条 禁止在社区内饲养各类畜禽，慎养各类宠物，不要妨害四邻。对于饲养的动物对他人造成伤害的，户主应对受害人进行医疗、务工等补偿。

第十四条 夏天人们在外乘凉的多，社区内来往行人多，过往车辆要注意安全，不能开快车，以免发生安全事故。

第十五条 儿童及学生严禁到楼顶玩耍，严禁在楼顶投掷东西。住户不能随意打开窗户往楼下扔东西或倒脏水。如有违反，造成的人员伤害或财物损失由违者赔偿。

第十六条 凡本村村民对外租房的，要向村里打报告，租赁手续由户主负责。向村里交的款项除了水、电、气、暖外，还应按时缴纳物业费或其他费用。

第十七条 关于楼房的买卖，按村里有关规定处理。

第十八条 原属古店村民，户口迁出者，旧房屋卖于他人，再回村要楼房的，村里不予答复。

婚姻、家庭、计划生育

第十九条 随着国家放开生二胎的政策，村委积极支持、鼓励符合条件的夫妻生二胎，超生的按原规定处理。

第二十条 凡女到男家落户（姊妹数人只照顾一人），男方有与本村村民同等的权利与福利。有共同赡养父母的义务，同样有继承遗产的权利。

第二十一条 不得歧视妇女和女婴，更不能弃婴。严禁家庭暴力行为，严禁非医学需要进行胎儿性别鉴定和选择性别人工终止妊娠。

第二十二条 家庭成员要相互尊重、互敬互爱、互谅互让、尊老爱幼、勤俭持家，努力构建和谐家庭。

第二十三条 要积极履行赡养老人的义务，使老人有一个幸福的晚年。对不尽赡养老人义务的，不按时缴纳养老金、养老粮的，对老人的疾病不管不问的，先由调解委员进行调解，调解无效的，村里积极协助司法机关进行严格处理。

第二十四条 对于不履行养老义务，对于虐待老人的，在未改正错误之前，一律不能任村干部，一律不能评优树先，一律不能入党。

第二十五条 要尊师重教，自觉执行《义务教育法》，不准许子女辍学，未成年人对他人造成伤害的，监护人应负有责任。

村民福利待遇

第二十六条 村民拆除老村内平房，将宅基地交到村里来，村里按山东省相关文件对附着物进行补偿。

第二十七条 按照村里规定，积极拆除旧房的，村里对每户采取奖励、优惠政策，并按拆除旧房的先后顺序选楼号与楼层。

第二十八条 凡古店村农村户口的，一套完整的宅基地，拆除后补助三万元，购楼时优惠三万元。

第二十九条 关于社会保险

1. 凡34岁以下参加投保、续保者，村补助所交数额的30%；

2. 对于35岁—59岁参加投保、续保者，村补助所交数额的30%，每人每年补助100元封顶。

第三十条 对六十岁以上老人发放补贴金

1. 本村对60—69岁老人每年每人发放100元补贴，70岁以上老人每人每年发放120元；

2. 老人的补贴在每年的“九九”老人节发放。

第三十一条 合作医疗对60岁以上的老人个人缴费部分全免，由村集体负担。

第三十二条 失地补偿金按人均半亩地计算，缺一亩地，村补贴600元，补偿金由村统一发放。

第三十三条 对困难户、残疾人员以救济形式照顾，每年春节发放现金或实物，标准由村委研究决定。

第三十四条 对考取大专的学生采取奖励措施，发钱或发物由村里研究决定。

第三十五条 村民有下列参加各项教育活动的权利和义务

1.社会主义信念和理想道德教育；

2.党的路线、方针、政策教育；

3.爱国主义和集体主义教育，行为道德、行为规范教育；

4.普法教育及村民的权利义务教育；

5.计划生育、优生优育、优教、移风易俗、勤俭持家、争先创优教育。

社会治安及民事调解

第三十六条 社区村民必须努力学法、懂法、守法、用法，增强法律意识，提高法制观念，提高依法办事的自觉性。

第三十七条 村民应自觉维护秩序和公共安全，不妨碍公务人员执行公务。

第三十八条 严禁小偷小摸行为，严禁传播黄色音像、书刊，严禁赌博，严禁吸毒、贩毒。轻者批评教育，重者移交司法部门处理。

第三十九条 不搞封建迷信活动，坚决反对邪教，绝不允许参加邪教组织。

第四十条 要加强防火防盗意识，车辆按规定停放，要保证消防通道畅通。

第四十一条 要发扬见义勇为的优良传统，要敢于同坏人坏事作斗争。要及时向村里反映各类问题，但不得无理上访，不得越级上访。

第四十二条 家庭或邻里有了矛盾纠纷，要采取互谅互让的原则，或到村里找调解主任进行调解，调解无效的，双方当事人可采取司法程序解决，但不能采取粗暴的方式私自处理。

第四十三条 对于一言半语不顺心的，对于一点小小的纠纷，忍一忍就过去的，应当采取冷静、忍让的态度。不能动不动就找110，造成恶劣影响，以后更不好处理。

第四十四条 为了加强监控系统的管理，确保监控系统能正常或安全的发挥其防控功能，无关人员未经许可不得随意进入监控室。需要进监控室查询情况的，须公安部门允许后方可查询。

第四十五条 春节及元宵节期间，严禁各家各户在居民楼区燃放烟花爆竹，燃放者可到村里指定地点燃放。平时户里举行婚典，燃放鞭炮要有专人负责，注意安全。

第四十六条 不私自砍伐树木，不损害他人庄稼以及瓜果蔬菜等农作物，不争地边子，有问题找组长按规定处理。如以泄私愤违反本条者，按损害价值的双倍进行罚款。

邻里关系乡风文明

第四十七条 提倡社会主义精神文明，移风易俗，反对封建迷信及其他不文明行为，树立良好的村风民风。

第四十八条 勤俭是一种美德。提倡喜事新办、喜事简办，提倡丧事简办，破除陈规旧俗，反对铺张浪费、大操大办。

第四十九条 古店村和白云村一街之隔，要处理好相邻之间的关系，要本着友好、为善的态度。有了问题能解决则解决，不能解决的通过村里解决为好。

第五十条 建立正常的人际关系，不搞宗派活动，反对家族主义。但鼓励和提倡村民关心、照顾、捐助有特殊困难的家庭和个人，奉献爱心。

第五十一条 凡符合兵役条件的本村青年，都有服兵役的义务。应积极主动参加兵役登记、体检和应征。

第五十二条 村里对每年评选的文明户以及先进人物进行奖励，并通过宣传橱窗、公开栏、LED 大屏幕进行宣传表彰。望全体村民见贤思齐，虚心学习，效仿先进人物的长处，积极争当文明户及先进人物，使古店村的文明户、先进人物越来越多，质量越来越高。

第五十三条 古店村村规民约，由村民代表大会讨论通过，具有一定可行性和约束力。无论干部、村民（包括在本村暂住人员），必须遵守本村规民约，要形成自觉遵守、相互监督、长期坚持，一个良好的村风民风一定会树立起来。

第五十四条 本村规民约，与国家法律法规相抵触的，以国家法律法规为准。本村规民约在原来村规民约的基础上进行了不少修改与增添，今后还会根据时代发展的要求进行适时修订。

第五十五条 本村规民约的解释权为古店村村委会。

新城街道办事处古店村民委员会

2015 年 4 月

办理二孩生育登记需提供的证明材料

1. 已经生育一胎子女且有生育二胎意愿的育龄夫妇，持夫妇身份证、户口簿、结婚证复印件到计划生育管理单位所属的社区进行备案登记，由社区发放《生育政策过渡时期生育子女备案表》。

2. 怀孕及生育后要及时告知其计划生育管理单位，由单位进行统计上报。

3. 生产时，持有《生育政策过度时期生育子女备案表》的，医院认可为合法生育二胎，否则视为违法生育。

4. 有出生医学证明后，带其复印件送至计划生育管理单位，由单位交至新城街道办。

5. 在领取生育基金时，要持《生育政策过度时期生育子女备案表》。

符合《条例》规定生育条件情形之一，经批准可以再生育子女。再生育子女需提供的证明材料：

（一）夫妻生育两个子女，有子女经依法鉴定为病残儿，不能成长为正常劳动力，医学上认为可以再生育的：1. 户口簿（户籍证明）和家庭近照合影照；2. 经市以上病残儿鉴定机构确诊为其子女为非遗传性残疾，不能成长为正常劳动力的《病残儿医学鉴定申请审批鉴定结果通知书》。

（二）夫妻曾患不孕不育症，依法收养两个子女后女方又怀孕的：1. 户口簿（户籍证明）和家庭近期合影照；2. 民政部门出具的两个子女的《收养登记证》；3. 县级以上医疗机构或妇幼保健计划生育服务机构出具的不孕不育证明和怀孕证明。

（三）再婚夫妻一方已生育两个子女，另一方未生育或者生育一个子女，再婚后无共同生育子女的：1. 户口簿（户籍证明）和家庭近期合影照；2. 再婚方离异的，提供离婚判决书或调解书；协议离婚的须提供离婚协议书以及离婚证原件和复印件，其户籍地村民委员会、居民委员会或单位出具的婚育证明；3. 未生育方，提供其户籍地村民委员会、居民委员会或单位出具的未生育子女证明；4. 收养子女的须提供民政部门《收养登记》；5. 再婚后管理地出具的婚后生育子女情况证明。

（四）再婚夫妻一方已生育一个子女，另一方未生育，再婚后已共同生育一个子女的：1. 户口簿（户籍证明）和家庭近期合影照；2. 双方经人民法院判决离婚的须提供判决书或调解书，协议离婚的须提供离婚协议书以及离婚证原件和复印件；3.双方户籍地村民委员会、居民委员会或单位出具的婚育证明；4.收养子女的须提供民政部门《收养登记》；5.再婚后管理地出具的婚后生育子女情况证明。

（五）再婚夫妻各生育一个子女，再婚后已共同生育一个子女的：1.户口簿（户籍证明）和家庭近期合影照；2.双方经人民法院判决离婚的须提供判决书或调解书，协议离婚的须提供离婚协议书以及离婚证原件和复印件。再婚方丧偶的，提供子女跟随生活情况的公证书；3.双方户籍地村民委员会、居民委员会或单位出具的婚育证明；4.收养子女的须提供民政部门的《收养登记》；5.再婚后管理地出具的婚后生育子女情况证明。

新城街道办事处古店村民委员会

2016年12月

大事纪略

1938年，日伪统治时期，古店隶属肥城县五区所辖，设村公所。村长由鹿太东担任。1940—1943年日伪军在五区范围内，设据点，建碉堡，逐级建立伪政权，实行白色恐怖。又置大旱之年，蝗虫遍地，颗粒无收，人心惶惶，民不聊生。1941年4月，李志辰担任古店村公所村长职务。1942年1月，古店村公所村长由李志青担任。北军寨村公所，自1945年1月至1949年9月，先后由李恒巨、李开辰担任。1946年2月各村成立联合会，古店联合会会长由韩敬忠担任，北军寨联合会，会长由时振生担任。村联合会成立后，在抗日民主政权的领导下，广泛发动群众，开展大规模的减租减息、土地回赎运动、土地改革复查斗争，动员青年参军，积极参加和支援解放战争。

1949年10月，建立村政权，古店村公所村长由王立山担任，北军寨村公所村长先后由辛正业、李恒奎担任。新中国成立后在五区区公所的直接领导下，开展了“结束土改”“镇压反革命”“抗美援朝”和“三反”“五反”等运动。从1954年开始，贯彻党在过渡时期的总路线，实行“统购统销”，对“农业、手工业和资本主义工商业实行社会主义改造”。在此基础上，开始全面地，有计划地社会主义经济建设。是年春在全村十五个互助组的基础上，发展成为五个初级合作社。

1956年，由五个初级农业生产合作社合并，建立两个高级农业生产合作社，村政权归属农业生产合作社。古店为新华社，社长由李志孔担任，会计先后由李恒有、李志宗担任，北军寨为金星社。社长先后由李恒奎、王兴俊担任，会计李福图。高级社为政社合一的政权组织，社长行使村长职权，配合党支部组织社员进行农业生产。同年12月白云桥、鹿家庄、薛庄三个自然村并入古店。

1958年9月，建立王瓜店人民公社，行政村称为生产大队，设大队管理委员会。是年，北军寨、南军寨分别于9月、10月先后并入古店大队。古店大队已由6个自然村组成，潘兰章（鹿庄）担任大队长，会计先后由李恒有、周传芳（南军寨）担任，实行军事化编制，下设6个民兵连，18个民兵排。白云三个自然村为一连，古店东半部为二连，西半部为三连，南军寨为四连、五连，北军寨为六连。

1961年4月改革军事化编制，将原设的18个民兵排改为18个生产小队。11月南军寨从古店大队分离，成立南军寨大队，古店大队由18个生产小队减少为14个。1966年5月，王兴俊任大队长，李志宗任大队会计。

1966年“文化大革命”开始后，大队管理委员会受到冲击，陷入瘫痪状态，农业生产由生产队自行安排，“造反”组织行使一切权利。1968年9月，成立大队革命委员会，大队长由王兴俊担任，大队会计由李志宗担任，至1972年退职。自1972年大队会计由路克和担任。

历任中共古店村党支部书记一览表

表34

姓　名	入党时间	任职时间
李志祥	1938.3	1938.8—1941.10
路阴萱	1940.9	1941.10—1942.4
辛邦仪	1938.3	1939.4—1942.

续表

姓　名	入党时间	任职时间
韩敬忠	1945.1	1945.9—1950.7
李恒振	1949.6	1950.7—1955.11
黄培庚	1949.6	1955.11—1966.5
毛德成	1956.7	1966.5—1992.3
鹿传玺	1977.10	1992.3—2004.9
时光生	1986.3	2004.9—2007.11
毛传军	2004.8	2007.11—2017.12

历届调委会主任更迭表

表35

姓　名	任职起止时间
李瑞彬	1966.5—1968.6
王培文	1968.6—1984.3
冯庆海	1984.3—1999.2
辛端正	1999.2—2002.2
姜传民	2002.2—2004.11
张丙国	2004.11—2007.12
辛永平	2007.12—2017.12

中共古店村党支部历届成员一览表（1958.10—2017.12）

表36

届起时间	职务分工	姓　名	性别	任职起止时间
1958.10	书　记	黄培庚	男	1958.10—1961.11
	副书记	李志孔	男	1958.10—1961.11
	委　员	李恒友	男	1958.10—1961.11
		潘兰章	男	1958.10—1961.11
		辛正业	男	1958.10—1961.11
		宋纪臣	男	1958.10—1961.11
		李志月	男	1958.10—1961.11
1961.11	书　记	黄培庚	男	1961.11—1966.5
	副书记	王兴俊	男	1961.11—1966.5
	委　员	毛德成	男	1961.11—1966.5
		李志宗	男	1961.11—1966.5
		潘兰章	男	1961.11—1966.5
1966.5	书　记	毛德成	男	1966.5—1969.12
	副书记	王兴俊	男	1966.5—1969.12
	委　员	李志宗	男	1966.5—1969.12
		潘兰章	男	1966.5—1969.12
1970.1	组　长	毛德成	男	1970.1—1970.12
	副组长	王兴俊	男	1970.1—1970.12
	组　员	李志宗	男	1970.1—1970.12
		潘兰章	男	1970.1—1970.12

续表

届起时间	职务分工	姓　名	性别	任职起止时间
1970.12	书　记	毛德成	男	1970.12—1973.12
	副书记	王兴俊	男	1970.12—1973.12
	委　员	李志宗	男	1970.12—1973.12
		潘兰章	男	1970.12—1973.12
		李桂兰	女	1970.12—1971.12
		刘桂兰	女	1971.12—1973.12
		三培文	男	1972.6—1973.12
1973.12	书　记	毛德成	男	1973.12—1976.4
	副书记	王兴俊	男	1973.12—1976.4
	委　员	李志宗	男	1973.12—1976.4
		刘桂兰	女	1973.12—1976.4
		王培文	男	1973.12—1976.4
1976.4	书　记	毛德成	男	1976.4—1978.4
	副书记	王兴俊	男	1976.4—1978.4
		鹿传俊	男	1976.4—1978.4
		冯庆荣	女	1976.4—1978.4
	委　员	温兆全	男	1976.4—1978.4
		路克和	男	1976.4—1978.4
		刘桂兰	女	1976.4—1978.4
		王培文	男	1976.4—1978.4
		李开举	男	1976.4—1978.4

续表

届起时间	职务分工	姓　名	性别	任职起止时间
1978.4	书　记	毛德成	男	1978.4—1981.4
	副书记	王兴俊	男	1978.4—1981.4
		鹿传俊	男	1978.4—1981.4
	委　员	冯庆荣	女	1978.4—1981.4
		路克和	男	1978.4—1981.4
		温兆全	男	1978.4—1981.4
		王培文	男	1978.4—1981.4
1981.4	书　记	毛德成	男	1981.4—1984.3
	副书记	王兴俊	男	1981.4—1984.3
		鹿传俊	男	1981.4—1984.3
	委　员	冯庆荣	女	1981.4—1984.3
		路克和	男	1981.4—1984.3
		温兆全	男	1981.4—1984.3
		王培文	男	1981.4—1984.3
1984.3	书　记	毛德成	男	1984.3—1986.1
	副书记	鹿传俊	男	1984.3—1986.1
	委　员	路克和	男	1984.3—1986.1
		温兆全	男	1984.3—1986.1
		鹿传玺	男	1984.3调西付村乡团委工作

续表

届起时间	职务分工	姓　名	性别	任职起止时间
1986.1	书　记	毛德成	男	1986.1—1988.11
	副书记	鹿传俊	男	1986.1—1988.11
		鹿传玺	男	1986.1—1988.11
	组织委员	温兆全	男	1986.1—1988.11
		路克和	男	1986.1—1988.11
1988.11	书　记	毛德成	男	1988.11—1990.12
	副书记	鹿传俊	男	1988.11—1990.12
		鹿传玺	男	1988.11—1990.12
	委　员	温兆全	男	1988.11—1990.12
		路克和	男	1988.11—1990.12
		冯庆海	男	1988.11—1990.12
		时光生	男	1988.11—1990.12
1990.12	书　记	毛德成	男	1990.12—1992.3
	副书记	鹿传俊	男	1990.12—1992.11
		鹿传玺	男	1990.12—1992.3
	委　员	温兆全	男	1990.12—1992.11
		路克和	男	1990.12—1992.11
		时光生	男	1990.12—1992.11
		冯庆海	男	1990.12—1992.11

续表

届起时间	职务分工	姓　名	性别	任职起止时间
1992.11	书　记	鹿传玺	男	1992.3—1995.12
	副书记	鹿传俊	男	1992.11—1995.12
	委　员	温兆全	男	1992.11—1995.12
		路克和	男	1992.11—1995.12
		时光生	男	1992.11—1995.10
		冯庆海	男	1992.11—1995.12
		毛传水	男	1992.11—1995.12
1995.12	书　记	鹿传玺	男	1995.12—1998.12
	副书记	鹿传俊	男	1995.12—1998.12
	委　员	路克和	男	1995.12—1998.12
		时光生	男	1995.12—1998.12
		冯庆海	男	1995.12—1998.12
		毛传水	男	1995.12—1997.10
		辛端正	男	1995.12—1998.12
1998.12	书　记	鹿传玺	男	1998.12—2002.2
	副书记	时光生	男	2000.10—2002.2
		鹿传俊	男	1998.12—2001.10
	委　员	冯庆海	男	1998.12—2002.2
		毛传水	男	1998.12—2002.2
		韩福利	男	1998.12—2002.2
		辛端正	男	1998.12—2000.6

续表

届起时间	职务分工	姓名	性别	任职起止时间
2002.2	书记	鹿传玺	男	2002.2—2004.9
	副书记	时光生	男	2002.2—2004.12
	委员	毛传水	男	2002.2—2004.12
		姜传民	男	2002.2—2004.12
		辛德华	男	2002.2—2004.12
2004.12	书记	时光生	男	2004.12—2007.11
	委员	毛传水	男	2004.12—2008.7
		辛德华	男	2004.12—2008.7
		姜传民	男	2004.12—2007.11
		孙庆刚	男	2004.12—2007.11
2007.11	书记	毛传军	男	2007.11—2011.3
	副书记	毛传水	男	2008.7—2011.3
		辛德华	男	2008.7—2011.3
	委员	张丙国	男	2007.11—2011.3
		孙庆刚	男	2007.11—2011.3
2011.3	书记	毛传军	男	2011.3—2014.12
	副书记	辛德华	男	2011.3—2014.12
		毛传水	男	2011.3—2014.12
	委员	辛永平	男	2011.3—2014.12
		张丙国	男	2011.3—2014.12
		孙庆刚	男	2011.3—2014.12
		程菊梅	女	2011.3—2014.12

续表

届起时间	职务分工	姓　名	性别	任职起止时间
2017.12	书　记	毛传军	男	2014.12—2017.12
	副书记	辛德华	男	2014.12—2017.12
		毛传水	男	2014.12—2017.12
	委　员	辛永平	男	2014.12—2017.12
		张丙国	男	2014.12—2017.12
		孙庆刚	男	2014.12—2017.12
		程菊梅	女	2014.12—2017.12

移民传说

移民探源

古店村共有19族姓组成，遥追祖先，大都与山西洪洞有着千丝万缕的联系，传说祖先由山西洪洞迁来者甚众。

“问我老家哪里住，山西洪洞大槐树”，这是流传在大半个中国的寻根歌谣。据有关史料记载，全国18个省近500个县市都来自山西洪洞迁民。为何大多都来自洪洞迁民呢？其主要原因来自元朝统治阶级的横征暴敛，劳动人民不堪忍受统治阶级的压迫，纷纷揭竿而起。因此，镇压农民起义的战争接连不断，社会经济受到很大破坏，特别是山东、河南、河北更加深受其害，百姓死亡十之八九，活着的离乡背井，纷纷逃往山西。而当时的山西东有太行山、西有吕梁山为屏障，既无兵灾之苦，也无灾荒之害，社会相对安定，人口迅速繁衍。加之躲避战乱的人纷纷拥入，一时造成人口稠密。当时的山西人口比河南、河北两省的总数还多。据《明史》《明实录》记载，明洪武、永乐年间，朝廷采取发展经济、移民屯田的措施，曾先后十几次征派少地或无地的山西村民迁移山东、河南、北京、江苏等地。到永乐后期，迁往山东泰安附近州县的人数较多。

山西洪洞县城北不远处，有一棵大槐树，大槐树旁有一座“广济寺”，因为这里的交通四通八达，寺庙院大房多，是办理移民事宜的好地方，所以明政府在这里设驿站，整个山西的移民都在这里集中点拨、发费、启程。被迁移民念念不忘故乡情，临走时往往折一槐树枝作为对故乡的纪念。如今的大槐树已是第三代古槐，但仍枝叶繁茂，雄壮挺拔。

据《肥城县乡土志》记载：“……沿黄各个村庄，迭被水患，迁徙无常，兼之光绪、葵卯夏秋之间，肥境大役，已巳六同，阖邑又惨被水患淹没多人，幸蒙赈济未到流亡。近数年来，赴哈尔滨等地谋生者很多……其在外务农、务工、务商的也不少。”

大槐树移民传说

小趾甲两瓣

人们洗脚或剪脚趾甲时，发现小趾甲两瓣，究其原因，原来祖先移民时，官兵在小趾甲上切一刀为记，遗传至今。

解手

明初，大量移民被迁徙时，官兵怕移民途中逃跑，就背手绑在一起行走，时间一长，胳膊逐渐麻木，久而久之也就习惯了。现在有些人也时常背着手走路，是沿袭了这种习惯的缘故。由于长途跋涉，移民途中解大小便时，就向官兵打报告：“军爷，请解手，我要小便”，“军爷，请解手，我要大便”，次数多了，这种口头的请求也就趋于简单化，只要说声“军爷，请解手”就都明白是小便或大便。此后，“解手”便成了解便的代名词。

栽种槐树

移民一到目的地，在建设家园的同时，常常栽一棵槐树，表示对故乡的怀念。年复一年，槐树大了、老了，也不忍将其锯掉，是念故乡的情结所在。

参考文献

山东省临朐县冶源镇志编纂委员会编：《冶源镇志》，方志出版社，2016年2月。

广东省东莞市虎门镇志编纂委员会编：《虎门镇志》，方志出版社，2016年4月。

浙江省绍兴市柯桥区钱清镇志编纂委员会编：《钱清镇志》，方志出版社，2016年2月。

山东省肥城县史志编纂委员会编：《肥城县志》，齐鲁书社，1992年4月。

中共肥城市委党史征集研究办公室编：《中共肥城地方史（第一卷）》，中共党史出版社，2004年11月。

中共肥城市委党史征集研究办公室编：《中共肥城地方史（第二卷）》，中共党史出版社，2007年1月。

烟台古现东村志编纂委员会编：《古现东村志》，方志出版社，2014年9月。

郭庄村志编委员编：《郭庄村志》，中国文化出版社，2013年8月。

孙路志编纂委员会编：《孙路志》，中国图书出版社，2016年12月。

青岛市崂山区金家岭村志编纂办公室编：《金家岭村志》，方志出版社，2010年8月。

《东流亭社区志》编纂委员会编：《东流亭社区志》，方志出版社，2014年7月。

孙家小庄村志编纂委员会编：《孙家小庄村志》，齐鲁书社，2008年1月。

“田纪云同志来肥城视察工作”，《泰安日报肥城版》2000年4月1日头版头条。

“省委副书记王修智来我市调查研究”，《泰安日报肥城版》，2001年2月6日头版头条。

编后记

金菊盛开，丹桂飘香。2017年10月20日，在中国共产党第十九次全国代表大会胜利召开之际，新城街道古店村编纂的首部《古店村志》，历经两个春秋，数易其稿，由章节体村志编纂为原创性纲目体村志，顺利通过山东省首批“齐鲁名村志”专家评审，并即将付梓印刷，可喜可贺。

《古店村志》编纂始于2016年4月。古店村党支部、村委会根据上级号召，结合村居形势，决定编修一部留住村庄历史文化，留住乡情、乡音，服务当代、惠泽后世的新时代村志。是月，古店村志编纂委员会成立，村党支部书记毛传军任编委会主任、副书记辛德华、毛传水任副主任，辛德华具体负责村志编修工作。编委会下设办公室，选拔3名具有一定文化水平、熟悉本村情况的退休老干部、老教师组成编写小组，开始章节体村志的编修工作。

2016年4月至8月，村志资料征集阶段。村党支部、村委会向全体村民及在外人员发放邮寄了“村志编修资料征集书”；村志编辑人员多次到肥城市档案局、统计局等单位查阅历史资料；同时征集了村内鹿氏、王氏、韩氏等诸氏的家谱资料；召集老党员、老干部、知情人士开座谈会征集口述史资料；走访邻村及古店社区有关人员百余人次征集相关资料，为村志编写积极创造有利条件。

2016年9月至2017年1月，村志试写阶段。编辑人员在学习了有关志书编修知识的基础上，对村志的各章节进行了分工试写。经过5个月的艰辛努力，基本完成了章节体村志部分初稿。

2017年2月初至3月初，村志编写人员对本人撰写的志稿进行了自查自改；村两委负责人及各部门负责人审阅把关。然后，村志编写组再次修改。2017年3月初，历时两春一秋，章节体村志完成基本初稿。3月初，村党支部、村委会邀请肥城市史志办公室主任尉茂路、副主任贾安东、新城街道人大副主任杨鲁平、街道史志办主任孙甲臣到村审阅村志。肥城史志办公室审读村志后，当场提出修改意见，并建议进一步学习地方志书编修知识，到山东省村志编修先进单位青岛市崂山区、即墨市学习。2017年3月14—15日，毛传军、辛德华、鹿淑江等在贾安东、杨鲁平带领下，到青岛市崂山区史志办、即墨市史志办考察学习。回来后，村志编写人员一致认为，原来编写的村志质量不高，需重新编写。村志编委会进一步发动群众，进行资料再征集、再补充、再编写，于2017年7月完成了重新编写的古店村志主要章节内容。7月12日，泰安市史志办主任王天宇莅临指导，鼓励大家，积极努力，按时完成村志编修工作，向广大村民交出一份满意的答卷。8月初，肥城市史志办主要负责人、新城街道办事处分管史志工作负责人再次到村指导村志编修工作。9月中旬，章节体古店村志初稿修改稿基本完成。

2017年9月底，泰安市、肥城市史志办公室建议将章节体《古店村志》改编为纲目体村志，参加山东省首批“齐鲁名村志”评选。10月3日，贾安东、辛德华与章节体《古店村志》主编鹿淑江商议，参加“齐鲁名村志”评选，得到毛传军大力支持。

“纲目体村志”肥城市内没有先例可循，现村志编修人员均无编写纲目体经验，欲将章节体村志改为纲目体村志，大家表示为难。贾安东表示，可以代为执笔一试。毛传军、辛德华、鹿淑江研究后确定，新组建纲目体《古店村志》编委，委托贾安东任主编，负责将原章节体村志编辑为纲目体。主编具体负责村志的框架结构设计、文字编纂、村志图片整体视觉设计、制定凡例、撰写编后记及整体修改；副主编辛德华负责资料征集、校对、排版印刷、社会事务统筹；副主编鹿淑江负责图片编辑及校对。

10月3—4日，贾安东打破原章节体村志框架，创新性设计纲目体村志框架，进行原创性村志编辑。纲目体村志架构单设纲目，凸显获得省级以上荣誉称号的相关资料，以扬“名气”。删除了一般性资料。是月6日，毛传军、辛德华、鹿淑江和贾安东到“齐鲁名村志”指定排版厂考察、洽谈。大家认为，抢抓机遇、迎难而上、奋发作为，将章节体村志编辑为纲目体，参加“齐鲁名村志”评选，是叫响“古店村牌”，宣传肥城的好机会，很值得珍惜和拼搏。是日，贾安东、辛德华、鹿淑江留在济南排版厂改编村志。期间，主编多次推敲纲目，并补充撰写相关文章，编辑文字等。8日下午基本完成了纲目体《古店村志》的初稿编辑工作。拿到初稿清样回村后，主编再细斟酌，并提出新的修改意见。11-12日，辛德华、鹿淑江、冯庆海、李庆利到济南与正在济南排版厂改编另一部村志和《古店村志》的贾安东会合，继续编辑、修订《古店村志》村志初稿。几经努力，数易其稿，12日下午，基本完成了村志评议稿，按时上交山东省史志办公室。20日，山东省史志专家、烟台市史志办副主任李迎春对《古店村志》提出了建设性修改建议。期间，村志编修人员根据贾安东的修改方案排版校对。10月30–31日及11月1日，贾安东、辛德华根据专家意见到济南排版厂修改村志。11月4–5日，贾安东在肥城统编村志（文字、表格等资料）。11月6–9日，贾安东在济南排版厂三次统编《古店村志》志稿；9日上午，鹿淑江、李庆利到排版厂参与志稿校对工作。10日–11日，贾安东、鹿淑江编辑村志随文图片，同时，鹿淑江、李庆利进行图片校对。17日，贾安东、辛德华、鹿淑江到济南排版厂再次校对修改村志。11月29至30日，贾安东再次修改校对村志，张丙国、鹿淑江补充随文图片。12月7日贾安东、辛德华、鹿淑江再到济南排版厂补充照片，修改文稿。

村志编写过程中，肥城市史志办公室、档案局、土管局、民政局、新城街道、王瓜店街道（开发区）、新城街道伊家沟村等单位提供了有关帮助，并提出宝贵建议，在此一并表示衷心感谢。

编写纲目体村志，是肥城历史上的首次创新性工作，由于所编村志时间跨度大、涉及内容广泛，征集资料时间有限，能联系到的人员有限，提供有价值资料的人员有限，征集到的历史资料相对于古店历史应有的资料来说，还是比较匮乏，能够编纂列入村志的资料难免挂一漏万。且改编时间紧迫、仓促，主编学识水平有限，身肩同时改编《古店村志》及另一个村志的两部村志重担，精力有限，顾此失彼在所难免，志书错讹之处，敬请广大读者见谅，给予批评指正。

编　者

2017年12月

主编简介

贾安东，1962年11月生，山东省泰安市泰山区人。1981年毕业于山东省商业学校后参加工作。1990年毕业于泰安师范专科学校中文系。1999年山东省委党校函授本科经济管理专业毕业。历任肥城市委（县委）办公室机要局干事、肥城日报编辑部副主任、肥城市党史（地方志）办公室副主任等职。1994年从事新闻工作，1998年破格获聘新闻编辑职称。2003年具备新闻出版类副高级职称主任编辑（出版副编审）资格。2004年从事地方党史、地方志工作。系肥城市摄影家协会常务理事，曾获山东报业先进工作者、全国党政系统机要业务技术能手称号。

主要著作：

《中共肥城地方史第一卷（1927—1949）》中共党史出版社，2004年11月。山东省优秀党史成果二等奖。

《中共肥城地方史第二卷（1949—1978）》中共党史出版社，2007年1月。山东省优秀党史成果二等奖。

《中共肥城历史大事记（1995—2010）》中国图书出版社，2011年12月。山东省优秀党史成果三等奖。

《肥城红色遗迹概览》中国图书出版社，2012年3月。山东省优秀党史成果三等奖。

《漫漫人生——萧思瑞回忆录》中国文化出版社，2012年12月。

《古店村志》《伊家沟村志》方志出版社，2017年12月。入选山东省首批齐鲁名镇名村志文化工程志书①。

主要论文：

“三新曲”唱响时代之歌——浅谈梁衡作品的创作特色，全国新闻核心期刊《新闻采编》1996年第6期。由《中国语言文学研究网》收录。

既要志存高远又要脚踏实地，全国新闻核心期刊《新闻通讯》（今《传媒观察》）1997年第12期。论文获新华日报、江苏省新闻工作者协会“如何造就一支合格的县市报新闻队伍征文大赛”三等奖，载时任人民日报社社长邵华泽题名《县市报研究》一书。由教育部主管、清华大学主办的《中国知网》收录。

实现三贴近的有效途径，全国新闻核心期刊《新闻采编》1997年第6期。《中国知网》录。

周末刊的相关点与兴奋点，《中国地市报人》1998年第5期。

办专栏亦要有群众观念，新闻核心期刊《青年记者》1998年第3期。该文首提“新闻亮点”说辞，后被其他新闻从业者广泛引用。《中国知网》录。

围绕中心做好贴近文章——从两篇获奖作品谈起，《青年记者》1998年第5 期。《中国知网》录。

看清模糊性广告，《青年记者》2000年第1期，论文获大众日报社、山东新闻工作者协会“1999年青年记者论坛新闻业务论文大赛”三等奖。《中国知网》录。

以上新闻业务论文有的被清华大学、北京大学、重庆大学等高校图书馆、档案馆收藏。有的被百度学术收录（详情百度或360搜索引擎搜索可知）。

努力拓宽县级党史资政育人新途径，《中国史志与档案》，2005年第6期，封面标题、内文全文刊发。《山东省省情网》转。

解放思想与拨乱反正的启示——浅析肥城的拨乱反正，获山东省纪念改革开放30周年论文研讨会优秀奖。《泰安改革开放纪念文集》《山东省情网》载。

肥城陶山范蠡古迹略考，曰《山东省情网》、新浪、腾讯博客等转载。

肥城市创建省级园林城市技术报告，一次性通过省级专家会审。《百度》《豆丁网》《山东省情网》载。

注：①2017年12月26日，山东省史志办公室举行“齐鲁名镇名村志文化工程丛书新闻发布会”，《古店村志》《伊家沟村志》（样书）入选山东省首批齐鲁名镇名村志文化工程丛书。会后，主编又对志书进行修订。2017年12月两部村志印刷出版。